張居正的教學思想與教育改革

黃 文 樹 著

作 者 簡 介

黃文樹

一、現職：

　　樹德科技大學教育學程中心專任副教授

二、學歷：

　　1.省立台北師專（國校師資科）

　　2.國立高雄師範大學教育系學士

　　3.國立高雄師範大學教育學碩士

　　4.國立高雄師範大學教育學博士

三、經歷：

　　1.小學教師七年、組長五年、主任五年

　　2.國立台南師範學院兼任副教授一年

　　3.國立屏東師範學院兼任講師、副教授三年

　　4.國立空中大學兼任講師、副教授四年

　　5.國立高雄師範大學兼任副教授一年

四、代表著作：

　　1.《泰州學派教育學說》(高雄：復文出版社，民國88 年)

　　2.《李贄的教育思想》（高雄：復文出版社，民國88年）

　　3.《陽明後學與明末教育》（台北：師大書苑，民國91 年）

　　4.《張居正的教學思想與教育改革》（本書）

　　5.期刊論文四十餘篇、學術研討會論文二十餘篇

五、學術獎勵：

　　1. 1993 年榮獲台灣省教育廳第三屆教育學術論文優等獎。

　　2. 1994 年榮獲台灣省教育廳第四屆教育學術論文優等獎。

　　3. 1996 年榮獲高雄市政府研究發展成果甲等獎。

　　4. 1997 年榮獲台灣省教育廳教育人員研究著作甲等獎。

　　5. 1998 年榮獲行政院國科會研究著作獎勵甲種獎。

　　6. 1999 年榮獲行政院國科會研究著作獎勵甲種獎。

　　7. 2000 年榮獲行政院國科會研究著作獎勵甲種獎。

自 序

　　回顧十二年前（1990），當時內人邱敏捷正在撰寫她的碩士論文《袁宏道的佛教思想》，我在協助她搜集資料的過程中，接觸了晚明學者的原典著述，包括被稱為「異端之尤」的李贄的名作《焚書》及《藏書》，以及清初大儒黃宗羲的《明儒學案》等，明中晚期社會思潮的異采與明季士人的奇情，在無形中成為我腦海中的一些印痕。1991年，我進入國立高雄師範大學教育研究深造，在張師光甫博士的熱心指導下，開始探研明末思想家李贄的教育思想，從此對明代教育思想史產生濃厚的興趣。歷經文獻搜尋、精讀、剪裁、分析、綜合與評價等過程，兩年的心血結晶《李贄的教育思想研究》終告完成，我以此作高分通過教育學碩士學位論文考試。

　　緊接著，我在母校繼續攻讀博士學位，並將研究範圍擴大，由李贄展延到他所屬的泰州學派。在研究歷程中，廣泛搜集泰州學派人物的原典著作，包括惠蒙北京中國社會科學院黃宣民教授應允自北京匯寄而得的顏鈞遺作稀世本《顏鈞集》，這使得我的研究因新資料的取得、應用而能夠把泰州學派的教化脈絡，更深廣地揭示出來。

　　1996年冬，我以《泰州學派教育思想之研究》獲得教育學博士學位。有了這些研究經驗和厚基，近數年來，我先後完成《陽明後學與明末教育之研究》、《江右王門教育思想研究》及本書；另外發表期刊論文四十餘篇、學術研討會論文二十餘篇。這些研究成果中，《泰州學派教育思想之研究》、《陽明後學與明末教育

I

之研究》及《江右王門教育思想研究》等三種，均獲得行政院國家科學委員會甲種研究獎勵；另有數篇著作分別獲得台灣省教育廳教育人員研究著作優等獎及高雄市政府研究發展成果甲等獎等學術獎勵，給予我極大的鼓舞。

　　本書是我多年來從事明代教育思想史系列研究的主要成果之一。我們知道，張居正是明代最重要的政治家、「王者師」及教育改革家。梁啟超將之列為「中國六大政治家」，當代教育史家則已有一些人留意到張居正的教學思想與教育改革（詳見本書「第一章第二節」及附錄二「張居正研究文獻目錄」），這說明了張居正的歷史地位與在明代教育思想史上的重要義涵。近幾年來，我在整理、探究、分析王門弟子的教育活動、教育思想以及明中後期的教育現象與問題的過程中，發現張居正對當時的教育發展實扮演著舉足輕重的角色。他在萬曆初期十年推動「體制內」的教育改革運動，是有明一代最重要的教育革新措施。因此，全面認識、探討張居正的教育事蹟與理論，顯然有其研究價值。

　　本書脫胎於筆者的國科會專題研究成果報告《張居正的教學思想與教育改革》，除更正原作謬誤外，並增添許多新識，補充原作不足之處，使廣度及深度均勝過原作。惟侷限於才學與資料，不當之處，一定存在，還請讀者多多批評指教。

黃文樹　謹識

2002 年 4 月於高雄

張居正的教學思想與教育改革

目　　次

張居正的教學思想與教育改革

摘要：

　　張居正是明代傑出的政治家、「王者師」及教育改革家。史家說他「勇於任事」、「慨然以天下為己任」；他的政治改革，使「海內肅清」，「一時治績炳然」，從而使明王朝的統治一度出現「中興」的氣象。

　　張居正歷職翰林院編修、國子監司業，參與國家教育大業；又榮膺皇太子教師，負責教育皇太子的重任，有機會實現「政由教出」的先儒遺訓。在教育實務中，張居正推動實學，強調教育「須窺實際」，攘斥當時空談心性之學，在明中後期心學盛行的社會裏，顯得「異軍特起」。而他領導的教育改革運動，「修紀飭弛」，更是雷厲風行，為有明一代最重大的教育改革。

　　論者研究張居正，多集中於張居正的生平傳記、政治思想及經濟改革等課題，殊少關注張居正的教學思想與教育改革。截至目前，僅見數篇「述而未論」的短文，聊備一格；不但對於張居正的教學思想與教育改革的內涵未予深入之分析，而且對於張居正教育改革的相關背景、策略、手段，及其得失、成敗等，也欠缺完整之探討，不無遺憾。

　　職是，本書從時代社會背景切入，追溯明中後期的教育危機，說明張居正的個性與教育生涯經驗等，再根據這些時代的、環境的、自身的諸種因素為脈絡，闡述張居正的教學思想，分析其教育改革的措施、特點及其廢止的原因，最後提出歷史借鑒，作為今後教育文化實施與教育改革發展之參考。

　　本書發現，張居正提倡「實學主義」的教育論與為學

觀，主張教育應使學生「通古今，習政事」，以為國家社會之用；他注重課程規劃與教材編選。在教學上，他根據學童心理，採用直觀教學；注重從嚴啟發，強調隨器善誘；關切環境習移，重視設施經費。這些教學理念都極為可貴，頗富參考價值。而張居正的教育改革工作，基本上是值得肯定的。他「無畏於浮言」，抱定「苟利社稷，死生以之」的氣魄，正是後世有志的改革者的楷模。就因為有張居正的務實理治，我們才能見到萬曆初政之治。

張居正實施考成法，屬行「申飭學政疏」中所楬櫫的諸多重大教育改革政策，並且確實取得一些具體的效果，惟他操切之病與矯枉之過，也帶來若干負面的影響作用。明中後期的教育文化領域，以陽明學派為主流的書院講學運動和社會游講活動，深入民間，將學術下放，傳播至市井小民身上，與先秦諸子及宋理學家前後輝映，蔚為中國教育史三次自由講學風潮。張居正當政，以書院及社會講學與其教育宗旨不合，採取嚴屬的禁革動作，造成朝廷政策與社會思潮扞格不入，衝突結果是兩敗俱傷；這是那個時代的損失。

總之，張居正是明朝中後期一位富有實學思想，又敢負責任和深具政治魄力的教育家兼改革家。他不計自己的榮辱死生，雄心勃勃，企圖挽救教育的危機，這種使命感，是令人敬佩的。但他不具備崇高的道德聲望，且沒有適應社會的脈動，同時未能全面觸及教育上應興應革的重點，加以種種客觀條件也相當不利，終致慘敗，宜引以為鑑。

關鍵詞：張居正、教學思想、教育改革、明中後期教育

The Teaching Theory and Educational Reform of
Chu-Cheng Chang
Abstract

Chu-cheng Chang was a celebrated politician, educational reformer, and instrucror of many royal rulers in Ming Dynasty. He was appraised by the historians as "serving his position with courage," and "considering the responsibilities of the world as his own." His political reform which "purged the country" and "governed the polity brilliantly" once turned the reign of the Ming Dynasty to a brand new page.

Chu-cheng Chang served as the compiler of Han Lin Yuan, and the director of the Leading Academy. In the position, he participated in the education of the country, and was honorably appointed as the instructor of the crown prince. As a result, he was given the chance to put the preaching of the late Confucianists, "polity is triggered out from education", into practice. Chu-cheng Chang also promoted materialized study and intended to get rid of the idle talk of the sendy of "inwardness" by stressing "practical" education. Such a theory was definietly quite "extraordinary" in the middle & late Ming Dynasty which was prevailed with study of inwardness. As for "modifying the princoples and correcting laxation", the educational reform led unedr him, and it was even more fashionable by and could be considered as the most significant educational reform in the Ming Dynasty.

Most of the studies concerning Chu-cheng Chang focus

on the subjects of biography, politics, and economical reformation, while rarely on his teaching theory and educational reform. Up to now, concerning the topic, only a few short essays without advanced discussion were released. I regret to say that these essays lack not only the in-depth analysis of Cgu-cheng Chang's educational theory and educational reform, but also the integrated discussion of the related background, policy, strategy, the gains and disadvantages concerning his educational reform.

Thus this thesis aims at explicating the personality and educational career of Chu-cheng Chang by keeping to the point of the social background, and tracing back to the educational crisis of the middle & late Ming Dynasty. Accordingly, bases on the features of age, environment, and personal factors, the theory of Chu-cheng Chang will be expounded, and his policies, features, and aboleshment in educational reform will be analyzed. Finally, the historical reflection will be brought into this thesis as the reference for educational and cultural practice, and the evelopment of educational reform in the future.

The research found that Chu-cheng Chang advocates the educational theory and the view of engaging in studying of the practical learning principls. He contended that education should make students "know the ancient and modern things, while learn the politics" and to be contributed to the country. He emphasized on the course planning and the choice of materials. In teaching, he adapted the visual teaching based on children's psychology. He alse emphasized on enlightening strictly and trying to enlighten the students with suitable methods, caring the environment and changing with

4

it and valuing on facilities and budgets. These teaching concepts were very valuable and full of reference value. And basically, the revolution of education of Chu-cheng Chang is worthy for recognition. He "has no fear of careless words" , and carries with firm moral strength as long as it is useful to the country, life and death is not a question. It is exactly the model for the aspired revolutionists of the new generation. It is all because these practical rules which can witness the initial ruling of the government at the very beginning.

Chu-cheng Chang implemented the examination methods, practiced many great education revolution policies strictly, and it really obtained some practical effects, yet the faults he adjusted brought some influence effects as well. It the later period of the Ming Dynasty, Yang Ming Sect, as the main source for the lecturing exercise of the colleges and social speaking activities, deep into people and promoted the academic to the common citizens in the educational and cultural fields. It reflected brightly with all the teachers in Ching Dynasty and the theorists in Sung Dynasty that raised the agitation of free teaching three times in the educational history in China. While Chu-cheng Chang was ruling, he adapted strict actions of prohibiting revolution and the colleges and social teaching were different from his educational principles. It made a conflict between the dynasty policy and the social's thought. Consequently both sides were hurt, and that was a loss of that generation.

In a word, Chu-cheng Chang was a educationist as well as a revolutionist, who was rich in practical teaching thoughts, dared to be responsible and featured with political power. He did not care for his own honor, humility, death and life. He was ambitious, and he attempted to save the crisis of education. This sense of mission is admirable. Yet he did not have sublime moral reputation and he did not adapt himself to the beats of the society. Also, he could not sense the important points to be revolutionized in education simultaneously. Thus all objective conditions were quite unfavorable to lead to the terrible failure and it could be a lesson for us.

Keywords: Chu-cheng Chang, Teaching Theory, Educational Reform, Education in middle & late Ming Dynasty

致　謝

　　本書承蒙行政院國家科學委員會之研究支持及經費贊助，使研究得以順利進行、完成，謹致最誠摯的敬意和謝忱。

　　本書研究進行期間，研究助理邱敏捷博士協助文字校對工作，張惠螢老師協助搜集資料，均在我的策劃、指導下，定時集會研討，溝通觀念，交換心得，互相切磋，一年如一日，歷程艱辛，竭智盡力，所以成果也特別珍貴。在此「收穫時刻」，特別向她們兩位致謝。

　　在過去幾年的準備過程中，許多師長、好友、親戚在各個方面熱心幫助過我，他們給予鼓勵和指導，提供書目與資料，協助校對文稿，並提出有價值的批評。在此我要對以下諸位致上最真誠的謝意：國立高雄師範大學前任校長黃正鵠博士、現任校長戴嘉南博士，教育系的恩師張光甫教授、王家通教授、邱兆偉教授、林生傳教授、陳密桃教授，還有國文系的王忠林教授、丁履譔教授及共同科的張守真教授；北京中國社會科學院歷史研究所黃宣民教授、香港大學王煜教授、國立花蓮師範學院王崇峻教授、國立政治大學王文顏教授、國立中山大學徐漢昌教授以及國立中正大學黃光雄教授。

　　還有，我非常感謝高雄師範大學與樹德科技大學兩校圖書館「館際合作組」的工作人員，他們長期熱心地協助我向國家圖書館、中央研究院史語所及政大社資中心等機構借書與影印期刊論文，讓我在研究資料的搜集上得到許多便利。

　　此外，我也很感念我服務的樹德科技大學，提供了設備完善的研究室及豐富的學術研究獎勵。尤其是校長陳品全博士、副校長朱元祥博士及主秘王賢德教授，經常給予我精神鼓勵，讓我備感溫馨。

最後，我要對愛妻敏捷，再次表示最深的謝意。結婚十幾年來，我醉心於中國教育思想史的研究，是她與我共同分享喜樂、忍受艱苦。她的關懷總是我動力的源泉。

黃文樹 2002 年 4 月 6 日

圖一：張居正像之一（引自韋慶遠著：《張居正和明代中後期政
局》，書影頁 1）

圖二：張居正像之二（引自蘇州大學圖書館編：《中國歷代名人
　　　圖鑒》，頁 554）

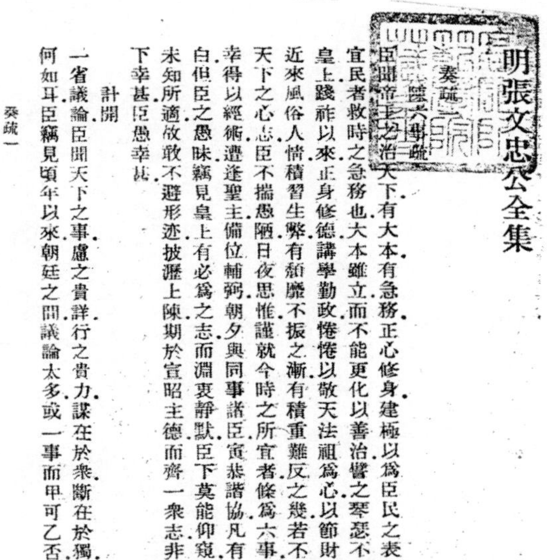

奏疏　陳六事疏

臣聞帝王之治天下有大本有急務正心修身建極以為臣民之表率者闊治之大本也審幾度勢更化

宜民者救時之急務也大本雖立而不能更化以善治譬之琴瑟不調不解而更張之不可鼓也恭惟我

皇上踐祚以來正身修德講學勤政惓惓以敬天法祖為心以節財愛民為務闊治之大本既以立矣但

近來風俗人情積習生弊有頹靡不振之漸有積重難反之幾若不稍加改易恐無以新天下之耳目一

天下之心忘忘臣不揣愚陋日夜思惟謹就今時之所宜者條為六事開款上請用備聖明採擇臣又惟

幸得以經術遭逢聖主備位輔弼朝夕與同事諸臣寅恭協恭凡有所見自可隨事納忠似不必更有建

白但臣之愚昧竊見皇上有必為之志而淵衷靜默臣下莫能仰窺天下有願治之心而舊習因仍趨向

未知所適故敢不避形迹披瀝上陳期於宣昭主德而齊一衆志非有他也伏乞聖慈垂鑒俯賜施行天

下幸甚臣愚幸甚

計開

一省議論臣聞天下之事慮之貴詳行之貴力謀在於衆斷在於獨漢臣申公云為治不在多言顧力行

何如耳臣竊見頃年以來朝廷之間議論太多或一事而甲可乙否或一人而朝由暮詆或前後不思

奏疏一

一

圖三：張居正著：《張文忠公全集》

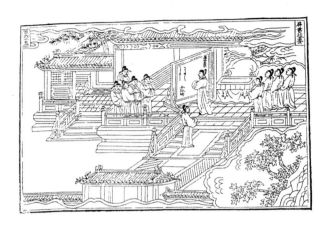

唐史紀宣宗嘗以太宗所撰金鏡錄授翰林學士令狐綯使讀之。至亂未嘗不任忠賢上止之曰凡求致太平當以此言為首又書貞觀政要于屏風每正色拱手而讀之

唐史上記宣宗有志法祖圖治他的祖大宗曾將前代治亂興亡的事蹟編成一書叫做金鏡錄宣宗一日將這部書授與翰林學士令狐綯著他在面前誦讀這書中有兩句說道亂未嘗不任不肖治未嘗不任忠賢說古來天下因

二百六十六

甚麼就亂。只為朝廷任用了那不好的心他心心念念固上行衍行的都是蠹國殃民的喜用了這樣人。天下安得不亂天下因甚麼就平治只為朝廷能任用著那忠良之臣他心心念念瑪忠事主行的都是要福國利民的事若常用這樣人天下安得不治宣宗聽得令狐綯讀到這兩句話甚其切中事理就止住他且莫讀說道大凡人君要求致太平須把這兩句說話做第一件緊關的事著實審察辨別其

圖四：張居正著：《歷代帝鑑圖說》

書經直解十三卷

〔明〕張居正撰

故宮博物院圖書館藏明萬曆刻本

附《四庫全書總目·書經直解
十三篇》提要

圖五：張居正著：《書經直解》

卷之一

三　皇　纪①

　　三皇，是太昊伏羲氏、炎帝神农氏、黄帝有熊
氏。这三个君，叫做三皇。德冒天下谓之皇。古
人质朴，未有皇帝称号，后世以其有大德足以覆
冒天下，故称之曰皇。纪，是记载其所行之事。
三皇以前，还有君长，以其年代久远，无可考见，
故作史者以三皇为始。

太昊伏羲氏

　　太昊，是伏羲氏之帝号，氏以别族，帝姓风而
以伏羲为氏，故称太昊伏羲氏。

　　太昊之母，居于华胥之渚②，履巨人迹，意有所动，虹
且绕之，因而始娠。生帝于成纪③，以木德继天而王，故风
姓。有圣德，像日月之明，故曰太昊。

　　┌─────┐　　　华胥，是地名。渚，是水中小洲。巨人，
　　│张居正│　是大人。迹，是足迹。妇人怀孕叫做娠。昊，
　　│直　解│　是光明的意思。史臣说，大凡帝王之生，皆天
　　└─────┘
所命，故往往有非常之兆。当初太昊生时，其母居于华胥
之渚。偶见一个大人的足迹，他踏着那足迹，意有感动，天
上又有虹光环绕其身，因而怀孕，遂生太昊于成纪地方。
其后以木德继天而王④。木生风，故以风为姓；以其有圣
人之德，合日月之明，故称曰"太昊"。

圖六：張居正著：《資治通鑑直解》

14

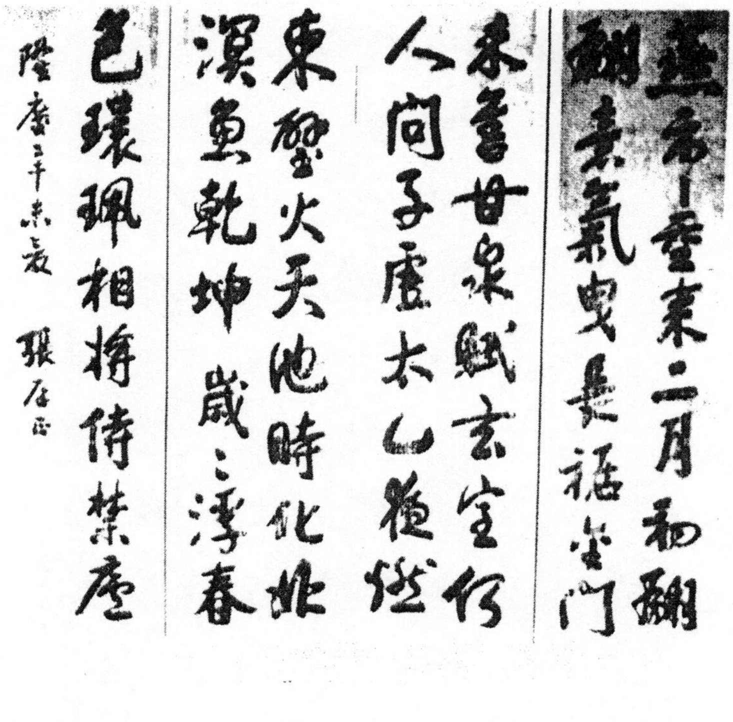

圖七：張居正手蹟（引自韋慶遠著：《張居正和明代中後期政
　　　局》，書影頁 1）

圖八：明神宗朱翊鈞像（引自蘇州大學圖書館編：《中國歷代
名人圖鑒》，頁 578）

圖九：張居正三予張懋修像（引自顧鼎臣著：《明狀元圖考》，
　　　卷3，頁30）

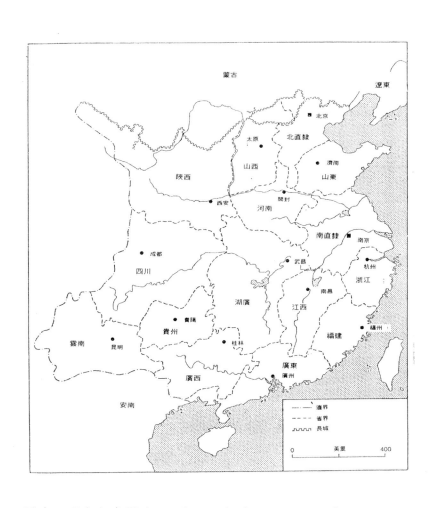

圖十：明代各省圖（引自黃仁宇著：《十六世紀明代中國之財政
　　　與稅收》，頁1）

張居正的教學思想與教育改革

第一章　緒論

張居正崛起於明代嘉靖年間，並在萬曆初期十年裏，展開政治與教育活動，掀起了有明一代最重要的教育改革運動。張居正的教學思想與教育改革理想之形成、表現與成就，在當時及後世都是具有關鍵性和影響性的。本書即在探究張居正的教學思想與教育改革，此一課題的重要性與研究的價值性，要從張居正在明代教育史的地位和作用以及以往學界對他的論述說起。

第一節　張居正在明代教育史的角色

張居正(1525-1582)，字叔大，號太岳，諡文忠，湖北江陵人，時人稱之為張江陵；他是明代中後期傑出的政治家、「王者師」，同時也是繼王安石之後的「政治型教育改革家」。《明史》說他：「勇於任事」、「慨然以天下為己任」[1]；谷應泰在《明史紀事本末》，稱頌張居正的改革使「海內肅清」，「一時治績炳然」[2]；梁啟超也讚譽張居正是明代「唯一的實際的政治家」[3]，這些話勾勒出張居正一生的功業。

明代中後期，朝政腐朽，吏治敗壞，官學教育衰頹，特別是「隆、萬以後，學校積弛，一切循故事而已。」[4]萬

---

[1] 張廷玉，《明史》（台北：中華書局，民國 60 年），卷 213〈張居正傳〉，頁 8-9。

[2] 谷應泰，《明史紀事本末》（台北：商務印書館，民國 72 年），卷 61〈江陵柄政〉，頁 31。

[3] 梁啟超，《中國歷史研究法補編》（台北：中華書局，民國 74 年），頁 96-98。

[4] 同註一，卷 69〈選舉志一〉，頁 7。

曆初年，張居正執政，他對當時教育的危機有著清醒的認識，力圖挽救，乃大刀闊斧地進行教育改革，對學政、學校教育、科舉考試、書院與社會講學實施了嚴厲的整頓措施。

張居正的教育活動可追溯到嘉靖三十八年(1559)，該年張居正以翰林院編修晉升為右春坊右中允，兼任國子監司業，從此開始了他的教師生涯。張居正在教育實務中推動實學，強調「學問既知頭腦，須窺實際」，攘斥空談心性之學，在心學倡行的時代裏，顯得格外凸出。嵇文甫在《晚明思想史論》說他是「異軍特起」[5]，這很切合張居正的思想特徵。

隆慶四年(1570)，張居正奏上〈請皇太子出閣講學疏〉，請求讓不滿八歲的皇太子朱翊鈞出閣接受教育。[6]這一請求得到穆宗皇帝的贊同，並任命張居正為老師，負責教育皇太子的重任。於是，張居正有機會實現「政由教出」的先儒遺訓，悉心教導皇太子，並親自編繪了各種兒童讀物作為教材。兩年後，穆宗駕崩，不滿十歲的朱翊鈞即位，是謂萬曆皇帝，張居正即當上了內閣首輔。

張居正為人勇於任事，自視頗高，加上熟悉國家典故，知識淵博，且對現實社會的弊端也有深切的了解。這一切，促使了執政後的張居正，開始對其當時社會進行全面而強力的整頓和改革，教育改革即其中之重要一環。唯張居正的教育改革僅進行了七個年頭，在諸多因素互相傾軋之下，教育改革措施隨著張居正的病逝，戛然廢止，教育改革取得的成績並未能鞏固下來。

---

[5] 嵇文甫，《晚明思想史論》（重慶：商務印書館，民國 33 年），頁 48。

[6] 張居正，《張文忠公全集》（台北：商務印書館，民國 57 年），奏疏 1〈請皇太子出閣講學疏〉，頁 13-14。

　　平心檢視，張居正的教育改革雷厲風行，全面、徹底，但並未解決明代中後期的教育弊端，挽救當時教育的危機，這在教育史上當有其重要涵義。到底明代中後期教育問題何在？作為「王者師」的張居正的教學思想為何？他的教育改革重點是什麼？教育改革措施有那些？教育改革的得失在那裏？他的教育改革的理念與手段有無可議處？而他與當時熱切推動社會自由講學的最大的教育學派——「陽明[7]後學」[8]之間的關係為何？等等課題都是值得認識和探討的。

第二節　以往相關論述的探討

---

[7] 陽明，即鼎鼎大名的王守仁（1472－1528），幼名雲，五歲時更名守仁，字伯安，浙江餘姚人。因講學「陽明洞」，人稱陽明先生。弘治十二年（1499）登進士第，正德初以論救言官戴銑等忤劉瑾，杖闕下，謫貴州龍場（今修文）驛丞。瑾誅，移江西廬陵知縣。累擢右僉都御史，巡撫南贛，平大帽山諸賊，定宸濠之亂。嘉靖時，官至南京兵部尚書，封新建伯；督兩廣軍務，破斷藤峽賊。明世文臣用兵，未有如陽明者，卒諡文成。其學以良知良能為主，謂格物致知，當向內「自求諸心」，不當向外求諸事物。他強調心是天地萬物之主，「心即理」，「心外無物」，「心外無理」；又以知行合一、致良知為鵠的，世稱「王學」、「陽明學」、「心學」、「良知學（說）」、「姚江之學」等。學者雲從，風靡南北。著有《傳習錄》、《王陽明全集》、《大學問》等名作傳世。

[8] 所謂陽明後學，即是興起於明朝中葉以王陽明為宗師、以良知學為核心的一群讀書人，他們在明武宗年間出現，以後往下傳衍，學風盛大，包括了《明儒學案》所稱的浙中、江右、南中、楚中、北方、粵閩、止修、泰州王門，以及《明儒學案》未提及的黔中王門（詳後）等分支流派。欲進一步瞭解「陽明後學」，可參見拙作《陽明後學與明末教育之研究》（國科會專題研究成果報告，民國 88 年）。

21

　　論者研究張居正，多集中於張居正的生平傳略、行事風格、政治思想和經濟改革等層面。萬曆十年（1582），張居正病逝後，言官一窩蜂追論其罪，朝廷下詔盡削其官秩，抄沒全家，由是「終萬曆世，無敢白居正者。」[9]半個世紀後，張居正才獲平反。

　　清乾隆年間，紀昀在《四庫全書提要》〈集部・別集類・張太岳集〉云：「神宗初年，居正獨持國柄，後毀譽不一，迄無定評。要其振作有為之功，與威福自擅之罪，俱不能相掩。」[10]與此觀點類似，《明神宗實錄》第一五二卷萬曆十年六月丙午條亦謂：

> （居正）毅然有獨任之志，受顧命於主少國疑之際，遂居首輔，手攬大政。……十年內海寓肅清，四夷響服，太倉粟可支數年。……惜其褊衷多忌，小器易盈，鉗制言官，……威權震主，禍萌驂乘，何怪乎身死未幾，而戮辱隨之也。

自明末至民初，對於張居正的評價，大抵毀譽參半，瑕瑜不能相掩。

　　近人陳翊林推尊張居正為「近代中國一大政治家」，他因張居正的思想、精神與事業，「既為舊史家所湮沒，復為新學者所忽視，以致迄今蒙謗莫白」而深感遺憾。在他看來，張居正「綜覈名實，信賞必罰，任勞任怨」，誠為「曠世不一見者」。故他寫下《張居正評傳》，非惟為張居正洗冤，亦為民族增輝也。[11]依陳氏的觀點，曾國藩的書牘取法於張居正，左宗棠的性格更類似張居正。[12]

　　寫作動機與陳翊林相仿，朱東潤的《張居正大傳》，

---

[9]　同註一，頁 13。

[10]　同註六，卷首，頁 1。

[11]　陳翊林，《張居正評傳》（台北：中華書局，民國 45 年），頁 1。

[12]　同上註，頁 187。

也是基於「張居正的一生，始終沒有得到世人的了解」而寫的。朱氏認為，「譽之者或過其實，毀之者或失其實」；在他看來，張居正「只是張居正，一個受時代陶熔而同時又想陶熔時代的人物。」[13]因此，該大傳主要從明代大局鋪陳張居正的從政生涯。

梁啟超主編的《中國六大政治家》一書中，把張居正與管仲、商鞅、諸葛亮、李德裕、王安石同列。該作指張居正「譬若醫家之對症投藥若然，於明室國勢寢衰之病源，則斷為紀綱廢弛，風習頹墮；於挽救當時國勢之方案，則決為綜覈名實，信賞必罰；於促進復興之手段，則定為統一政令，集中相權；於實現復興之目標，則懸為國勢盛強，民生安樂。」[14]肯定張居正是既有「抱負」又有「獨到主張」的傑出政治家。另梁氏在他的《中國歷史研究法補編》中，強調張居正是「實際的政治家」，也是明代「唯一的政治家」。[15]梁氏此一論點，大體奠定了晚近學術界對張居正的一般看法。

在絕大部分學者以「大政治家」角色檢視、論斷張居正的學術氛圍中，嵇文甫提出新穎的見解，認為張居正的「政治建樹，實以學術為根柢，在思想史上我們不能不給他一個特殊地位。」嵇氏分析指出，向來講明代學術的提不到張居正，但實際上他自有一套學術，即叢集「足踏實地」、「崇尚本質」、「遵守成憲」、「誠心順上」、「師法後王」、「富國強兵」等概念的「法家路數」。在嵇氏看來，張居正「很近乎商鞅」，「比王安石更爽快」。[16]此外，嵇氏還論

---

[13]　朱東潤，《張居正大傳》（天津：百花文藝出版社，2000 年），頁 6。

[14]　余守德，〈張居正〉，載梁啟超主編：《中國六大政治家》（台北：正中書局，民國 52 年），頁 139。

[15]　同註三，頁 96-98。

[16]　同註五，頁 48-52。

證張居正另有一套得力於《華嚴經》「赤誠任事」精神的「禪學」，他徵引〈袁小修日記〉所載：張居正少時讀《華嚴經》[17]而悟「大菩薩行」，故立朝時勇於一切利國福民之事，於稱譏毀譽俱在所不避。嵇氏肯定袁中道這段話真能把張居正「精神命脈心髓入微處」表現出來。[18]

國學大師錢穆在民國六十六年出版的《中國歷代政治得失》，根據明代政制之法理，認為張居正講究法治，卻以內閣大學士而擅自做宰相，「他本身就已違法了」。錢穆指出，雖然張居正在明代有很大的建樹，但他只能算是一個「權臣」，不能算是「大臣」，張居正並未能先把當時制度改正，卻在當時制度下曲折謀求事功，至少他是為目的不擇手段，在政治影響上有利弊不相抵的所在。[19]這個論點似與明末的清議前後呼應。

1980 年以降，隨著學術研究風氣的興起，對「張居正」作學術探討者，可謂「多如過江之鯽」。筆者的搜尋結果顯示，針對張居正的研究文獻，自清至 1980 年期間，只有四十種，1980 年迄今(2002 年)，則有六十種之多。其詳細出版資料，請參見附錄二。多數論文對張居正持正面的

---

[17] 《華嚴經》係初期大乘佛教主要經典之一。漢譯《華嚴經》，乃是許多個別獨立的單行經典的集成。較全的本子主要有三部，名稱（全稱）均為《大方廣佛華嚴經》：其一是，東晉佛陀跋陀羅（359-429）譯的六十卷本；其二是，唐實叉難陀譯的八十卷本；其三是，唐般若譯的四十卷本。除這三部篇幅較大的《華嚴經》外，中國歷代尚有大量的單行（各品）譯本。《華嚴經》有其自身的理論體系，主要闡述在佛的悟界中，一切大小事物皆維持其本有形態，而又包含全體。自此觀點而言，初發心菩薩即等同於佛。

[18] 同註五，頁 54。

[19] 錢穆，《中國歷代政治得失》（台北：東大圖書公司，民國 73 年），頁 104-105。

評價，大多是討論張居正實施的考成法、清丈土地、一條鞭法、整頓驛遞、軍務防備與治理黃河等措施與政績；張居正的歷史地位升揚到一個新的高峰。在這些論述中，黃仁宇把張居正執政的十年，看作是「明王朝暮色中最後的耀眼光輝。」[20]

此外，熊十力的《論張江陵》，對張居正作出評騭，一則肯定他的政績，一則斥責他禁講學、毀書院。熊氏指出，張居正「以佛家大雄無畏，粉碎虛空」，這是將佛家「出世精神」，轉成儒家「經世精神」的典範。不過，張居正之根本錯誤在犯下「禁講學、毀書院」此一近乎「毀滅文化」的不當舉動。熊氏認為，學術思想，政府可以提倡一種主流，但不可阻遏學術界自由研究、獨立創造之風氣；否則，不僅學術思想錮蔽，政治社會也無由發展。[21]

最近關於張居正的研究巨作，要推三年前韋慶遠撰述的《張居正和明代中後期政局》，全書七十萬言，洋洋大觀。徐泓為該書序言指出：本書最大之特點，在於運用最豐富的史料；其次本書正反雙面俱陳；再者，本書對學界若干疑點，如王大臣案、張居正與張四維之間的恩怨情仇等，進行深入之解剖與分析。徐氏總結認為，該書是「自有為張居正立傳以來最深入、最公正、最能『美惡不掩，各從其實』的巨著。」[22]可惜的是，該書卻也不免出現錯誤之處：該書第十八章論及張居正「敦本務實的學術思想與執行文化專制政策」，以為泰州學派「狂禪派」的代表人物何心隱（1517-1579）[23]與「名氣較低」的地方士人梁

---

[20] 黃仁宇，〈張居正的 10 年：耀眼暮光〉，載牟復禮主編：《劍橋中國明代史》（北京：中國社會科學出版社，1992 年），頁 562。

[21] 熊十力，《論張江陵》（台北：明文書局，民國 77 年），頁 2-4。

[22] 韋慶遠，《張居正與明代中後期政局》（廣州：廣東高等教育出版社，1999 年），頁 6-9。

[23] 何心隱，江西永豐人。原姓梁，名汝元，字夫山。曾舉江西鄉

汝元是「兩個人」。[24]殊不知何心隱的本名就是梁汝元。

　　以上的論著雖各具特色，結論卻不免紛歧。陳翊林、梁啟超、黃仁宇等人視張居正為近代一大政治改革家，給予積極的評價。錢穆則對張居正越權專擅的施政作風採取負面的判定。熊十力一面肯定張居正的政績，一面斥責他戕害學術。嵇文甫掘發張居正的學術思想，朱東潤與韋慶遠呈現明代中後期政治局勢中的張居正。各論者研究的重點似乎各有所偏，但他們都能引經據典，應用第一手資料

試第一，後從學於泰州王門顏鈞（即顏山農，1504-1596），與聞王艮（即王心齋，1483-1540）「尊身立本」之旨。乃棄舉子業，痛斥道學與名教。何心隱資稟剛直，言論闓侃，常因此開罪當道，被權貴誣蔑為「妖人」、「大奸」（王之垣〈歷仕錄〉，載何心隱著：《何心隱集》，頁145），而他的好友李贄（1527-1602）則稱之為「英雄」。嘉靖三十八年（1559），陳瓚知永豐縣，進行賦外之徵，何心隱寫書批他。陳瓚老羞成怒，誣之當道，何心隱因此被逮入獄中。起初被判絞罪，後來減刑，充貴州衛軍。旋經應天府推官程學顏（後臺）商請浙直總督胡宗憲出面營救。出獄後，何心隱偕錢同文到福建，交遊於八閩，所至聚徒講學。黃宗羲在《南雷文定》（台北：世界書局，民國53年）三集卷2〈清溪錢先生墓誌銘〉謂：「顏鈞、何心隱皆嶔崎豪傑」。黃氏又在名作《明儒學案》卷32〈泰州學案序〉指出，「泰州之後，其人多能赤手以搏龍蛇，傳至顏山農、何心隱一派，遂復非名教所能羈絡矣。」這可見何心隱在當時社會是一獨特且重要之人物。嘉靖四十年（1561），何心隱在京師，一方面擴大講學活動，闢各門會館，招來四方之士，方技雜流，無不從之；另一方面，參與了罷黜嚴嵩事件。翌年，嚴嵩下台，嵩黨遂為嚴氏仇何心隱。何心隱逸去，從此蹤跡不常，遊半天下。何心隱自此由梁汝元換姓改名為何心隱，一則避已故嚴相之肆毒，一則便四方交遊之稱謂。此事來龍去脈，可參見拙作《泰州學派教育思想之研究》（國立高雄師範大學教育學博士學位論文，民國86年），頁79-81。

24　同註二十二，頁787-788。

進行張居正的研究整理工作，都有參考價值。而對張居正之所以有不同的評價，主要是論者在評價時，往往容易強調某一個方面，甚至加以誇大，而忽視另一個方面，以致不能作出公允的臧否。

　　針對張居正的教學思想與教育改革進行系統探討的學術研究，尚付之闕如。截至目前，有關此一主題之研究僅有下列數篇「述多論少」，甚至「述而未論」的短文，聊備一格。其一，郭齊家的《中國教育思想史》闢一節談「張居正的教育思想」，指出張居正的教育思想與政治思想是緊密相連的，認為張居正提倡以經世致用之精神，以培養實用人才為目的，以行政手段管理教育。其二，熊明安的《中國教學思想史》也列一節略述「張居正的教學思想」，界定張居正為「政治型的教育家」，歸納張居正的四個教學原則：「根據兒童心理」、「注意從難從嚴」、「啟發誘導」、「重視教材建設」。

　　其三，尹選波的《中國明代教育史》同樣以一節說明「張居正的教育改革」，歸納張居正的三項教改措施，分別是「整頓學校教育」、「整頓科舉、歲貢制度」、「反對講學，禁毀書院」。其中，整頓學校教育，又分(一)改選提學官；(二)慎選各地儒學教官；(三)沙汰生員，申明學規；(四)重實主義的教育內容，以及(五)重視教育設施、經費等。此外，尹氏亦提出張居正教育改革的特點，包括改革措施的徹底實施，改革的全面性，以及重視實學三項。

　　其四，畢誠、程方平二人合著的《中國教育史》，援例用一小節略述「張居正的教育改革」，見解幾同上述尹作。其五，日本學者五十嵐正一的《中國近世教育史の研究》有〈張居正の教育政策〉一章，探討張居正在北京國子監的業績以及出任首輔後對府州縣等地方「儒學」的整飭。五十嵐氏認為這些都值得肯定，唯這也反映了張居正強化中央集權體制的教育政策。

其六，郭紀青的〈張居正及其對明代教育的改革〉，敘述內容不出上面諸作。惟郭氏文未強調，張居正對教育方面的改革，表面上看起來是對教育的摧殘及打壓（如禁毀書院、裁減生員），但因當時的景況，正如身體上長毒瘤，不得不忍痛割去，事非得已，有其苦心與無奈在，故我們不宜用今天「學術自由」的眼光來加以責難才是。

上述這些教育學術研究，一方面不但內容都過於簡略，而且「述多論少」；另一方面，這些研究對於有關這個主題的重要網路，如張居正的個人性格、教學體驗、時代社會背景及當時教育概況等，皆未賦予必要之分析；第三方面，這些研究對於張居正教育改革的來龍去脈及其利弊得失，尤其是改革廢止的原因等，亦未作深入之探討。這是不無遺憾的。

基本上，張居正的教學思想與教育改革，實與張居正的自身個性、人格特質、教學經驗，以及明代中後期社會與教育概況等背景具有密切之關連。因此，探討張居正的教育活動與主張，有必要從這些背景切入，對社會思潮以及個人因素加以全面考慮之後，作出整體性把握，看它與社會史與個人史的聯繫及其反映的思想特點。此外，被視為「傑出賢相」的張居正，他的教育改革在實施當時，即面臨極大的反對聲浪，似乎未得到社會的支持，其改革理念、措施與手段等是否存在明顯的瑕疵？而改革廢止的原因究竟有那些？這些問題都值得進一步分析。

另外，張居正的教育改革工作與當時「門徒遍天下」、「流傳逾百年」、「其教大行」、熱力展開社會講學活動、「掀翻天地」、對社會有深遠影響的「陽明後學」之間的關係也亟待釐清。可以說，陽明後學代表明代中後期民間推動、實踐「體制外」教育事業的教育學派，而張居正憑藉政治權力，由上而下嚴行「體制內」的教育改革政策，他們所持之教育理念異同何在？彼此諍辯、衝突的情況如

何？等等確為明代教育思想史一個需要探究的課題。實際上，張居正的教育改革運動有一部分力量是用來打壓陽明後學的社會講學活動，陽明後學中一些重要成員，即遭受張居正政權的迫害。這個明代教育思想史上的問題，是研究張居正的教育改革以及明代教育史，應予注意的一個重點。

職是，本書乃以「張居正的教學思想與教育改革」為主題，搜集張居正的著作、明史、明代地方志、筆記小說、明清儒者著述，以及本世紀學者的相關研究等文獻資料，進行精讀、剪裁、整理、分析、排比，試圖對張居正的教學思想與教育改革作一系統的研究，以期對明代教育史與張居正的教育主張獲得更客觀更深入的認識與了解。

第三節　研究目的與方法

根據上面對張居正在明代教育史的角色之敘述與以往學界相關論說之探討，本書之研究目的，計有下列七項：

(一)探討有關張居正之研究文獻，了解目前的研究成果，作為本研究立論之參考。

(二)說明張居正的個性、人格特質與教育經驗。

(三)追溯明代中後期社會背景、教育實施概況及其危機。

(四)分析張居正的教學思想，歸納解析他的教學觀，包括教育目的與為學精神、課程與教材、教學原則與方法諸方面的主張。

(五)闡述張居正的教育改革，就其教育改革理念、措施、重點、得失及其廢止原因進行討論。

(六)探討張居正的教育改革運動與陽明後學的社會講學活動之間的關係（融入各章節中討論）。

(七)提出結論，期由深刻之歷史反省及觀點之延展，獲致其對於今後教育文化發展之啟示。

　　要深入探討張居正的教學思想與教育改革，需要參考過去學界的相關論述，並在充分利用豐富的原典、明代教育與哲學史料的基礎上，靈活運用歷史研究法與觀念分析法等研究方法，全面梳理他的教學思想與教育改革，以能提出新識卓見為鵠的。為達成上述之研究目的，本書主要採取下列三種研究方法：

一、文獻調查法

　　教育與哲學史料是進行教育思想史研究的必要素材。教育思想史研究成果的優劣，其重要的評鑑標準就在於教育史哲資料發掘的廣度和分析的深度。探討明代教育思想史的人，輒以《明儒學案》為主要材料，再酌引《明史》資料而已。嚴格言之，上面這些研究資料，只是明代教育史哲資料之一小部分。

　　其實，明代教育史哲資料相當豐富，除了正史與《明儒學案》外，為數眾多的明人文集、筆記小說及地方志，都是很好的第一手資料。許多明人重要的文集、筆記、小說、野史、雜錄等，在近年已陸續由兩岸重要的出版社出版，甚至有的已以「現代標點本」問世。《四庫全書存目叢書》及《續修四庫全書》即有豐富之明人文集。再如焦竑《玉堂叢語》、何良俊《四友齋叢說》、朱國禎《湧幢小品》、沈德符《萬曆野獲編》、王士性《廣志繹》、顧憲成《小心齋劄記》等等，都很有價值。如其中的《萬曆野獲編》與《湧幢小品》，備錄了明中後期眾多的講學家之遺事及當時的社會風俗、政治、經濟等實況，是分析張居正的教學思想與教育改革不可或缺的史料。

　　另者，明代地方志對於各府、州、縣的風土民情、地方儒學的發展脈絡、鄉村社學的管理概況、書院的講學活動，以及致力於地方教育事業的人物事蹟等，皆有所記載。這些資料，對於張居正教學思想與教育改革之研究，其價值不言可諭。明代地方志收於《四庫全書》者僅有六

種，幸好《天一閣藏明代方志選刊》及其《續編》，還有《明代孤本方志選刊》亦業經兩岸重要的出版公司付梓發行。有了這些地方志，對於張居正教學思想與教育改革研究者而言，真是如虎添翼。

以上臚述所及，雖不過是張居正教育思想與教育改革研究資料的「冰山一角」，但已經是珍品紛陳，琳瑯滿目了；如能深入發掘、分析，必然是金玉遍地，美不勝收。

本書以張居正之原典著作為主要參考資料。張居正的著述，重要者計有《張文忠公全集》、《歷代帝鑑圖說》、《四書直解》、《資治通鑑直解》及《書經直解》等書，其中以《張文忠公全集》為最重要。本文所採台灣商務印書館刊行之《張文忠公全集》，係據明刻本《張太岳集》四十六卷（共奏疏十三卷、書牘十五卷、文集十一卷、詩集六卷、《女誡直解》一卷）重編而成，惟併〈行實〉與原序為一卷，別輯附錄為一卷，都四十八卷。這些資料，都和張居正的教學思想與教育改革有關，當然是最好的研究材料。

張居正的著述集中於奏疏、啟劄，多屬高居廟堂時論事之作。故為了從各層面、各角度呈顯張居正的教學思想與教育改革，本研究在原典之外，也以明史、明代地方志、明代教育史料、明代筆記小說、明清時賢意見及當代學者之研究論著等作為次要參考資料。在資料的搜集與處理上，乃循文件法之要領，透過本校圖書館圖書目錄索引、期刊論文索引、國際教育資料中心索引(ERIC)、中華民國博碩士論文索引，以及有關研究著作內所列參考書目中，檢索原典、地方志、教育史料、明清儒者著作及相關研究專書論文，便予分析文獻搜羅與研究之可行性後，著手從各大學暨圖書館廣為搜尋。資料搜集的工作告一段落之後，歷經不斷篩選、分析的過程，去蕪存菁，以為本書資料分析之依據。

二、歷史研究法

　　歷史的珍貴，在於它兼有真實性和意義性（truthful and significant），真正的歷史，應於往事的記錄以外，研究往事的學術，亦即 Block 所稱的「歷史是人生時間中的科學」，以及 Collingwood 所謂的「歷史是一種研究」。因此，教育思想史研究者應用歷史研究的方法和概念，搜集過去事件的證據、教育思想家的著述，評估這些證據、解析這些著述，並就主題進行深入的學術研究，以提煉出精粹的教育遺產。

　　就張居正教學思想與教育改革之研究而言，它所要解答的問題包括什麼時代背景、社會概況、個人信念與態度等形成張居正之思想，以及這些因素力量如何互動，以致產生此一教育思想與活動。因此，解釋、釐清受查教育思想史個案的多重因素，以及甄別合理的因果網路，以釋思想與活動形成之疑，便成為這方面研究的主要策略。

　　有關張居正的個性與教育生涯、明中後期教育之概況以及張居正的教育改革措施，基本上是史學範圍內的研究，故採歷史研究法，以尋求事實演變跡象和因果關係，作歷史的敘述。在這一方面，基本史料的恰當剪裁與應用格外重要，而第一手資料的搜集與解讀，更不可或缺。何況此一領域，研究成果不多，相關材料的精讀、剪裁與應用，更須多下苦功，以探尋事實演變之來龍去脈，如實地重建歷史景象。

　　如何把握歷史之真相，筆者將訴諸狄爾泰(W. Dilthey)所謂的「理解」(versthen)。把自己投射於歷史背景中，設想自己就是那個歷史人物，遭遇同樣的情境，經歷同樣的經驗。採取這樣的方法盼可獲知歷史的真相。換句話說，在研究時，筆者要投入進去，用生命去體驗張居正的生活境遇、一言一行，及其在著作裏所表達出來的深刻意蘊。中國的學問是以生命為核心的，因而必須有相應的心靈去感受，才能把握住真正的內涵。當然，此須由「同情的想

32

像」(sympathetic imagination)為出發點，但必獲多方舉證，旁徵博引加以支持，才作推論。

三、觀念分析法

　　有關張居正教學思想的內涵，則羅列相關資料互相印證，運用觀念分析的方法解析其所用文詞之概念，俾能校核其涵義，作統整清晰之瞭解。其次，因為中國傳統哲人所表現的思想結構，常只是潛存於零散的話頭之中，缺乏理論的嚴整性，因此要把它加以「理論化」時，就必須把原來只是潛存的義理，系統性地彰顯出來。在「理論化」的過程中，(一)正確理解與詮釋史料，(二)同時構起多次元的分析體系，使史料的性質得以充分發揮，兩者都是使研究的意義得以客觀而多層面地凸顯出來的必要工作，特別是前者攸關論文的學術性與否，更屬重要。因此，本研究著重資料的詮釋過程，運用傅偉勳所提出「創造的詮釋」方法，把握下列「五謂」要領：

　　(1)實謂：思想家或原典說了些什麼？(What exactly did original thinker or text say?)

　　(2)意謂：原思想家想要表達什麼？(What did the original thinker intend or mean to say?)

　　(3)蘊謂：原思想家可能要說什麼？或原思想家所說的可能蘊含著什麼？(What could the original thinker said? or What could the original thinker's sayings have implied?)

　　(4)當謂：原思想家應當說什麼？或創造的詮釋學者應當為原思想家說出什麼？(What should the original thinker have said? or What should the creative hermeneutician say on behalf of the original thinker?)

　　(5)創謂：原思想家現在必須說出什麼？為了解決原思想家未能完成的思想課題，「創造的詮釋學」現在必須踐行什麼？(What must the original thinker say now? Or What must the creative hermeneutician do now, in order to carry out the unfinished philosophical task of the original thinker?)[25]

　　筆者將在撰述過程中，採取真誠、客觀的研究態度和精神，隨時徵引(cite)原典，做到不斷章取義的理想。當然，任何解釋依然要回到原文獻中去接受考驗，即須對於一條一條的原文獻，在一個共同概念下，要做到與原句的文義相符。但無論如何，筆者與任一詮釋者一樣都逃不過海德格所云的先起意圖、先起觀點、先起概念(vorhabe, vorsicht, vorgriff)，高達美稱之為「成見」，亦即每個人理解文件以前的文化系統背景及主觀生活條件，是每個人都無法避免的視域(horizon)。詮釋文獻時，每個人必須把自己的固有視域和所要詮釋文獻的視域調為一致。這裏，頗普爾的「嘗試與錯誤」方法值得注意：每個人必須和自己固有視域採取距離，視為臨時性，必要時放棄或調整原來的視域，藉以達到準確的詮釋。因此，筆者將隨時保持開放的、真誠的研究精神，面對研究材料，面對事物本身。

　　最後，本研究更用歸納的方法，將相同的或有關的資料分類排比，相互佐證，然後歸結出共同的概念，用以條貫說明本論題，從而有系統地建構張居正的教學思想與教育改革體系，俾回顧其對當時社會之影響及後代之啟示。

　　方法之運用，僅作原則性區分，實際上，各種方法經常須同時並致，相互配合，妥善靈活運用，方克周全。

---

[25] 傅偉勳，《從創造的詮釋學到大乘佛教》（台北：東大圖書公司，民國 79 年），頁 10。

第二章　個性與教育生涯

　　一位教育家的思想與實踐，往往是自身個性、教育體驗、社會環境及時代教育實施問題的綜合反映。就張居正而言，自信而堅強的個性，是影響其教學思想與教育改革風格的重要心性根源；而他多年的教學生涯，則使他有機會驗證教育理念，並提供將來從事教育改革工作的實務歷練經驗。至於社會環境條件，自與教育思想的產生、發展密不可分；而明中後期的學校教育，已明顯走向衰頹，教育問題層出不窮，這就促動了「勇於任事」的「首輔」張居正的力圖改革。此處僅就個性與教育生涯兩方面，說明張居正教學思想與教育改革理念形成的脈絡。至於社會環境背景與教育實施問題，則另闢下章探討。

第一節　勇於任事與豪傑自許

　　張居正的先世，可追溯到元末鳳陽定遠人張關保。張關保在明朝開國初，以軍功授歸州守禦千戶所千戶，列屬軍籍。[1]軍籍是明代的一種制度，明初天下底定，各府設所，數府（要塞）設衛，大致五千六百人組成衛，一千一百二十人組成千戶所，一百一十二人組成百戶所，兵士和官長都有軍籍。千戶是千戶所長官，以世官充任，與副千戶共管軍所，一人掌印，一人僉書。下轄十個百戶所，凡軍政，衛下令於所，千戶督百戶，各率其卒伍以聽令。

　　至曾祖父懷葛公（名誠），以別支徙居湖北省荊州府江陵縣。據張居正之述，張誠「陰行善」、「周貧乏」、「施

1　張居正，《張文忠公全集》（台北：商務印書館，民國 57 年），
　　文集 10〈先考觀瀾公行略〉，頁 666。

僧供」，頗得里人敬信。張居正之祖父張鎮，則是「豪宕任俠」；張居正之父張文明（號觀瀾），「白皙修美」、「才質尤異」，弱冠為荊州府學生員。[2]府學，是明代地方官辦之儒學。府學設教授一人，訓導四人，收生員人數四十人。另有附於諸生之末，稱附學生員之額外錄取者若干人。學校以禮、樂、射、御、書、數設科分教。生員經歲考、科考，取其中優等參赴鄉試，中試即為舉人。據載，張文明七舉鄉試皆不第。[3]朱東潤在《張居正大傳》指出，張居正的祖先是襄助明太祖開國的功臣，以後又世隸軍籍，這便造成了張居正一生以身許國的夙願。[4]

荊州江陵，是中國歷史名城，自古以來即為華中長江上游地區的文化中心、軍事重鎮與政治樞紐。早在春秋戰時期，楚國便奠都於此，歷時四百餘年；其後南北諸朝及唐末又陸續有君王在這裏立國。古語「唯楚有才」；當年「借荊州」、「失荊州」，都反映了荊楚是歷史不能遺忘的要地。方志云：「荊州控天下之脊，據『上游之勢』，左吳右蜀，襟江帶沔，人物髦秀，舟車鱗胥；……昔建名藩，駐禁旋以四千，今推重鎮。」[5]又江陵「楚之郢都，車挂轂，民摩肩，市路相交」；「土地遼闊，號為殷盛」；「荊民質直好義，不事誇詐；宋大觀中學校養士至七百人，故其民多好學」；「士習謹厚，民情淳樸」。[6]這些說明了荊州江陵人才之秀與風物之美；這些也提供了孕育張居正成長的沃

---

[2] 同上註。

[3] 同註一。

[4] 朱東潤，《張居正大傳》（天津：百花文藝出版社，2000年），頁4。

[5] 彭祖賢，〈荊州府志序〉，載倪文蔚：《荊州府志》（台北：成文出版社，中國方志叢書第118號，民國59年），卷首，頁1。

[6] 張仲炘，《湖北通志》（台北：華文書局，民國57年），卷21〈風俗〉，頁579-580。

土。

張居正生於明嘉靖四年(1525)五月三日，「五歲始授句讀，輒授輒記。」據載，張居正「少穎敏絕倫」[7]；甫十歲，已「通六經大義」。六經，指《詩經》、《尚書》、《易經》、《禮記》、《春秋》及《樂經》六者。其中《樂經》在漢代以降即已不傳。故此處張居正所「通」者，應是「五經」，而非「六經」。此外，年僅十歲的張居正也已能「屬書摛辭」而聞名郡中。[8]嘉靖十五年(1536)，張居正（十二歲）進「秀才」（即「生員」，又名「諸生」）。秀才學習期間，經歲考、科考，可取得鄉試資格。秀才人數在府、州、縣儒學均有定額（詳後），因此能被錄取為秀才的人並不多。

由於張居正進秀才的年齡很小，特別引起郡守李士翱的注意，而當督學田頊以〈南郡奇童賦〉測試他的學力時，只見張居正「援筆立就，無所點竄」，遂贏得眾人的賞識。我們知道，十二、十三歲之青少年，正是現代人格心理學家艾里克遜(E.H. Erikson, 1902-1990)[9]的「心理社會發展理

---

[7] 王世貞，〈張公居正傳〉，載焦竑編著：《國朝獻徵錄》（台北：學生書局，民國 54 年），頁 642。

[8] 同註一，附錄 1〈文忠公行實〉，頁 767-768。

[9] 艾里克遜（Erik H. Erikson），生於德國法蘭克福附近，父母為丹麥人，但在他出生前不久就分手，其母改嫁洪保格醫生，他是德國卡爾斯魯（karlsruhe）地方一位內科醫師，艾里克遜即在此入學。經過幾年的藝術教育訓練後，他應聘到維也納一所私立學校任教，該校創辦人之一就是佛洛伊德的女兒——安娜·佛洛伊德（Anna Freud）。因此，艾里克遜乃得結識佛洛伊德一家人，並且開始跟隨安娜從事精神分析的研究。1993 年，他從維也納精神分析學會學成，舉家遷往美國，而成為波斯頓市第一位兒童精神分析學家。先後完成《兒童時期與社會》（Childhood and Society）、

論」(psychosocial development theory)所謂的「自我認證」(self-identity)的時期，此一時期是人生最重要的發展階段。其成長課題是個體嘗試把與自己有關的各個層面統合起來，形成一個自己覺得協調一致的自我觀念。這時期的青少年對自己的思考，常依目前的情況、過去的成敗經驗、父母或師長的期望等層面，認定自己，並據以規劃未來的人生走向與抱負，「我希望做一個什麼樣的人」大約成型於此時。張居正這樣一個十二歲童子進了秀才，又得到提學官的賞識，同時更得到家人和鄉黨的愛重，他的「自我認定」也就更高了。

翌年，張居正年十三，就鄉試。鄉試，又名省試，每三年一次，以子、卯、午、酉年為率，時間為八月，故一名「秋闈」。那時，湖廣鄉試錄取名額為五十五名，被錄取者為「舉人」。正榜舉人可赴京參加會試，亦可直接選任官吏；副榜舉人則可充入國子監學習，以俟後舉。鄉試設主考官二名，同考官四名，提調一名；主考由教官、京官擔任，同考則由布、按二司會同巡按御史請取別省教官充當。考生入場，有搜檢，有巡綽，試卷有謄錄、有對讀，考試規則相當嚴謹。

張居正參加這次秀才考舉人的科舉考試，受到當時湖廣巡撫顧璘（1476-1545）[10]的注意。顧氏看出張居正「孺

《年輕的路德》（Young Man Luther）、《甘地的真理》（Gandhi's Truth）等書，成為聲譽宇內的心理學家。其生平可參見林寶山著：《心理學名人傳》（台北：心理出版社，民國72年，頁30-34）。

[10] 顧璘，字華玉，號東橋居士，蘇州人，寓居應天府上元縣。弘治九年（1496）進士，授廣平知縣，歷官南京吏部主事、開封知府、全州知州、湖廣巡撫，所至有聲，仕至南京刑部尚書。他少負才名，尤擅文學。《明史》卷286〈顧璘傳〉說

子天授」，將來必為朝用，但他認為十三歲的少年就中舉人，以後便會自滿，反而把上進的志願打消，這對張居正的前途發展未必有利。於是顧璘「老其才」，有意磨折張居正，乃「置勿第」。[11]三年後，嘉靖十九年(1540)，張居正即以十六歲青年成舉人，顧璘器重其才，贈以文及帶為賀，並勉其歸學。顯然顧璘是有眼光的，這位「伯樂」看出張居正是一匹「千里馬」，他讓這匹千里馬再養三年，涵蓄更多實力，以便馳聘仕程，這個做法後來驗證是正確的。

「小時了了」加上「少年得志」，張居正「自信心」甚高、「自主心」甚強，他自謂「操縱在我」[12]，很契合他的個性。當年他童子中舉，曾表示「區區一第，唾手可得！」[13]「狂氣」與「矜誇」完全寫在臉上。他曾向友人聲稱，對於學問與作為，自己是「信心任真」、「自信而不疑」的。[14]

《明史》形容張居正：「為人頎面秀，眉目鬚長至腹，勇敢任事，豪傑自許。」[15]他認為，「天生一世之才，自足一世之用。」[16]他相信，朝廷用人是不問出身的，只要有

他：「虛己好士，如恐不及」；「詩矩矱唐人，以風調勝。」當時，顧璘與同里陳沂、王韋號稱「金陵三俊」，其後朱應登繼起、加入，並稱「四大家」。其生平可參見：《國朝獻徵錄》卷 48〈顧璘傳〉、《明史》卷 286〈顧璘傳〉，以及《明人傳記資料索引》頁 957〈顧璘〉等。

[11] 同註一，附錄 1〈文忠公行實〉，頁 768。

[12] 同註一，書牘 2〈與王鑑川言制俺並款貢事〉，頁 245。

[13] 同註一，書牘 15〈示季子懋修〉，頁 511。

[14] 同註一，書牘 11〈答藩伯周友山論學〉，頁 427。

[15] 張廷玉，《明史》（台北：中華書局，民國 60 年），卷 213〈張居正傳〉，頁 8。

[16] 同註一，書牘 5〈答同卿李漸菴論用人才〉，頁 298。

才幹，必可出人頭地。他說：「我國家，立賢無方，惟才是用，采靈菌於糞壤，拔姬姜於顋頞；王謝子弟，或雜在庸流，而韋布閭巷之士，化為望族。」[17]

在張居正看來，「龍門」、「蘭臺」是開放的，「世必有非常之人，然後有非常之事；有非常之事，然後有非常之功。」[18]他始終抱持「英雄造時勢」之念，以「磊落奇偉之人」自詡。嵇文甫舉出張居正富有「赤誠任事」、「宏願濟世」的「大菩薩行」。[19]這一觀點是有見地的。張居正曾讀《華嚴經》，而體悟「不惜頭目腦髓為眾生」的菩薩道精神。[20]他自述：

> 偶閱《華嚴》悲智偈，忽覺有省，即時發一宏願，……不於自身求利益。去年，當主（明神宗）少國疑之時，以藐然之軀，橫當天下之變，比時唯知辦此深心，不復計身為己有。[21]

他在晚年回憶道：「二十年前曾有一宏願，願以其身為蓐

---

[17] 同註一，文集 8〈西陵何氏族譜序〉，頁 636。

[18] 同註一，書牘 2〈答鑑川策俺答之始〉，頁 243。

[19] 嵇文甫，《晚明思想史論》（重慶：商務印書館，民國 33 年），頁 54-55。

[20] 在整部《華嚴經》中，大量的篇幅描繪佛的神通、偉大和菩薩的功德。其中〈十地品〉與〈入法界品〉等兩種最能體現菩薩的精神和功德。〈十地品〉要求人們發起自利利他的佛法大願，「發願」是成佛的根本條件；菩薩根本沒有「我」的妄念，故他根據自己廣大的志願，實踐利益眾生的菩薩行之時，不但是毫無恐懼怖畏，而且是非常地歡喜，遇到挫拆也「不退心」。至於〈入法界品〉主要講解修行觀，即一個發了菩薩願心的人應該如何進行修行，強調以菩薩行願攝受眾生，具體說明了菩薩道精神。要對《華嚴經》進一步認識，可參閱張曼濤主編：《華嚴典籍研究》（台北：大乘文化出版社，民國 67 年）。

[21] 同註一，書牘 5〈答李中溪有道尊師〉，頁 289。

薦，使人寢處其上，溲溺之，垢穢之，吾無間焉。」[22]上
述這些個性、心志，實為張居正為教育及其他政事「用剛」
改革的註腳。

由上可知，張居正起自草茅，通過科舉後，平步青雲，
參與機務。始終「信心任真」，谿顯自信、剛強的性格。因
此，「豪傑」、「英雄」、「偉人」成為他追求的一種目標。銳
意進取，決斷任事，不屈不撓，勇往直前，將個人毀譽得失
置之度外，形成了他的人格特徵。

第二節　由庶吉士到國子監司業

嘉靖二十三年(1544)，張居正第一次入京會試，但這
次是失敗的。嘉靖二十六年(1547)，時年才二十三歲的張
居正第二次入京參加會試，高分過關，再與殿試，高中第
二甲進士。明代進士分三甲。一甲三名，為狀元、榜眼、
探花，賜進士及第；二甲若干名，賜進士出身。三甲若干
名，賜同進士出身。不經殿試者，只稱會試中式舉人。一
般情形，狀元授修撰，榜眼、探花授編修，二、三甲可考
選庶吉士，或授給事中[23]、主事[24]、行人[25]、太常博士[26]、
國子博士，或授予府推官、知州、知縣等官，為明代入仕
最優之途。朝廷授張居正為翰林院庶吉士，這在當時稱「點
翰林」，預告了張居正將從此走上錦繡仕途。

---

[22] 同註一，書牘5〈答吳堯山言宏願濟世〉，頁295。

[23] 給事中，掌侍從、規諫、補闕、拾遺、稽查六部百司及制敕頒
奏、章疏封駁、分付六部等事。

[24] 主事，明初為六部首領官，後改為司官，為司官中最低一級，秩
正六品。

[25] 行人，專職捧節、奉使之事，秩正八品。

[26] 太常博士，任職於太常寺（官署名），掌管祭祀、禮樂事宜。

《明史》〈選舉志〉言：

> 成祖初年，內閣七人非翰林者居其半，翰林纂修
> 亦諸色參用。自（明英宗）天順二年(1458)，李
> 賢奏定纂修專選進士，由是非進士不入翰林，非
> 翰林不入內閣，南北禮部尚書、侍郎，及吏部右
> 侍郎，非翰林不任，而庶吉士始進之時，已群目
> 為儲相。通計明一代宰輔，一百七十餘人，由翰
> 林者十九，蓋科舉視前代為盛，翰林之盛，則前
> 代所絕無也。[27]

明代以翰林院為「儲才」之地，朝廷選進士為庶吉士，設
館教習，以備考選。優者留為編修、檢討，次者出為給事
中、御史，與常選體格殊異。故明代任官特重翰林，內閣
及吏、禮二部尚書、侍郎，多由此出身。

茲將明代翰林院職官簡表列於後：

表一：明代翰林院職官簡表

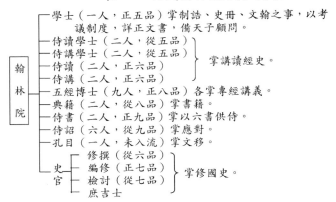

（說明：本表據《明史》卷 73〈職官志二〉11-12 頁資料編製
而成。）

---

[27] 同註十五，卷 70〈選舉志二〉，頁 6。

　　這一時期的明世宗已經長年不視朝，蟄居萬壽宮。一切的政務，都在因循和頹廢中間銷磨了。可是世宗對於整個政局，仍然掌控著，一步也不放鬆。朱東潤形容他是「洞內的虎豹」，發怒的時候，會從洞內跳出來，打死些獐貓鹿兔，打得厭倦了，便仍回洞內，度那優裕懶散的生活。朱氏認為，嘉靖二十六年（1547）以後，明世宗殺夏言（1482-1548）[28]、曾銑（？-1548）[29]、丁汝夔（？-1550）[30]、楊守謙（？-1550）[31]，乃至殺楊繼盛（1516-1555）[32]、

---

[28] 夏言，江西貴溪人，字公謹，號桂洲。正德十二年（1517）進士，授行人，擢兵科給事中。世宗即位後，奉命清理庄田，又定祭祀典禮，遂得寵。嘉靖十五年（1536），進武英殿大學士，參預機務。二年，居首輔。為嚴嵩所忌，夏言漸失帝意，嵩浸用事，遂日相齮齕。後以力主收復河套，削職處死。其生平可參見：《國朝獻徵錄》卷 16〈夏言傳〉、《掖垣人鑑》卷 16〈夏言傳〉、《明史》卷 196〈夏言傳〉，以及〈明人傳記資料索引〉頁 404〈夏言〉等。

[29] 曾銑，揚州江都（今江蘇揚州）人，字子重，號石塘。嘉靖八年（1529）進士，以御史巡按遼東，平定遼陽、寧廣、撫順兵變。嘉靖二十五年（1546）陞兵部侍郎，總督陝西三邊軍務，富膽略，長於用兵，主復河套；條上方略十八事，為嚴嵩所誣訐，誅死。其生平可參見：《國朝獻徵錄》卷 58〈曾銑傳〉、《明史》卷 204〈曾銑傳〉，以及《明人傳記資料索引》頁 634〈曾銑〉等。

[30] 丁汝夔，山東沾化人，字大章。正德十六年（1521）進士，歷任禮部主事、右副都御史、吏部侍郎、兵部尚書。嘉靖初，曾以爭大禮被杖。嘉靖二十年代，嚴嵩竊權，邊帥率以賄進，疆事大壞。嘉靖二十九年（1550），俺答迫都城（即「庚戌之變」），丁汝夔秉承嚴嵩意，違旨不戰。後以罪處斬於市。其生平可參見：《明史》卷 204〈丁汝夔傳〉及《明人傳記資料索引》頁 2〈丁汝夔〉。

[31] 楊守謙，字允亨，號次村，彭城人。嘉靖八年（1529）進士，累官保定巡撫。俺答入寇，率師倍道入援，有功，陞兵部右侍郎。協同仇鸞（1506-1552，時任大同總兵）提督內外諸軍事，

嚴世蕃（？-1565）[33]，都是這一心理作用的反映。[34]張居正從政之初的政治氛圍，正在這樣的軌道上面。

　　此外，張居正從政時期，也恰恰處在明代內閣鬥爭的時代；那時閣臣互軋相傾，其間的波譎雲詭，令人難以想像。朱東潤分析指出，明代自成祖以降，政治的樞紐全在內閣；內閣是皇帝的秘書廳，內閣大學士是皇帝的機要秘書。閣員出於皇帝的任命，人數不定，通常是四、五人。在歷史演變下，內閣逐漸成為「政治核心」，而其領袖，便是「首輔」；皇帝的一切詔諭，都由首輔一人擬稿，稱為票擬。首輔的產生，常是論資格；首輔、次輔職權的分

　　鸞徘徊觀望，守謙孤軍無繼，不敢戰。嘉靖三十九年（1550）坐失誤軍機下獄，戮於市。守謙性坦易，居官廉，馭下多恩意，及死，將士無不流涕。其生平可參見：《國朝獻徵錄》卷58〈楊守謙傳〉、《明史》卷204〈楊守謙傳〉，以及《明人傳記資料索引》頁700〈楊守謙〉等。

32　楊繼盛，保定容城（今屬河北）人，字仲芳，號椒山。嘉靖二十六年（1547）進士，授南京吏部主事，改兵部員外郎。俺答入，大將軍仇鸞畏寇甚，請開馬市，繼盛奏劾之，極陳其不可，貶為狄道典史。嘉靖三十一年（1552），仇鸞敗，繼盛遂起用，擢至兵部武選員外郎。旋又因疏劾嚴嵩下獄，受酷刑，創甚；坐繫三載，被殺。其生平可參見：《張陽和先生不二齋文選》卷5〈哭楊椒山文〉、《國朝獻徵錄》卷41〈楊忠愍公行狀〉、同上書卷41〈楊公墓誌銘〉、《明史》卷209〈楊繼盛傳〉，以及《明人傳記資料索引》頁719-720〈楊繼盛〉等。

33　嚴世蕃，江西分宜人，號東樓。短項肥體，眇一目，依父嚴嵩勢入仕，以築京師外城功晉工部左侍郎，掌尚寶司事。嘉靖四十一年（1562），因仗勢納賄，貪利無厭，被劾戍廣東雷州，未至而返。嘉靖四十三年（1564），被劾「大治園亭，日縱淫樂」，斬於市。其生平可參見：《明史》卷308〈嚴世蕃傳〉及《明人傳記資料索引》頁945〈嚴世蕃〉。

34　同註四，頁14。

限，一切沒有明文規定，只有習慣，因此首輔和其餘的閣員，時而有權力鬥爭。次輔因為覬覦首輔的大權，便要攻擊首輔，首輔因為感受次輔的威脅，也要驅逐次輔。同時因為必須維持內閣的尊嚴，所以他們的鬥爭，往往是暗鬥而不是明爭；鬥爭的策略，常是破壞皇帝對當事人的信任，以致加以貶斥或降調，故鬥爭的背後，常常潛伏著誣蔑、讒諛，甚至殺機。這樣的政爭，永遠充滿血腥；政治的波濤永遠是澎湃不止的。[35]

　　嘉靖二十六年（1547）、二十七年（1548）間，正值嚴嵩（1480-1565）[36]與夏言在內閣惡鬥之際，張居正作為一個新科進士，政治地位還不是很高，是不至於被捲入的。這段時間，張居正講求政典，熟習國事，舉凡行政、理財、治軍、教育、農田、水利、法令等各方面的檔案、著述，他都留心研討，扎下了撨理政務的雄厚基礎。不過，「他和蝸牛一樣，正在或左或右地伸出觸角，尋覓政治上

---

[35] 同註四，頁 14-15。

[36] 嚴嵩，江西分宜人，字惟一，號介谿。弘治十八年（1505）進士，授翰林院編修，移病歸。讀書鈐山十年，為詩古文辭，頗著聲名。還朝晉侍講，召為國子監祭酒。嘉靖初，陞南京禮部尚書。嘉靖十五年（1536）閏十二月，以禮部尚書兼翰林院學士，掌更修《宋史》。嘉靖二十一年（1542）進武英殿大學士，參預機務，仍掌禮部事。越二年，居內閣首輔，構殺夏言，恃寵攬權，貪賄賂，親僉邪，除異己，凡直陳時政者皆斥戮之。以致韃靼擾邊、倭寇進犯日趨嚴重。嘉靖四十一年（1562），為御史鄒應龍劾解職歸。後抄家，遂寄食墓舍，老病而卒。其生平可參見：《歐陽南野先生文集》卷 18〈太宰介谿嚴公奏績〉、同上書卷 22〈賀元輔介谿嚴公七十壽序〉、《國朝獻徵錄》卷 16〈嚴嵩傳〉、《四友齋叢說》卷 8〈嚴嵩〉、《明史》卷 308〈嚴嵩傳〉，以及《明人傳記資料索引》頁 947〈嚴嵩〉等。

的支援。」[37]

　　嘉靖二十八年（1549），張居正「館選」三年期滿，成績優異，得到上司徐階（1503-1583）[38]的「器重」[39]，留翰林院為編修。這一年，他有〈論時政疏〉，首指臃腫痿痺之病五，分別是宗室驕恣、庶官曠職、吏治因循、邊備未修及財用大匱；繼陳血氣壅閼之病一。[40]張居正針砭時弊，對事不對人，既沒有忤觸世宗，也沒有得罪首輔嚴嵩。蝸牛的觸角伸出了，但適可而止，這是張居正「君子待時」之道。

---

[37] 同註四，頁 20。

[38] 徐階，松江府華亭（今屬上海）人，字子升，號少湖，一號存齋。嘉靖二年（1523）進士，授翰林院編修。歷官黃州同知、浙江按察僉事、國子監祭酒等。嘉靖三十一年（1552），晉禮部尚書兼東閣大學士。以所撰青詞稱帝意取寵。時嚴嵩為首輔，深嫉之。徐階智足相馭，以致嚴嵩不能圖謀加害。他外事嵩甚謹，內深自結於世宗，卒逐嵩，力反其道而行，屏絕苞苴。世宗死，起草遺詔，罷齋醮諸弊，平反議大禮獲罪之臣，收召人望，裨政多所匡救。穆宗即位，為高拱（1512-1578）所扼；隆慶二年（1568），致仕歸。著有《世經堂集》、《少湖文集》等傳世。其生平可參見：《歐陽南野先生文集》卷 7〈徐子別言〉、《雙江聶先生文集》卷 5〈存齋記〉、同上書卷 4〈贈別殿學少湖徐公序〉、同上書卷 4〈贈宮輔少湖徐公赴京序〉、《張文忠公全集》卷 7〈少師存齋徐相公七十壽序〉、同上書卷 17〈少師存齋徐相公八十壽序〉、《耿天臺先生文集》卷 11〈奉賀元輔存齋先生八十壽序〉、《王龍溪全集》卷 14〈原壽篇贈存齋徐公〉、《國朝獻徵錄》卷 16〈徐階傳〉、《明史》卷 213〈徐階傳〉、《明儒學案》卷 27〈徐階傳〉、《明人傳記資料索引》頁 466〈徐階〉，以及《徐階的政術與學術》（蘇錦玉撰，清華大學歷史研究所 85 年碩士論文）等。

[39] 同註七。

[40] 同註一，奏疏 12〈論時政疏〉，頁 175-178。

　　嘉靖二十九年(1550)，俺答寇大同，入薊州，攻古北口，兵臨北京城下，要求「入貢」，史稱「庚戌之變」。經過這一次巨變，嚴嵩誤國的真相漸為世人所知。相對的，嚴嵩的政敵，內閣之一的徐階，因在事件處理過程中所提見解與主張頗受世宗肯定，故「庚戌之變」有驚無險地落幕後，徐階的權勢與聲望便大為提升。在張居正任庶吉士時，徐階是翰林院掌院學士，故名分上他們可說是師生關係。他們之間亦師亦友的情誼，一直維持到張居正身歿為止。根據張敬修〈文忠公行實〉的說法，張居正授翰林院編修期間，徐階因見張居正「沈毅淵重，所為文，雖旁列子史百家者言，而其學一本之躬行，根極理道」，故以此「深相期許」。[41]這可見徐階與張居正兩人相知相惜。

　　嘉靖三十二年（1553）、三十三年（1554）間，北京流行講學之風，尤以陽明後學之講會最盛。那時徐階（屬南中王門）與江右王門歐陽德（1496-1554）[42]、聶豹

---

[41]　同註一，附錄 1〈文忠公行實〉，頁 768。

[42]　歐陽德，字崇一，號南野，江西泰和人。正德十一年（1516）起即從王陽明學。嘉靖二年（1523）登進士第，除知六安州，建龍津書院，聚生徒講學。歷刑部員外郎，以學行改翰林院編修，累遷南京國子監司業、南京尚寶寺卿、太僕寺公卿、南京鴻臚寺卿、吏部左侍郎、北京國子監祭酒、禮部尚書。他專以講學為事，致有「南野門人半天下」之說。與同門聶豹、南中王門徐階、浙中王門程文德等並以宿學居顯位，集四方名士於靈濟宮，與論良知之學，赴者五千人。德器宇溫粹，遇事侃侃持正，其學務真知實踐，引掖後進，如恐不及，年五十九卒，贈太子少保，諡文莊。著有《歐陽南野先生文集》。其生平可參見：《雙江聶先生文集》卷 6〈歐陽公墓志銘〉、《世經堂集》卷 19〈歐陽公神道碑〉、《國朝獻徵錄》卷 34〈敕建文莊歐陽公祠堂碑〉、《願學集》卷 4〈歐陽文莊公年譜序〉、《明史》卷 283〈歐陽德傳〉、《明儒學案》卷 17〈歐陽德傳〉、《敬所王先生文集》卷 18〈祭歐陽南野先生文〉、同上書卷 1〈南野先生文集序〉、《（光

（1487-1563）[43]及浙中王門程文德（1497-1559）[44]等同門，大舉京師靈濟宮講學會，學徒雲集至五千人，其盛況為數百年來所未有。張居正時常參與他們的講學活動，他自述

緒）吉安府志》卷 26〈人物志‧大臣‧歐陽德〉，以及《明人傳記資料索引》頁 796〈歐陽德〉等。

[43] 聶豹，字文蔚，號雙江，吉安永豐人。正德十二年（1517）成進士，授知華亭縣，竣陂塘，民復業者三千餘戶，遷平陽知府。嘉靖間俺答頻寇山西，無寧居，豹修關練卒，先事以待，寇來被卻。後犯通州，京師戒嚴，禮部尚書徐階言豹才可大用，召拜右僉都御史，巡撫順天。累官兵部尚書、太子太保。然是時，西北邊數遭寇，東南倭又起，羽書日數至。豹變應不及，竟以中旨罷歸。旋卒，年七十七，隆慶初諡貞襄。豹初好王陽明之說，與辯難，心益服。後聞陽明歿，為位哭，以弟子自處。及因敢言忤權貴，被逮下獄；繫獄期間著《困辨錄》，於陽明學說略有異同。又有《雙江聶先生文集》傳世。其生平可參見：《世經堂集》卷 13〈贈宮保大司馬聶公謝政西歸序〉、同上書卷 21〈祭太保雙江聶公文〉、《國朝獻徵錄》卷 39〈聶公豹墓志銘〉（徐階撰）與〈聶先生傳〉（王時槐撰）、《念庵文集》卷 19〈雙江公七十序〉、同上書卷 18〈永豐聶氏族譜序〉、同上書卷 19〈困辨錄序〉、同上書卷 19〈困辨錄後序〉、《四友齋叢說》卷 5〈聶豹〉、《（光緒）吉安府志》卷 26〈人物志‧大臣‧聶豹〉、《明史》卷 202〈聶豹傳〉、《明儒學案》卷 17〈聶豹傳〉，以及《明人傳記資料索引》頁 914〈聶豹〉等。

[44] 程文德，浙江金華府永康人，字舜敷，號松溪。初受業章懋（1437-1522），後追隨王陽明。舉嘉靖八年（1529）進士，授翰林院編修，累擢掌詹事府，供事西苑，不好為道教祝釐事。任翰林院學士期間，世宗浸齋宮，侍臣所進青詞爭相媚悅，獨他寓意諷諫，為上所不悅，落職歸里。居鄉聚徒講學。卒時，貧不能殮，萬曆年間諡文恭。著有《程文恭公遺稿》傳世。其生平可參見：《國朝獻徵錄》卷 18〈程君墓誌銘〉、同上書卷 53〈程文德傳〉、《明史》卷 283〈程文德傳〉、《明儒學案》卷 14〈程文德傳〉，以及《明人傳記資料索引》頁 683〈程文德〉等。

「昔之為同志者，僕亦嘗周旋其間。」[45]指的正是他任官翰林院期間，與王門弟子密切往來的經歷。不過，張居正與這些「同志」的「思想頻率」並不同，後來他指責這些講學者「皆以聚黨賈譽、行徑捷舉，所稱道德之說，虛而無當。」[46]對社會講習活動留下極不好的印象。

嘉靖三十三年(1554)，楊繼盛因彈劾嚴嵩下獄，朝綱紊亂，張居正感受到仕途毫無保障，加上「體故屢弱」，又倦於遠仕北京，[47]油生告休之念。這種消極心境，可從下列二首詩窺知：

其一，〈述懷〉：

豈是東方隱，沈冥金馬門。方同長卿倦，臥病思梁園。寒予秉微尚，適俗多憂煩。側身謬通籍，撫心愁觸藩。臃腫非世器，緬懷南山原。幽澗有遺藻，白雲漏芳蓀。山中人不歸，眾卉森以繁。永願謝塵累，閒居養營魂。百年貴有適，貴賤寧足論。[48]

其二，〈適志吟〉：

有欲苦不足，無欲亦無憂。羲和振六轡，駒隙無停留。我志在虛寂，苟得非所求。雖居一世間，脫若雲煙浮。芙蕖濯清水，滄江飄白鷗。魯連志存齊，綺皓亦安劉。偉哉古人達，千載想徽猷。[49]

這一年，張居正告假歸鄉養病、讀書、學農。據〈文

---

[45] 同註一，書牘 9〈答南司成屠平石論為學〉，頁 384。

[46] 同上註。

[47] 同註一，附錄 1〈文忠公行實〉，頁 768-769。

[48] 同註一，詩 1〈述懷〉，頁 693。

[49] 同註一，詩 1〈適志吟〉，頁 693-694。

忠公行實〉載，張居正休假三年的生活概況如下：

> 卜築小湖山中，課家僮，錘土編茅，第一室僅三
> 五椽。種竹半畝，養一癯鶴。終日閉關不啟，人
> 無所得望見。唯令童子數人，事灑掃，煮茶洗藥。
> 有時讀書，或棲神胎息，內視返觀。久之，既神
> 氣日益壯，遂下帷，益博極載籍，貫穿百氏，究
> 心當世之務。[50]

可知，張居正居鄉三年，一則「課家僮」，進行家庭教育，培育下一代；二則「植竹養鶴」，陶冶身心；三則「閉關靜坐」，向內觀照自我；四則「博覽群籍」，會通當世之務。故與其說這段時間張居正是「回籍休養」，毋寧說是「休假進修」。事實上，他還在「蓄銳待時」。

　　嘉靖三十六年（1557），張居正回京復職。那時國家內憂外患有增無減。倭寇[51]侵南京，犯如皋，攻道州，轉掠揚、徐，北入山東；葡萄牙竊據澳門；北方的俺答[52]、

---

[50] 同註一，附錄1〈文忠公行實〉，頁769。

[51] 倭寇：明中後期騷擾中國沿海地區的日本海盜。十四世紀初，日本進入南北朝分裂時期，在長期戰亂中失敗的南朝封建主組織武士、浪人到中國沿海地區走私搶劫，進行海盜活動。明初海防因加強而較為平靜。明中葉以降，日本進入「戰國」時代，在封建諸侯支持下，日本海盜與中國海盜勾結，在中國東南沿海一帶搶奪攻掠，帶給沿海居民生命與財產上極大的威脅和傷害。明廷屢次委派大員經營海防，但難有成效。至嘉靖末年，戚繼光、俞大猷等傑出將領接手海防，在廣大軍民合作下先後平定江浙、福建、廣東等處倭寇，倭患始息。

[52] 俺答（1506-1582），即阿勒坦汗，明時韃靼首領、小王子阿著之子。初居開原、開平（今內蒙古正藍旗東閃電河北岸），地貧瘠。與長兄吉囊等或分或合，侵擾明朝各邊地。吉囊死，俺答獨盛，取得汗號。嘉靖二十九年（1550），率部眾圍困京師，史稱「庚戌之變」。嘉靖三十六年（1557），率二十萬眾入雁門塞，

小王子[53]、濟農、辛愛也不定期侵擾北疆。至於內政臃腫諸病也與日俱重。張居正憂心道：「長安碁局屢變，江南羽檄旁午，京師十里之外，大盜十百為群，貪風不止，民怨日深！倘有奸人乘一旦之釁，則不可勝諱矣。」[54]他認為，在這個危機時代，「非得磊落奇偉之士，大破常格，掃除廓清，不足以弭天下之患。」但他也慨嘆：「顧世雖有此人，未必知；即知之，未必用。」[55]這個「磊落奇偉之士」，就是張居正自己，只不過他還未被重用，其「中懷鬱鬱」可想而知。

不過，翰林院畢竟是一個「教本務實，以眇眇之身，任天下之重，預養其所有為」[56]的地方，果然，歷六年的沈潛，韜光養晦，張居正的思想更成熟了。嘉靖三十九年(1560)五月，張居正以右春坊右中允兼北京國子監司業。右春坊在明初即置，以輔導、侍從太子為職，無定員。分為左、右，設左、右春坊大學士各一人，正五品；左、右庶子各一人，正五品；左、右諭德各一人，從五品；左、右中允各二人，正六品，掌侍從禮儀，駁正啟奏並監藥等事；左、右贊善各二人，從六品；左、右司直郎各二人，從六品。另添設左、右清紀郎，左、右司諫等官。統屬於詹事府，專掌太子上奏請、下啟箋及講讀之事。自嘉靖、隆慶之後，左、右春坊僅為翰林院編修、檢討升遷之地。編修、檢討升為春坊官，謂之開坊。

攻破應州四十餘堡。隆慶四年（1570），明朝決議封貢，封順義王，北部邊防稍寧。

[53] 小王子，明代韃靼君主稱號。景泰時，孛來擁立脫脫不花幼子麻兒可兒，稱之。後韃靼君主多以此相稱。然與各部不相統轄，其勢亦盛衰不等。

[54] 同註一，書牘 15〈答耿楚侗〉，頁 518。

[55] 同上註。

[56] 同註一，文集 6〈翰林院讀書記〉，頁 598。

　　至於國子監，明代南北兩京都有，規模皆宏，是當時的最高學府。南京國子監（史稱南監）創建於洪武十五年(1382)；北京國子監（史稱北監）設立於永樂元年(1403)。國子監以祭酒、司業為堂上官，監丞、博士、助教、學正、學錄、典簿、典籍，及掌饌等為屬官。[57]張居正在北京國子監司業任上四年，極力推行求實黜虛的教育主張。基本上，國子監司業，是國子監祭酒的佐官，正六品，與祭酒共掌國子監監生訓導之政令。明代中後期，國子監司業概由翰林院官遷轉，身分頗為清要。

　　茲將國子監職官簡表列於後：

表二：明代國子監職官簡表

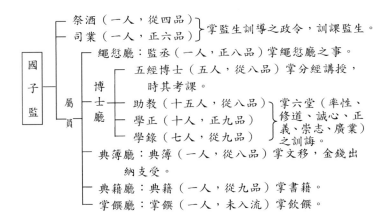

（說明：本表依據《明史》卷 73〈職官志二〉13-14 頁資料編製而成。）

---

[57] 李東陽，《大明會典》（台北：新文豐出版社，民國 65 年），卷 220〈國子監〉，頁 2921。

　　翰林院編修正七品，右春坊右中允與國子監司業都是
正六品，張居正這次升遷在官階上進了一品。惟中允是個
虛銜，沒有特定的職務，所以張居正的實際職務，乃是國
子監司業。那期間，北京講學之風仍然相當盛行。嘉靖三
十九年（1560），泰州王門的健將何心隱（即梁汝元）至
京師顯靈宮講學，有一天在當時擔任御史的耿定向
（1524-1596）[58]（同屬泰州王門）府中與張居正會面，兩
人留下不愉快的經驗。[59]何心隱甚至預見到「張居正必官

---

[58] 耿定向，湖北黃州府黃安人，字在倫，號楚侗。嘉靖三十五年
　　（1556）進士，擢御史；萬曆中累官戶部尚書，立朝有時望。
　　張居正奪情，耿定向譽為伊尹而貶言者，時議訾之。告歸，居
　　天臺山。其學本王陽明心學，誨迪後進。焦竑（1540-1620）、潘
　　士藻（1537-1600）、祝世祿（1539-1610）及管志道（1536-1608）
　　等人，皆其優秀弟子。年七十三卒，諡恭簡，人稱天臺先生。
　　有《耿天臺先生文集》、《先進遺風》及《耿子庸言》等書傳世。
　　其生平可參見：《澹園集》卷28〈尊師耿天臺先生六十序〉、同
　　上書卷35〈祭耿天臺尊師〉、同上書卷33〈天臺耿先生行狀〉、
　　《國朝獻徵錄》卷29〈耿定向傳〉、《明史》卷221〈耿定向傳〉、
　　《明儒學案》卷35〈耿定向傳〉，以及《明人傳記資料索引》頁
　　418〈耿定向〉等。
[59] 嘉靖三十九年（1560），程學顏進官太僕寺丞，何心隱與之一同
　　北上。到京師後，認識了當時擔任御史的耿定向，又因耿而見
　　過張居正。何心隱、張居正二人會面的經過，已隱約可見未來
　　二人必將衝突的徵兆。何心隱回憶說：「因耿而與今之閣下張公
　　太岳官司業時，講學於北之顯靈宮。即睹此公（張）有顯官，
　　有隱毒，凡其所講者即唯唯，即不與之辯學是非，而即憂其必
　　有肆毒於今日也。且此公退即對耿言：『元（何）本一飛鳥，為
　　渠以膠滯之。』然元亦即對耿言：『張公必官首相，必首毒講學，
　　必首毒元。』」（《何心隱集》卷4〈上祁門姚大尹書〉，頁77）
　　當時在場作陪的耿定力也有類似的觀察：「心隱、恭簡（耿定向）
　　南面，江陵（張居正）北面，大興令吳哲與予西隅坐。恭簡故
　　令二公更相評品。江陵謂心隱『時時欲飛，但飛不起耳。』心

首相，必首毒講學，必首毒元（何心隱自己）。」[60]

　　據王世貞的說法，張居正領北京國子監司業時，在教學態度上，「待諸生嚴，無所寬假。」[61]扮演一位嚴師的角色。而在教育作為上，張居正在北京國子監「勸學興禮。……諸生弟子即有秀才異等，咸為選首。」「學士靡然向風」。[62]說明了張居正是認真、用心辦學的人。那期間，他「與祭酒高拱（1512-1578）[63]善，相期以相業。」[64]張居正與高拱一面教導國子監生，一面相互研討政理，兩人同事情誼深篤。

隱氣少平，謂江陵『居太學，當知大學之道』云。心隱退而撫膺高蹈，謂予兄弟曰：『此人必當國，殺我者必此人者。』」（《何心隱集》附錄〈胡時中義田記〉，頁142）何心隱最愛講學，張居正最憎講學，故俟張居正當國之後，何心隱自然成為被誅除的對象了。

[60] 何心隱，《何心隱集》（北京：中華書局，1959年），卷4〈上祁門姚大尹書〉，頁77。

[61] 同註七，頁642。

[62] 同註一，附錄1〈文忠公行實〉，頁769。

[63] 高拱，河南新鄭人，字肅卿，號中玄，晚號中玄山人。嘉靖二十年（1541）進士，選翰林院庶吉士，踰年授翰林院編修。嘉靖四十一年（1562）以禮部尚書兼文淵閣大學士入閣，參預機務。拱驟貴，負才氣，頗忤時首輔徐階。隆慶六年（1567），拱以私怨逐胡應嘉，於是言路劾拱無虛日，加以徐階排擠，拱不自安，乞歸。三年後，召還為大學士掌戶部，與張居正共同促成「俺答封貢」。由於拱練習政體，贍經濟才，所建白皆可行，累進柱國中極殿大學士（首輔）。神宗即位，遭張居正、馮保排擠，奪職歸，著有《問辨錄》。其生平可參見：《張文忠公全集》卷7〈翰林為師相高公六十壽序〉、同上書卷7〈門生為師相中玄高公六十壽序〉、《國朝獻徵錄》卷17〈高公傳〉、《明史》卷213〈高拱傳〉，以及《明人傳記資料索引》頁388〈高拱〉等。

[64] 同註七，頁642。

第三節　由皇太子師到內閣首輔

嘉靖四十二年(1563)，張居正以右春坊右諭德兼太子（朱載垕，後即位，是為穆宗）的日講官，主要任務是侍從贊諭及待從講讀。嘉靖四十五年(1566)，張居正升任翰林院學士掌院事。這已是正五品的高階大官，掌理制誥、史冊、文翰之事，以考議制度，詳正文書，備皇帝顧問。凡經筵、日講及纂修實錄、史志諸書，皆奉敕統承之，舉足輕重。此外，凡有大政事、大典禮，集諸臣會議，則與諸司參決，權位崇隆。

隆慶元年(1567)元月，張居正遷升禮部右侍郎兼翰林院學士。侍郎是正三品，這又是進官了。二月，張居正旋晉吏部右侍郎兼東閣大學士入閣。這一年，張居正四十三歲。四月，再晉禮部尚書兼武英殿大學士，參贊機務。

隆慶二年(1568)正月，張居正加少保兼太子少保。明代，少保與少師、少傅合稱三孤，均從一品。至於太子少保則與太子少師、太子少傅合稱太子三少，均正二品。明初為東宮大臣，以朝臣兼任，掌輔導、教諭太子等事。其後漸成虛銜，為勳戚、文武大臣的加官、贈官，於太子輔導職掌關係不大。

這年七月，徐階致仕，李春芳（1510-1584）[65]代為首

---

[65] 李春芳，揚州興化（今屬江蘇）人，字子實，號石麓。嘉靖二十六年（1547）狀元，以翰林院修撰超擢翰林院學士。嘉靖四十二年（1563），官禮部尚書，定「宗藩條例」革濫給宗室歲祿之弊。越二年，以武英殿大學士入閣。性恭慎，居朝持論平恕，不事操切；善撰青詞媚帝，被譏為「青詞宰相」。隆慶二年（1568），進吏部尚書，繼徐階任首輔，益務以安靜。隆慶五年（1571），受高拱排擠致仕歸。卒年七十五，諡文定。其生平可參見：《國朝獻徵錄》卷16〈李文定公傳〉、《明狀元圖考》卷3

輔，高拱召還，兼掌吏部。八月，張居正針對嘉靖以降的種種弊端，向穆宗奏上〈陳六事疏〉，為後來執政之綱領。張居正指出，「近來，風俗人情，積習生弊，有頹靡不振之漸，有積重難反之幾。若不稍加改易，恐無以新天下之耳目，一天下之心志。」他「審機度勢」，將政府急務條理為下列六事，摘述於後：

一、省議論。為治不在多言，顧力行耳。頃年以來，朝廷之間議論太多，是非淆於唇吻，此乃當今大患也。今後欲圖勵精治理，當掃無用之虛詞，求躬行之實效。欲為一事，須審之於初，及計慮已審，即斷而行之。

二、振紀綱。綱如網之有繩，紀如絲之有總；綱紀四方，此人主之柄。近年以來，紀綱不肅，法度不行，上下務為姑息，百事悉從委徇。以模棱兩可，謂之調停；以委曲遷就，謂之善處。伏望刑賞予奪，一歸公道，而不曲徇乎私情；政教號令，一斷宸衷，而勿紛更於浮議。

三、重詔令。近日以來，朝廷詔旨，多格廢不行，至十餘年未竟者。交卷委積，多致沉埋；年月既遠，事多失真。遂使漏網終逃，國有不伸之法；覆盆自苦，人懷不白之冤。是非何由而明，賞罰何由而當？伏乞敕下各司，嚴立限期，責令奏報，違者查參。

四、覈名實。器必試而後知其利鈍，馬必駕而後知其駑良。今用人則不然，官不久任，事不責成，更調太繁，遷轉太驟，資格太拘，毀譽失實。臣願皇上，慎重名器，愛惜爵賞；用人必考其終，授任必求其當，仍乞敕吏部，嚴考課之法，審名實之歸。

―――

〈李春芳〉、《明史》卷 193〈李春芳傳〉，以及《明人傳記資料索引》頁 204〈李春芳〉等。

五、固邦本。攘外必先安內，民為邦本，本固邦寧。今風俗侈靡，官民服舍，俱無限制。外之豪強兼併，賦役不均，花分詭寄，偏累小民。內之官府造作，侵欺冒破，假公濟私，耗財病民。仍乞敕吏部，慎選良吏，牧養小民；並敕戶部，悉心清理。

六、飭武備。邇年以來，虜患日深，邊事久廢。今議者皆曰，兵不多，食不足，將帥不得其人。臣以為此三者皆不足患也。夫兵不患少而患弱，今軍伍雖缺，而糧籍具存，若能按籍徵求，清查影占，隨宜募補，著實訓練，何患無兵！捐無用不急之費，以撫養戰鬥之士，何患無財！懸重賞以勸有功，寬文法以伸將權，則忠勇之夫，孰不思奮，又何患於無將！伏乞敕戎政大臣，申嚴軍政，設法訓練，每歲農隙之時，恭請大閱，一以試將帥之能否，一以觀軍士之勇怯。此加意武備，整飭戎事，亦足以伐狂虜之謀，銷未萌之患。[66]

上面「省議論」一條，旨在取締一般言論；「振紀綱」、「重詔令」兩條，意在加強君主的地位；「覈名實」一條，圖完成中央集權的機制；「固邦本」一條，論為政之本；「飭武備」一條，謂整軍尚武為急務。這些主張，俱切時務，兼顧治本與治標，彌足珍貴。

隆慶四年(1570)，張居正轉吏部[67]尚書。這年，他奏上〈請皇太子出閣講學疏〉，請求讓不滿八歲的皇太子朱翊鈞出閣接受教育。這一請求得到了穆宗皇帝的贊同，並任命張居正為老師，負責教育皇太子的重任。

---

[66] 同註一，奏疏1〈陳六事疏〉，頁1-8。

[67] 吏部為明代六部之首，掌全國官吏選授、考課、勛封之政，職任較諸部為重。設官尚書、侍郎、郎中、員外郎、主事等。

　　隆慶五年(1571)會試，張居正為主考官，錄取了不少人才。第一名進士張元汴（1538-1588）[68]和第三名進士鄧以讚（1542-1599）[69]同入《明史》〈儒林傳〉，兩人皆師承浙中王門主將王畿（1498-1583）[70]，浸淫王陽明良知學說，

---

[68] 張元汴，浙江山陰人，字子藎，號陽和。隆慶五年（1571）狀元，官至翰林侍讀。好讀書，以氣節自負。事親至孝，躬行實踐，矩矱儼然。曾師從浙中王門王畿，而篤信王陽明心學，但究竟不出於朱熹理學。年五十一卒，諡文恭。其生平可參見：《張陽和先生不二齋文選》卷首〈張公行狀〉、《國朝獻徵錄》卷 19〈張公墓誌銘〉、《鄧定宇先生文集》卷 4〈祭張子藎文〉、《願學集》卷 7〈祭張陽和中允文〉、《東越證學錄》卷 6〈張陽和先生文選序〉、《明狀元圖考》卷 3〈張元汴〉、《明史》卷 283〈張元汴傳〉、《明儒學案》卷 15〈張元汴傳〉，以及《明人傳記資料索引》頁 515〈張元汴〉等。

[69] 鄧以讚，江西新建人，字汝德，號定宇。隆慶五年（1571）進士，授翰林院編修。張居正柄國，以讚時有匡諫，不納，移疾歸。起中允，後以念母返。再起南京國子監祭酒，至吏部右侍郎，再疏請建儲，且力斥三王並封之非，不報。居母憂，不勝喪，卒年五十八，諡文潔。以讚未第時，從浙中王門王畿遊，傳王陽明良知之學，以清士為世所重。其生平可參見：《張陽和先生不二齋文選》卷 4〈秋遊記〉、《願學集》卷 7〈奠定宇鄧先生文〉、同上書卷 4〈鄧文潔先生〉、《明史》卷 283〈鄧以讚傳〉、《明儒學案》卷 21〈鄧以讚傳〉，以及《明人傳記資料索引》頁 798〈鄧以讚〉等。

[70] 王畿，浙江山陰人，字汝中，號龍溪。乃王陽明之高足，舉嘉靖十一年（1532）進士，歷官武選郎中，夏言斥為偽學，謝病歸。善談說，能動人，林下四十餘年，孳孳以講學為務。所至聽者雲集，年八十猶游講不倦，在南北南京及吳、楚、閩、越、江、浙皆有講舍，學者稱龍溪先生。著有《王龍溪全集》、《龍溪語錄》傳世。其生平可參見：《張陽和先生不二齋文選》卷 5〈祭王龍溪先生文〉、《焚書》卷 3〈王龍溪先生告文〉、《明史》卷 283〈王畿傳〉，以及《明人傳記資料索引》頁 70〈王畿〉等。

前者成為「浙中王門」的中堅份子，後者則為「江右王門」
的代表人物之一。張元汴曾著《紹興府志》、《明大政記》、
《張陽和先生不二齋文選》等書傳世，歷任翰林修撰、左
諭德兼侍讀，並任教席於內書堂（宦官讀書之所），取《中
鑒錄》諄諄教誨寺人。而鄧以讚著有《鄧定宇先生文集》，
累官翰林院編修、國子監司業、南京國子監祭酒，致力於
督率學政。

　　另外，同榜進士尚有鄒德涵（1538-1581）[71]，拜泰州
王門的耿定向為師，並得力於祖父鄒守益（1491-1562）[72]、

---

[71]　鄒德涵，字汝海，號聚所，江西安福人，鄒善子。隆慶五年（1571）
　　進士，歷刑部員外郎，張居正方禁講學，德涵守之自若。出為
　　河南僉事，貶秩歸。服習父訓，後專以悟為宗，於祖父所傳，
　　殆一變矣，卒年四十四。有《鄒聚所先生文集》。其生平可參見：
　　《張陽和先生不二齋文選》卷5〈合祭鄒聚所年兄文〉、《耿天臺
　　先生文集》卷12〈鄒伯子墓志銘〉、《澹園集》卷27〈鄒君汝海
　　墓表〉、《明史》卷283〈鄒德涵傳〉、《明儒學案》卷16〈鄒德
　　涵傳〉，以及《明人傳記資料索引》頁743〈鄒德涵〉等。

[72]　鄒守益，字謙之，號東廓，江西安福人。正德六年（1511）進
　　士，出王陽明門，以廷對第三人，授翰林院編修，踰年告歸。
　　謁講學於贛州之王陽明。宸濠反，與陽明軍事。世宗即位，始
　　赴官。因直諫謫廣德州判官，廢淫祠，建復初書院，與學者講
　　授其間。遷南京禮部郎中，州人立生祠以祀，聞陽明卒，為位
　　哭，服心喪，日與王畿、錢德洪、薛侃等論學。歷祭酒，復以
　　諫落職歸。守益天資純，里居日事講學，四方從遊者踵至，學
　　者稱「東廓先生」，卒諡文莊。有《東廓鄒先生文集》。其生平
　　可參考：《念庵文集》卷19〈東廓公六十序〉、同上書卷22〈鄒
　　公墓志銘〉、《王龍溪全集》卷14〈壽鄒東廓翁七十序〉、同上書
　　卷19〈祭鄒東廓文〉、《世經堂集》卷19〈鄒公神道碑〉、《耿天
　　臺先生文集》卷14〈鄒先生傳〉、《國朝獻徵錄》卷74〈鄒守益
　　傳〉、《明史》卷283〈鄒守益傳〉、《明儒學案》卷16〈鄒守益
　　傳〉、《（光緒）吉安府志》卷31〈人物志・儒林・鄒守益〉，以

父親鄒善[73]（兩人皆為江右王門代表人物）的家學，成為「江右王門」的後起之秀，曾任刑部主事、員外郎。張居正方禁講學，鄒德涵守之自若，出為河南僉事，貶秩歸，著有《鄒聚所先生文集》、《鄒聚所先生會語》。

同科徐貞明（？-1590）[74]在事功方面頗有可記處。他認定北方只知水害，不知水利；在他謫居潞河的時候，著《潞水客談》，列舉修北方水道十四利。萬曆十三年（1585），徐貞明遷尚寶司丞，兼監察御史，奉詔墾田永平，於是招南人，大興水利；次年墾田三萬九千餘畝。一切計畫，正按部就班，逐步完成，但是北方人惟恐水田成功以後，江南的漕糧，必定派到北方，於是御史王之棟奏稱水田必不可行，又稱開滹沱河不便者十二事。經過這一番打擊，徐貞明的計畫功敗垂成，但是他不能不算是這一科傑出的人才。[75]

還有，劉臺[76]、傅應禎（？-1586）[77]、吳中行（1540-？）

及《明人傳記資料索引》頁 711〈鄒守益〉等。

[73] 鄒善，號穎泉，安福人，鄒守益子。嘉靖三十五年（1556）進士，累擢山東提學僉事，時與諸生講學，萬曆間以太常卿致仕。其生平可參見：《明史》卷 283〈鄒善傳〉、《明儒學案》卷 16〈鄒善傳〉，以及《明人傳記資料索引》頁 742〈鄒善〉等。

[74] 徐貞明，字伯繼，號孺東，江西貴溪人。隆慶五年（1571）進士，授浙江山陰知縣。萬曆三年（1575），選為工科給事中。主張北方興水利，種水稻。萬曆中累官尚寶少卿，諳究京畿水利。事初興，貞明躬歷州縣，周覽水泉，事停罷，貞明亦謝職歸，時論惜之。其生平可參見：《明史》卷 223〈徐貞明傳〉、《掖垣人鑑》卷 16〈徐貞明〉、《願學集》卷 5〈孺東徐公祠堂記〉、《張陽和先生不二齋文選》卷 4〈山陰徐侯生祠碑〉，以及《明人傳記資料索引》頁 462〈徐貞明〉等。

[75] 同註四，頁 127。

[76] 劉臺，江西安福人，字子畏。隆慶五年（1571）進士。萬曆初

[78]、趙用賢（1535-1596）[79]等人，也都是隆慶五年（1571）
進士，都是張居正的門生。他們後來對於張居正，都曾經
提出彈劾，因此在歷史上都留下不朽的盛名。其中，劉臺
為御史時，劾張居正專恣，凡數千言，皆甚切直，遭廷杖
除名。傅應禎知零陵縣，有平盜功；授御史期間，疏陳國
事，指斥張居正，坐謫戍。吳中行任翰林院編修，上疏極
論張居正奪情視事，被廷杖幾斃。而趙用賢剛直嫉惡，議
論風發，與吳中行同杖戍。張居正的不樹立黨羽，和劉臺
等人的不阿附座主，都是可以稱道的事件。

　　隆慶六年(1572)，五月穆宗逝世，六月神宗即位。高
拱「中旨」去位，張居正接任內閣首輔。「中旨」是皇上

　　為御史，疏劾張居正，廷仗除名。張居正復誣以他事，戍廣西，
　　至潯州暴卒，是日居正亦卒。天啟初追諡毅思。其生平可參見：
　　《明史》卷 29〈劉臺傳〉及《明人傳記資料索引》頁 851〈劉
　　臺〉。

[77] 傅應禎，江西安福人，字公善，號慎所。隆慶五年（1571）進
　　士，歷任零陵、溧水知縣。萬曆三年（1575）擢御史。後上疏
　　忤張居正，謫戍定海。萬曆十一年（1583）復官，遷南京大理
　　寺丞，後移疾歸，卒於家。其生平可參見：《明史》卷 229〈傅
　　應禎傳〉及《明人傳記資料索引》頁 681〈傅應禎〉。

[78] 吳中行，字子道，號復菴，武進人。隆慶五年（1571）進士，
　　授編修，萬曆中張居正遭父喪，奪情視事，中行上疏極論。居
　　正怒，廷杖之幾斃。居正死，累遷侍講學士，後被劾歸卒。其
　　生平可參見：《明史》卷 229〈吳中行傳〉及《明人傳記資料索
　　引》頁 238〈吳中行〉。

[79] 趙用賢，字汝師，號定宇，常熟人。隆慶五年（1571）進士，
　　萬曆時官檢討，疏論張居正奪情，杖戍。居正歿，起官，終吏
　　部侍郎，卒年六十二，諡文毅。其生平可參見：《玉茗堂全集》
　　卷 1〈奉別趙汝師先生序〉、《國朝獻徵錄》卷 26〈定宇趙公行
　　狀〉、《明史》卷 229〈趙用賢傳〉，以及《明人傳記資料索引》
　　頁 756〈趙用賢〉等。

的手諭。明代一切的詔令依例都要經過內閣的副署；此外，通政司和六科，對於皇帝的詔令，也都有隨時複奏封駁之權，因此皇帝隨時頒布手諭的自由，更受到重重的約束。不過，法制是法制，事實是事實，在不上軌道的政治狀況中，手諭仍舊不免出現，成為史冊所記的「斜封墨敕」和「中旨」。[80] 十五歲的神宗一即位，中旨隨即頒到內閣，其中的一件，便是引用穆宗遺詔，授馮保[81]為司禮掌印太監。高拱以「主上沖幼」，提出質疑，並「命給事中雒遵[82]、程文[83]合疏攻保（矯詔）」。馮保訴於太后，謂高拱「擅權不可容」，高拱乃被逐。[84]

　　張居正在皇太后的支持下，出任內閣首輔，擁戴十歲幼齡的神宗朱翊鈞。自此，張居正大權在握，年幼的神宗對他既尊重又敬畏，言聽計從。張居正為首輔以後，有〈謝

80　同註四，頁 144-145。

81　馮保，真定深州（今河北深縣）人，字永亭，號雙林。嘉靖中為司禮監秉筆太監。隆慶時提督東廠，兼掌御馬監事。萬曆初，任司禮監掌印太監，交結外廷張居正，倚太后勢約束神宗甚嚴。萬曆十年（1582），張居正卒，遂失勢，謫為奉御，並被抄家。後死於南京。

82　雒遵，字道行，號涇坡，陝西涇陽人。嘉靖四十四年（1565）進士，歷吏科都給事中。神宗初年，馮保竊權，萬曆帝每御便殿，保輒侍立御座，遵斥其無理。尋以劾兵部尚書譚綸（1520-1577），謫浙江布政司照磨，保敗，遷右僉都御史，巡撫四川。罷歸卒。其生平可參見：《掖垣人鑑》卷15〈雒遵傳〉、《明史》卷 234〈雒遵傳〉，以及《明人傳記資料索引》頁 773〈雒遵〉。

83　程文，字載道，號碧川，江西東鄉人。嘉靖四十四年（1565）進士，由刑部主事改禮科給事中，晉工科都給事中，尋以考察閒住。其生平可參見：《掖垣人鑑》卷15〈程文傳〉及《明人傳記資料索引》頁 683〈程文〉。

84　同註十五，卷 213〈高拱傳〉，頁 7。

召見疏〉，以「謹守成憲」、「愛養人才」，使「上下一心」，
「以成雍熙悠久之治」為大政方針。他說：

> 臣之區區，但當矢堅素履，罄竭猷為，為祖宗謹
> 守成憲，不敢以臆見紛更；為國家愛養人才，不
> 敢以私意用舍：此臣忠皇上之職分也。仍望皇
> 上，思祖宗締造之艱，念皇考顧遺之重，繼今益
> 講學勤政，親賢遠奸，使官府一體，上下一心，
> 以成雍熙悠久之治，臣愚幸甚，天下幸甚。[85]

此處張居正所稱的「謹守成憲」，即明太祖建構的明初舊
制。

在張居正看來，明太祖朱元璋所立下的制度，完美無
缺，只要奉行不誤，即可長治久安。他說：

> 夫高皇帝（明太祖）之始為法也，律令三易而後
> 成，官制晚年而始定，一時名臣英佐，相與持籌
> 而算之。其利害審矣！後雖有智巧，蔑以踰之
> 矣！且以高皇帝之聖哲，猶俯循庸眾之所為，乃
> 以今之庸眾，而欲易聖哲之所建，豈不悖乎？[86]

張居正在神宗即位以後，隨即請御日講，他疏稱：

> 臣等謬以菲陋，職叨輔弼，伏思培養君德，開導
> 聖學，乃當今第一要務。臣居正又親受先帝顧
> 托，追惟憑幾之言，亦惓惓以講學親賢為囑，用
> 敢冒昧上請。今一應大典禮，俱已次第修舉，時
> 值秋涼，簡編可近。[87]

明代開國不久，明太祖朱元璋即建立了皇帝的教育制

---

[85] 同註一，奏疏 2〈謝召見疏〉，頁 16。

[86] 同註一，文集 3〈辛未會試程策〉二，頁 552。

[87] 同註一，奏疏 2〈乞崇聖學以隆聖治疏〉，頁 20-21。

度，一是經筵，一是日講。這一皇帝教育制度在明初實施較好，後來諸帝懶散厭學，游逸好樂，如明武宗沉緬於豹房女色，長期不上朝，根本不搞日講、經筵。張居正經過深思熟慮，決定恢復和健全這個祖宗成憲，一方面著意培養君德、開導聖學，教習治國方略，用以恢宏治理，坐致升平；一方面借此合法形式管束小皇帝，統御群臣。

經筵是最隆重的，每月逢二的日期舉行。照例盛暑和嚴寒的時日都停止經筵，用現代術語，就是放暑假、寒假。舉行經筵的時候，勛臣、大學士、六部尚書、都御史、翰林學士等都要到齊，由翰林院、春坊等官及國子監祭酒進講經史。神宗的經筵，雖自萬曆元年（1573）二月起，但是隆慶六年（1572）八月間，日講就開始了。日講在文華殿舉行，不用侍官、侍儀、執事等官，只用講讀官、內閣學士侍班。張居正為明神宗設計了一份周詳的日講課程表（詳後）。

隆慶六年（1572）十二月，張居正進《歷代帝鑑圖說》。神宗這時還不足十歲，他對於張居正，真是十分親近和尊崇。在這一年，張居正曾經說到神宗和自己的關係：

> 所幸主上年雖幼沖，聰睿異常，又純心見任，既專且篤，即成王之於周公，恐亦未能如是也。但自愧菲劣，不足以堪之。目前景象，似覺穆清，自今而往，惟當益積悃誠，恒存兢業，恪循軌轍，按轡徐行耳。[88]

張居正看到神宗銳意向學，賦予厚望，並以栽培聖明君主自期。

萬曆元年（1573），張居正開始講《歷代帝鑒圖說》，

---

[88] 同註一，書牘4〈答兩廣殷石汀〉，頁283。

第二年就獲得教育效果。神宗這時才十二歲,他要吏部和都察院開具各在外廉能官員,他要親自召見,「面加獎諭」。張居正隨即請定「面獎廉能儀注」,他在疏中云:「臣等竊惟致理之道,莫急於安民生;安民之要,惟在於覈吏治。前代令主,欲興道致治,未有不加意於此者。」[89]翌年正月申午,神宗在皇極門,召見朝覲廉能官員特加獎勵,各賜金幣,便是這一教學的結果。[90]

萬曆四年(1576)二月,這一年神宗十四歲。神宗早些時在寫字的時候,進講官寫好太祖的《大寶箴》作為影格,張居正看見便說:「此篇文章深切於君德治道。皇上勿徒書寫,須熟記其詞;又勿徒記誦,須通曉其義,乃為有益。」隨後,張居正進《大寶箴注解》一篇。二十九日神宗在文華殿,召張居正到御座面前,自己站起來,高高地舉起《大寶箴》交給張居正。張居正站著,神宗把全文高聲背誦一遍。背誦以後,張居正再行講解關於《大寶箴》引用的故事,神宗全明白。最後講到「縱心乎湛然之域」一句,神宗說:「此不過言人當虛心處事耳。」張居正拱起兩手稱賀說:

> 只虛心兩字,足以蔽此條之義矣,夫人心之所以
> 不虛者,私意混雜故耳。如水本至清,以泥沙溷
> 之,則不清;鏡本至明,以塵垢蔽之,則不明。
> 人主誠能涵養此心,除去私欲,如明鏡、止水,
> 則好惡刑賞,無不公平,而萬事理矣。[91]

張居正之於神宗,正如嚴師之於高徒:利用一切的機會,亟力「拉拔」他,要使他臻於理想的境界;而當他看到「高

---

89 同註一,奏疏 3〈請定面獎廉能儀注疏〉,頁 43。
90 同註十五,卷 20〈神宗本紀一〉,頁 2。
91 同註一,奏疏 11〈送起居館講「大寶箴」記事〉,頁 172。

徒」正一步步向前邁進時，喜悅滿懷，頗有成就感。

萬曆五年(1577)，張居正丁父憂，乞守制（二十七個月），不允，被社會評議為「奪情不歸」，乖違禮教。明朝按照儒家的禮教，規定雙親死，作兒子的必須辭去官職，回鄉守喪三年。據《明會要》載，洪武七年（1374），「帝曰：『三年之喪，天下通喪。人情所安，即天理所在。』乃定制：子為父母，庶子為其母，皆斬衰三年。」[92]但神宗皇帝依權下令徵召張居正繼續供職。不過，這乃引起朝野許多人士的議論，反對者多以護衛儒教孝道為由，對張居正大加撻伐。

翌年，神宗完婚，張居正再請歸葬，這次獲允，惟喪假期間密封言事。葬事畢還朝，沿途守臣率長跪，撫按大吏越界迎送，甚至襄陽王、南陽唐王也出候，具賓主禮。[93]

萬曆七年(1579)，張居正禁、毀書院為公廨，凡六十四處。萬曆九年(1581)，這年張居正五十七歲，積勞成疾，乞歸政，不允，百官多為他建醮祈禱。隔年，病情惡化，至六月二十日，死於任內，享年五十八歲。神宗皇帝為之下詔罷朝數日，指定由司禮太監護理喪事，歸葬於故鄉湖北江陵，追贈上柱國官爵，賜諡文忠。[94]

但張居正死後不久，便遭到反對者的攻訐。指謫與批判，蜂擁而至，眾口鑠金，連神宗皇帝都由懷疑而相信張居正擅自威福。萬曆十一年(1583)三月，神宗下詔追奪張居正生前各種官階、榮銜。翌年四月，籍沒家產，家屬因

---

[92] 龍文彬，《明會要》（台北：世界書局，民國 61 年），卷 18〈禮十三〉，頁 290。

[93] 同註十五，卷 213〈張居正傳〉，頁 10-11。

[94] 同註十五，卷 213〈張居正傳〉，頁 12-13。

被查抄餓死的有十餘人。他的長子張敬修不勝刑而自縊，弟和次子張嗣修及其他幾個孫兒被遣戍狼藉。而張居正執政十年所施行的包括教育改革在內的諸多改革措施，亦均停止。朝廷將張居正任首輔期間所引用者，「斥削殆盡」[95]；並召還張居正時所斥退者。從此以後，神宗皇帝久不聽朝，荒於酒色，致諸務廢驰，埋下明朝衰亡的歷史命運。

　　終萬曆之世，無人敢為張居正平反。直到熹宗天啟二年(1622)，始想起張居正的大功，詔復原官、予祭葬。崇禎十三年(1640)，尚書李日宣[96]等言：

> 故輔居正，受遺輔政，事皇祖者十年。肩勞任怨，舉廢飭弛，弼成萬曆初年之治。其時中外乂安，海內殷阜，紀綱法度莫不修明。功在社稷，日久論定，人益追思。[97]

帝可其奏，這是距他死後已過半個世紀的事了。

---

[95] 同上註。

[96] 李日宣，江西吉水人，字晦伯，號緝敬。萬曆四十一年（1613）進士，授中書舍人，擢御史。天啟元年（1621）遼陽破，請帝時召大臣，面決庶政。旋因忤魏忠賢黨削職。崇禎三年（1630），復官，巡按河南，累官兵部尚書。崇禎十三年（1640），擢吏部尚書。越二年，以廷推閣臣遭帝懷疑，下獄、充軍戍邊，久之赦還卒。其生平可參見：《明史》卷254〈李日宣傳〉及《明人傳記資料索引》頁192〈李日宣〉。

[97] 同註十五，卷213〈張居正傳〉，頁13-14。

第三章　社會環境與教育危機

　　教育思想，是思想家在一定社會環境下對教育現象、問題的認識和看法，故與時代的社會歷史條件有著密切的聯繫。本章先以一節簡述明中後期的社會環境，用以襯托那個歷史時代的特殊社會概況；再分三節較為詳細的探討當時的教育現象與問題。

第一節　轉折的時代社會

　　要了解一個教育家的教育思想，須先了解這位教育家活動的時代社會背景，能如此才可明瞭那個時代如何孕育這位教育家，而這位教育家又如何推動那個社會向前發展。不過，時代社會的變遷錯綜複雜，應讓歷史的專書去敘述，本文既是張居正教育事業的專題研究，自然只能大略提及張居正所處之時代社會的概況。

　　張居正生長、活動的時代是明朝中後期，正是中國歷史一個重要的轉折時期。明武宗正德皇帝沈湎於遊山玩水，長期不上朝；明世宗嘉靖皇帝深居內宮修仙煉道，「臥治」於上，二十年不理國政。統治者驕奢淫逸、昏庸無能，政治一片混亂，已經埋下了明朝由盛而衰的命運。

　　在政治上，正德年間，劉瑾（1451-1510）[1]恣橫枉法

---

[1]　劉瑾，陝西興平人。本談氏子，幼自宮，投宦官劉姓者以進，乃冒其姓。孝宗時坐法當死，得免，遂切齒廷臣。武宗即位，掌鐘鼓司，性狠戾，有口辯，日以膺犬歌舞角觝之戲與帝狎。尋進內官監太監，總督團營，帝漸信用之，與太監張永等稱「八虎」。正德元年（1506）掌司禮監，與閣臣焦芳結黨，斥逐異己。

凡六年；嘉靖年間，嚴嵩貪污亂權長達二十一年，「凡文武擢遷，不論可否，但衡金之多寡而界之。將弁惟賄嵩，不得不朘削士卒；有司惟賄嵩，不得不掊克百姓。士卒失所，百姓流離。」[2]整個社會情況是：鷹犬塞途，乾兒當道；草菅人命，殺戮清流。至於一般內政，則是「庶官眾曠」、「吏治因循」，以致「臃腫痿痺之病乘間而生。」[3]

明中後期官場之弊，賄賂勒索公行，所謂「頂首銀」者，就是這種弊端之一種：「凡投選及各項文移，吏輩多假駁查送問為騙局。……坐名撥缺，蓋皆依託勢要，行重賂以圖厚獲者。新舊相代，索頂首銀多至千金。」[4]而宦官之專權跋扈、干預朝政，已到不可收拾之地步。《玉堂叢語》記載：連朝廷大臣也不免受諸中貴的白刃威脅，其烈燄之勢，於此可見一斑。[5]他們給社會所造成的危害，不難想像。

在財政上，邊防軍費既繁，土木、禱祠之費亦有增無

官員凡有章奏，須另具紅本進呈；出使入覲官皆使賄銀。又建內行廠，自領之；東、西二廠亦為其偵伺。獨攬朝政，有「立皇帝」與「劉皇帝」之稱。瑾既得志，頗擅威福，大小事皆瑾專決，不復白帝。時邊用不敷，乃行罰米法，令被劾官員出米輸邊。又因屯政敗壞，遣使四出清丈屯田。正德五年（1510），以謀逆罪讞下獄，籍其家，磔於市。其生平可參見：《國朝獻徵錄》卷 117〈劉瑾傳〉、《明史》卷 304〈劉瑾傳〉，以及《明人傳記資料索引》頁 853〈劉瑾〉等。

[2] 張廷玉，《明史》（台北：中華書局，民國 60 年），卷 209〈楊繼盛傳〉，頁 14。

[3] 張居正，《張文忠公全集》（台北：商務印書館，民國 57 年），奏疏 12〈論時政疏〉，頁 175-176。

[4] 焦竑，《玉堂叢語》（北京：中華書局，1982 年），卷 2〈銓選〉，頁 52-53。

[5] 同上註，卷 2〈政事〉，頁 48。

減，國家財政逐漸呈現入不敷出、捉襟見肘的窘狀。根據戶部出納之數，嘉靖二十八年（1549），全國歲入二百餘萬兩，歲出三百四十萬餘兩，財用大匱，不敷甚巨。[6]帑藏匱竭，至變賣寺產，收贖軍罪，更大括稅賦，致百姓怨嗟，海內已生不安之象。

在國防上，邊陲轄區常生兵變民反情事，從弘治十三年(1500)到嘉靖二十八年（1550）五十年間，中國境內共發生兵變民反事件凡七十二次，平均每年一點四次。[7]來自陸路的外犯，包括土魯番、小王子、韃靼[8]、俺答、把都兒、女真[9]、濟農、朵顏等，不斷侵擾內地。來自海路的倭寇，更是大肆擄掠燒殺。明王朝對此所用的軍事真是應接不暇、疲於奔命。明中後期百姓苦楚的情形，正是：「甲馬叢中立命，刀鎗隊裏為家；殺戮如同戲耍，搶奪便是生涯。」[10]

在經濟上，明代中後期是中國封建社會發展的晚期，

---

[6] 華世出版社，《中國歷史大事年表》（台北：華世出版社，民國85年），頁381。

[7] 同上註，頁372-382。

[8] 韃靼，古族名。最早見於唐代記載。明時總稱東部蒙古成吉思汗後裔各部。君長稱可汗，設有知院、丞相等官。活動中心初在和林（含蒙古國哈爾和林），其後活動區遍及遼東、宣府（治今河北宣化）、甘肅間廣大地區，甚至進入了河套一帶。嘉靖時，族中之俺答部強盛，曾於嘉靖二十九年（1550）圍困京師（即明史上之「庚戌之變」）。

[9] 女真，明代東北少數民族。分為建州、海西、野人三部。明末，努爾哈赤以建州女真為核心，統一各部，建立大金（史稱後金）政權。其子皇太極於後金天聰九年（1635），改為滿洲，後遂改稱滿族。

[10] 馮夢龍，《醒世恒言》（台北：建宏書局，民國84年），卷3〈賣油郎獨佔花魁〉，頁26。

封閉的小農經濟開始走下坡，工商經濟逐漸萌芽，特別是
浙江、南直隸、江西等江南一帶，因工商業興起，財貨、
人口集中，形成了一片繁華的局面。根據錢杭的統計，萬
曆六年（1578），南直隸人口 10,502,651，每平方公里 46.84
人；浙江人口 5,153,005 人，每平方公里 56.20 人；江西人
口 5,589,026 人，每平方公里 38.07 人。當時全國平均人口
密度為每平方公里 18.40 人，浙江居全國第一位，南直隸
居全國第二位，江西居全國第四位。[11]

顧炎武在《天下郡國利病書》引〈歙志風土論〉說：
「尋至正德末嘉靖初，則稍異矣。商賈既多，土田不重。
操貲交捷，起落不常。能者方成，拙者乃毀。東家已富，
西家自貧。」[12]說明了傳統自給自足的小農經濟開始解體，
工商經濟型態已然初露。江南一帶城市手工業興起，商品
經濟發達，是中國工商企業萌芽最早的區域。王士性在《廣
志繹》卷四〈江南諸省〉謂：「百貨所聚」，「咸延袤十里，
井屋鱗次，煙火數十萬家，非獨城中居民也。」[13]足見當
時江南已出現了商業化、都市化的現象。

在學術文化上，明初建立科舉制度後，試士「專取四
子書及《易》、《書》、《詩》、《春秋》、《禮記》五經命題試
士。」[14]宋代大儒朱熹是孔孟以後儒家學派中最有影響力
的思想家，他的《四書集注》乃成為明朝最重要的教科書，
也是科舉考試的標準本。這就形成了一種「文化專制主

---

[11] 錢杭，《十七世紀江南社會生活》（杭州：浙江人民出版社，1996
年），頁 13。

[12] 顧炎武，《天下郡國利病書》（台南：莊嚴文化事業公司，四庫
全書存目叢書，民國 86 年），原編第九冊〈鳳寧徽〉，頁 76。

[13] 王士性，《廣志繹》（北京：中華書局，1981 年），卷 4〈江南諸
省〉，頁 68-69。

[14] 同註二，卷 70〈選舉志二〉，頁 1。

義」，儒學道統幾乎成為當時整個教育的「枷鎖」。至永樂年間，政府又編纂《五經大全》、《四書大全》和《性理全書》，朱熹思想為主的理學成為朝廷「官方的意識型態」。從內容上看，三部大書具有濃厚的「朱學印跡」，它們的「欽定頒布」，「標誌著朱學統治地位的完全確立」。[15]朱熹的理學思想，明顯地主宰著當時學風。

不過，明前期的「朱熹學風」，進入中葉時已無法維持優勢。正德年間（十六世紀初），王陽明首倡「良知說」，高張「心學」旗幟，鼓動明代思想界風雲之變，發生了朱學讓位於王學的大轉局。按錢穆的說法：

> 陽明良知之學，簡易直捷，明白四達，兼掃蕩和會之能事。且陽明以不世出之天姿，演暢此愚夫愚婦與知與能之真理，其自身之道德功業文章，均已冠絕當代，卓立千古，而所至又汲汲以聚徒講學為性命，若飢渴之不能一刻耐。故其學風淹被之廣，漸漬之深，在宋明學者中，乃莫與倫比，即伊川晦翁，皆所不逮。[16]

這勾勒出明中後期學術潮流的輪替。

陽明心學一洗朱學末流拘守繩墨、蹈常襲故之積弊，為明代學術與教育別開生面。當時學者王世貞云：「今天下之好稱守仁十七八也」。[17]所謂「龍行雲，虎行風」，學術界與書香世家輾轉相承陽明心學，成為那個時代的一種

---

[15] 王育濟，《理學、實學、樸學》（濟南：山東友誼出版社，1993年），頁 177。

[16] 錢穆，《中國學術思想史論叢》(七)（台北：東大圖書公司，民國 75 年），頁 153。

[17] 王世貞，《弇州史料前集》（台南：莊嚴文化事業公司，四庫全書存目叢書，民國 86 年），卷 25，頁 683。

文化現象。王學的強勁旋風，吹落了朱熹理學在學術界的主流地位。造成「嘉、隆而後，篤信程朱、不遷異說者，無復幾人矣」[18]的大變局。

陽明學派，學風盛大。如按地域分，王門弟子有浙中王門（浙江中部）、江右王門（江西一帶，含止修王門）、南中王門（蘇皖一帶）、楚中王門（湖北一帶）、北方王門（山東河南一帶）、粵閩王門（廣東福建一帶）、黔中王門[19]（貴州一帶）以及泰州王門（長江下游沿海一帶）等八大系統，這樣就出現了「王門弟子遍天下」的局面。

---

[18] 同註二，卷 282〈儒林傳序〉，頁 1。

[19] 黔中王門，以孫應鰲為首，席書、王杏、李渭、陳尚象等人皆是其中佼佼者，他們是王陽明及弟子在貴州培植起來的。據《王陽明全集》（上海：古籍出版社，1992 年）卷 33〈年譜一〉載：正德三年（1508）春，王陽明被貶到貴州龍場，建龍岡書院，收徒授課；翌年，貴州提學副使席書聘主貴陽書院，「往復數四，豁然大悟」，謂「聖人之學復睹於今日」，身率貴陽諸生，師事陽明。（頁 1228）同書卷 36〈年譜附錄一〉亦載，嘉靖十三年（1534），陽明的私淑門人王杏巡按貴州，建陽明書院及陽明祠，倡發良知說。（頁 1330）另據《（萬曆）貴州通志》（北京：書目文獻出版社，1991 年）卷二載：嘉靖二十年（1541），楚中王門蔣信提學貴州，「品流第一，訓迪生儒，……所獎披盡名士」。黔中思南人李渭即從其問學，深得心學精髓（頁 52）；此外，此一文獻亦載，嘉靖二十三年（1544），陽明弟子徐樾接任貴州提學副使，「講明心學，陶溶士類」，孫應鰲即於此時盡受其所傳陽明心學，成為譽聲宇內的學者。近年來，已有研究者注意到被冷落達數百年之久的「黔中王門」。吳雁南撰寫的《心學與中國社會》（北京：中央民族學院出版社，1994 年）；王路平的〈論貴州陽明心學文化旅遊圈的開發建設〉（載《貴州社會科學》1996 年第 3 期，頁 52-57）以及張坦的〈黔中王門——一個被忽略的地域學派〉（載《貴州文史叢刊》1996 年第 4 期，頁 16-21）諸作，均介紹了黔中王門。

明中後期，隨著朝政的日趨腐敗與社會的變遷，學校教育的各種弊端也明顯地暴露出來。當時的教育缺失和危機，可歸納為三大項——詳下列三節說明。

第二節　提學官與教官不稱職

明朝的學制，直屬中央的國立大學有南北兩京國子監。地方各府、州、縣、衛有府學、州學、縣學、衛學，都有一定學額，歸各省提學官管轄。鄉村之中又有社學，民間子弟自由入學，不受學額的限制，但是沒有強迫入學的規定。當時的教育問題，集中在地方學制的府、州、縣、衛學，而問題之發生與提學官和教官不稱職具有密切關係；時，督率地方教育任務的是各地的「提學官」，而負責各地學校教育工作的，則是遍佈全國各府、州、縣、衛學的「教官」。

明中後期，經過嘉靖年間的廢弛和隆慶年間的混亂，許多政治與社會的病症一一浮現，「士習澆漓、官方刓缺」便是其中犖犖大者。謝肇淛[20]為文道，「今之仕者，為郡縣則假條議以濟其貪，任京職則假建言以文其短，居里閈則假道學以行其私。」[21]這話勾勒出當時士大夫的一個面向。張居正指出：

近歲以來，士習澆漓，官方刓缺，鑽窺隙竇，巧

---

[20] 謝肇淛，字在杭，福州長樂人。博學擅詩文。萬曆二十年（1592）進士，授湖州推官，累遷工部郎中，作《北河紀略》，具載河流原委及歷代治河利病。終廣西右布政，有善政。著有《五雜組》、《滇略》等書。其生平可參見：《明史》卷286〈謝肇淛傳〉及《明人傳記資料索引》頁887〈謝肇淛〉。

[21] 謝肇淛，《五雜組》（瀋陽：遼陽教育出版社，2001年），卷15〈事部三〉，頁311。

為躐取之媒，鼓煽朋儔，公肆擠排之術，詆老成
廉退為無用，謂讒佞便捷為有才。愛惡橫生，恩
仇交錯，遂使朝廷威福之柄，徒為人臣酬報之
資，四維幾至於不張，九德何由而咸事。[22]

官員腐污、紀綱不振，誠為張居正掌政柄前夕的吏治氛圍。

一、提學官不稱職

　　提學官，又名提學道、提督學政或提督學校官。《大明會典》卷七十八〈學校‧風憲官提督〉載，正統元年（1438）專設提學官，「提督生徒學業，務見實效；有不職者，禮部、都察院堂上官，詢察具奏罷黜。」南北兩京及十三布政使司各置一人，兩京以御史，十三布政使司以按察司副史、僉事充任。提學官為一省學政的最高長官，職繫一方的士習學風，任務清高，責任重大。依張居正的觀點，「養士之本」在於學校，其「貞教端範」在於提學官。他指出明初以來，最重提學官之選，「非經明行修，端厚方正之士，不以輕授，如有不稱，寧改授別職，不以濫充。」張居正舉證道，提學官人選，在兩京用御史，十三布政使司用按察司風憲官為之，可見出任提學官者，「不獨須學術之優，又必能執法持憲，正己肅下者，而後能稱也。」[23]

　　提學官任期三年，巡迴考試各府、州、縣、衛學生員。鄉試時負責考定各地儒學教官等第，以便選聘至省城閱卷。有關明中後期提學官的任職概況，《明書》載云：嘉靖年間，提學官的職權越來越輕，擔任提學官的人也沒有真才實學使士子心服口服。他們之中，「高者，虛談沽譽；劣者，安祿養交；下者，至開倖門，聽托不忌。」提學官又苦於巡歷各府、州、縣、衛學校，或三、四年才能將所

---

[22] 同註三，奏疏 2〈請戒諭群臣疏〉，頁 19-20。
[23] 同註三，奏疏 4〈請申舊章飭學政以振興人才疏〉，頁 57。

屬學校巡歷一遍，每到一個地方，花費了十天半月的時間遊山玩水，拜訪官長，只用一天來考核諸生的舉業情況，而並不認真考察諸生的德行和才藝。即使考察諸生的道藝，也不過是依據府、州、縣、衛學的申報而定，因此提學官所獎勵的多是勢豪富厚的子弟和交結官府的生徒。更有甚者，有一些提學官，「憚巡行勞苦」，根本不過訪所屬學校，只是在官邸中坐享祿俸，等升遷時機的到來；每逢選取生徒參加鄉試之年，則將所屬府、州、縣、衛學所選的生徒召集於省城考選。以致造成「士習頑，而人騖於奔趨」如此惡劣的教育風氣。[24]在這種情況下，提學官已起不了督率生徒的作用，可以說是「尸位素餐」了。[25]

至隆慶、萬曆之際，提學官不稱職的情況更為嚴重，對此有深刻認識的張居正指出：

> 近年以來，視此官（提學官）稍稍輕矣，而人亦罕能有以自重。既無卓行實學，以壓服多士之心，則務為虛譚賈譽，竇法養交。甚者，公開倖門，明招請託。又憚於巡歷，苦於校閱，高座會城，計日待轉。以故士習日敝，民偽日滋。以馳驚奔趨為良圖，以剽竊漁獵為捷徑，居常則德業無稱，從仕則功能鮮效。祖宗專官造士之意，駸以淪失，幾具員耳。[26]

至此，提學官幾乎成為「具員」，根本無法發揮督學之功能。

---

[24] 傅維鱗，《明書》（台北：華正書局，民國 63 年），卷 62〈學校志〉，頁 2350。

[25] 尹選波，《中國明代教育史》（北京：人民出版社，1994 年），頁 187。

[26] 同註三，奏疏 4〈請申舊章飭學政以振興人才疏〉，頁 57。

此外，提學官督學績效不彰，與提學官本身德業素質不高固然有絕對關係，而與實務中存在的客觀環境之限制，也不無牽連。論者以為明代中葉之後，由於各省的提學官多由按察司的副使或僉事擔任，往往會受到巡撫或按察使的牽制，很難在學政方面有所作為。加以提學官所轄之地幅員廣闊，提學官不能經常蒞臨督率，而只是通過歲、科二考管理生員；在學政事務專委提學官之後，各地守令，也逐漸忽視了本身的職責，致使學校教育管理鬆弛，這是明代學校制度中始終沒有妥善解決的問題。[27]

二、教官素質低劣

教官，亦名學官、儒學官或教職，泛指府、州、縣、衛儒學中主管教學與訓導的官吏，即府學、衛學教授，州學學正，縣學教諭和府、州、縣、衛學的訓導。明中葉以後，不僅提學官「徒為文具」，各地儒學教官也多形同虛設，不能勝任教育工作。

明代為推行學校教育，在各地儒學設教官如下：府學教授一人，從九品，訓導四人；州學學正一人，訓導三人；縣學教諭一人，訓導二人。教授、學正、教諭，掌教誨所屬生員，訓導佐之。[28]衛學教官之設類同府學。明代地方儒學教官是一個龐大的階層。

據統計，萬曆初年，有府一四〇，而各府學設教授一人，訓導四人，則全國府學教授通計有一四〇人，府學訓導五六〇人；州凡一九三，而各州學設學正一人，訓導三人，則全國學正一九三人，州學訓導五七九人；縣凡一一三八，而各縣學設教諭一人，訓導二人，則全國縣學教諭

---

[27] 趙子富，《明代學校與科舉制度研究》（北京，燕山出版社，1995年），頁205。

[28] 同註二，卷75〈職官志四〉，頁12。

一一三八人，縣學訓導二二七六人。總計天下各府、州、縣學等教官人數，則有四八八六人。[29]這數字尚不包括衛學教官在內。

明代儒學教官的來源較廣，國初多用儒士，後漸用舉人、監生、貢生。洪武之初，政府亟需大批官員，儒士多被延攬為儒學教官。其後，隨著科舉之實施，通過鄉試的「舉人」，特別是「舉監」逐漸取代儒士成為儒學師資的主要來源。所謂「舉監」即會試下第後入國子監肄業的舉人。洪武三十一年（1398），命再試寄監落第舉人，次其等第，授予教授、教諭、訓導等官。[30]

此外，「舉監」中還有「副榜舉人」，也是派任儒學教官的重要來源。明代會試取士分正榜、副榜，中進士者名列正榜，正榜之外另取若干名列副榜，稱為副榜舉人，也稱為副榜進士。明中葉後，舉人就教官職者數量減少，由「貢監」授教官人數漸多。貢監即明代各府、州、縣儒學取得入國子監讀書資格的生員，他們因有雙重身分，既為從生員入貢國學的貢生，又為在國子監坐堂肄業的監生，故名。貢監有歲貢、選貢、恩貢、納貢之分，其中以歲貢出為教官者最多。徐階曾指出：「學校之官，十二出鄉舉，其八出歲貢。」[31]說明了學校教官多出自舉人與歲貢。

歲貢，又名常貢，即每年由各府、州、縣學貢入國子監讀書的生員。據《大明會典》卷七十七〈歲貢〉載，歲貢制度始於洪武十七年（1384），各府、州、縣學歲貢生員各

---

[29] 吳智和，《明代的儒學教官》（台北：學生書局，民國 80 年），頁 19-20。

[30] 中研院史語所，《明太祖實錄》（台北：中研院史語所，民國 57 年），卷 256，洪武三十一年二月乙丑，頁 3699。

[31] 徐階，《世經堂集》（台南：莊嚴文化事業公司，四庫全書存目叢書，民國 86 年），卷 12〈贈司訓盧亭杜君序〉，頁 14。

一人，其後多有變更。洪武二十五年（1392）定府學每年歲貢二人，州學每二年歲貢三人，縣學每年歲貢一人。永樂八年（1410）定州縣戶不及五里者，州學歲貢一人，縣學間年歲貢一人。宣德七年（1432）復照洪武二十五年例。正統六年（1441）更定府學歲貢一人，州學每三年歲貢二人，縣學每二年歲貢一人。弘治、嘉靖間仍復洪武二十五年例，遂為永制。人選由提學官於歲考後擬定。

依《明會要》卷四十一〈職官十三·儒學〉載，歲貢就教官職，始於景泰元年（1450）。朝廷令歲貢生員願就教職者，只須將應領食廩貢於國子監，經翰林院考試合格，便可授學正、教諭、訓導等儒學教官。成化六年（1465）曾定歲貢及納馬粟之納貢四十五歲以上者，只授訓導。後僅准由歲貢中考授，其餘不得授。

明官制係沿漢唐之舊而損益之，分九品，由上而下依序是正一品、從一品、正二品、從二品，而至正九品、從九品，共十八階。儒學教官的品級不高，只有府學教授入流，為從九品，其餘州學正、縣學教諭及府、州、縣學訓導，皆未入流。[32]

明代教官品級低，俸祿相應地也少。洪武十三年(1380)二月，重定內外文武百官歲給祿米、俸鈔之制。此時「教官之祿，州學正月米二石五斗，縣學教諭月米二石，府、州、縣學訓導月米二石。」[33]至洪武二十一年(1392)又修訂俸額，但教官月俸如故，自後遂成永制。[34]明人孔友諒[35]指出這種低俸政策是「祿

---

32 同註二，卷 73〈職官志四〉，頁 12。

33 同註三十，卷 130，頁 8。

34 同註三十，卷 222，頁 9-10。

35 孔友諒，長洲人。永樂十六年（1418）進士，改庶吉士，出知雙流縣。宣宗初，上言六事，宣德八年（1433），帝命吏部擇外官有文學者，得友諒等七人，命辦事六科，未授官而卒。其生

入過薄，則生事不給。」他說：

> 國朝制祿之典，視前代爲薄。……大小官自折鈔
> 外，月不過米二石，不足食數人，仰事俯育，與
> 道路往來，費安所取資。貪者放利行私，廉者終
> 窶莫訴。[36]

這可窺見官僚祿養偏低及其引發諸項困難的事實。

由於明代學校教官品級、俸祿都很低，社會地位也不
高，因此一般舉人多不願屈就教官。據《明史》載，「正
統中，天下教官多缺，而舉人厭其卑冷，多不願就。」[37]蔡
清（1453-1508）[38]也在正德年間憂心地指出：

> 師儒之職，又往往有不願爲，而出於強抑者。嗟
> 乎！師儒，古君子之所樂爲，今使持其不願之心
> 以爲之，則其所以爲教者概可知。而當路之人，
> 固強抑之，亦獨何哉？豈以教之所繫者末乎！[39]

平可參見：《明史》卷 164〈孔友諒傳〉及《明人傳記資料索引》
頁 83〈孔友諒〉。

[36] 同註二，卷 164〈孔友諒傳〉，頁 4-5。

[37] 同註二，卷 69〈選舉志一〉，頁 3。

[38] 蔡清，字介夫，號虛齋，福建晉江人。成化二十一年（1484）
進士，授禮部主事，以病告歸。起爲江西提學副使，以忤宸濠，
乞致仕。正德三年（1508）起爲南京國子監祭酒，命甫下而卒，
年五十六。蔡氏飭躬砥行，貧而樂施。其學初主靜，後主虛，
故以虛名齋，學者稱虛齋先生。著有《虛齋蔡先生文集》傳世。
其生平可參見：《國朝獻徵錄》卷 74〈虛齋蔡先生墓碑〉、同上
書卷 74〈蔡清傳〉、《明史》卷 282〈蔡清傳〉、《明儒學案》卷
46〈蔡清傳〉，以及《明人傳記資料索引》頁 811-812〈蔡清〉
等。

[39] 蔡清，《虛齋蔡先生文集》（台北：文海出版社，民國 59 年），
卷 3〈送丘教諭任滿啟行序〉，頁 305。

教官品卑俸薄，自然不易吸引人才就任。

在天下教官多缺情況下，當局乃漸開由歲貢生員充當教官之大門。但這些人學行不高，難以勝任教職。嘉靖末年，教官之職，「非惟己不屑就，他人之樂就焉，亦每每以相詬病。」[40]教官對教育生員之任務，「不惟置之不問，亦或鮮能自礪以率之。」[41]師道不尊的情況已相當嚴重。至隆慶年間，教官不自愛，「因循玩弛，積日月以待遷。」[42]師道漸賤。

到了萬曆初年，地方儒學教官不稱職的情況，更為嚴重。教官「途輕人玩」，自難稱職。對此，張居正指出：

> 顧近來考貢之法太疏，士之衰老貧困者，始告授教職。精力既倦於鼓舞，學行又歉於模範。優游苟祿，潦倒窮途。是朝廷以造士育才之官，為養老濟貧之地，冗蠹甚矣。[43]

這些話說明了明代中後期儒學教官素質低劣，有失師道的史實。

第三節　學校積弛與生員浮濫

明代學校制度，係承襲宋、元學制而來。明政府為達到「以文治天下」的目的，建朝初期非常重視人才的培養，用多種方法選拔、培養治理人才。其最基本的途徑是興學校、重科舉。明政府設立的學校教育制度，其概要如圖十

---

[40] 費宏，《太保費文憲公摘稿》（台北：文海出版社，民國 59 年），卷 13〈送泰州學正張翰序〉，頁 1153。

[41] 同上註，卷 13〈送梅君中實赴永興司訓序〉，頁 1147。

[42] 同註三十一。

[43] 同註三，奏疏 4〈請申舊章飭學政以振興人才疏〉，頁 58。

一。

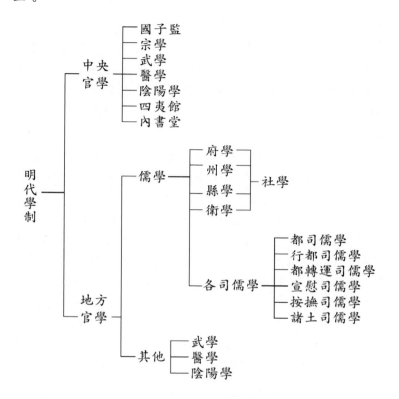

圖十一：明代學校教育體制概要圖

　　由圖十一「明代學校教育體制概要圖」可知，明代教育機構，在中國歷史上是較為完備的，主要之學校大致可分為三級三類：國子監（屬大學性質），府、州、縣儒學（屬中學性質）和社學（屬小學性質）。不過，學校興盛的情況並不長久，到了張居正主政之前夕，已呈現諸多陋習、弊端，學校教育的品質管理出現嚴重漏洞。

一、學校積弛

　　中國古代學制源遠流長，至明一代，學校制度的建

構，在總結歷代辦學經驗的基礎上，更加系統化，各級各類學校之數量與規制均超越前朝。

明代中央一級的學校，以國子監為主，另外還包括帶有特殊意義的學校：宗學、武學、醫學、陰陽學、四夷館及內書堂，惟這些特殊學校，並不佔有什麼重要地位。明初國子監極盛，有南京、北京兩監，規模皆宏，尤以南監為大，號稱「延袤十里，燈火相輝」。[44]

據《南雍志》載，南京國子監東至小教場，西至英靈坊，北至城坡土山，南至珍珠橋；地勢高爽平遠，環境優雅。左有龍舟山，右有雞鳴山，北有玄武湖，南有珍珠河，風景秀麗宜人。校內建築除射圃、倉庫、療養所、儲藏室外，教室、藏書樓、學生宿舍、食堂，就有二千餘間。教學和管理設有五廳（繩愆廳、博士廳、典籍廳、典簿廳和掌饌廳）六堂（率性、修道、誠心、正義、崇志、廣業諸堂）。學生至洪武二十六年（1393）已增加到八千多名，永樂二十年（1442）學生達九千九百多人，為極盛之時。故黃佐（1490-1566）[45]在《南雍志》中說：當時南京國子監，「規制之備，文教之盛，自有成均，未之嘗聞也。」[46]

由於洪武、永樂文教昌盛、國學勃興，鄰邦高麗、日

---

[44] 黃佐，《南雍志》（台南：莊嚴文化事業公司，四庫全書存目叢書，民國 86 年），卷 7〈建置本末〉，頁 7。

[45] 黃佐，字才伯，香山人。正德十六年（1521）進士，選庶吉士，授翰林院編修，累擢少詹事，與大學士夏言論河套不合，尋罷歸。日與諸生論道，其學以程朱為宗，學者稱泰泉先生，年七十七卒，諡文裕。著有《樂典》、《南雍志》、《革除遺事》、《廣州人物傳》、《（嘉靖）廣西通志》及《庸言》等書傳世。其生平可參見：《明史》卷 287〈黃佐傳〉、《明儒學案》卷 51〈黃佐傳〉，以及《明人傳記資料索引》頁 653〈黃佐〉等。

[46] 同註四十四。

本、琉球、暹邏等國「向慕文教」，不斷派留學生到國子監學習。但是這種興盛期並不長久，正德以後文教已衰，官生民生共只有千餘人。至景泰、弘治之際，學生「奸惰」，不安於學習，教師「失職」，不勤於教學。特別是景泰以後，又出現了「以財進身」的「例監」，使學校「不勝其濫」。故成化二年（1466）禮部尚書姚夔（1417-1473）[47]言：「太學（國子監）乃育才之地，近者直省起送四十歲生員，及納草納馬者動以萬計，不勝其濫。且使天下以貨為賢，士風日陋。」[48]以至形成隆慶、萬曆以後，學校積弛，「南北國學皆空虛」，成了有名無實的局面。

地方教育為了適應明初政治需要，曾有一時之昌盛。據《欽定續文獻通考》卷五十〈學校〉載：「明太祖洪武二年（1369）十月，詔天下府、州、縣皆立學。」依詔令每一府、州、縣都設立一所儒學，據統計當時全國共有 140 府、193 州、1246 縣，當共設有儒學 1579 所；至於衛學，由於有單立和聯立的不同，情況較為複雜，據保守估計，當時全國共有 493 衛，若以平均每三衛合設一所儒學計算，則共約設立 164 所。總計明代全部府、州、縣、衛之儒學，共有 1743 所之多。[49]

---

[47] 姚夔，浙江桐廬人，字大章。正統初鄉試及正統七年（1442）會試皆第一，授吏科給事中，陳時政八事，帝立命行之。景泰初，擢南京刑部右侍郎；天順七年（1463），累進禮部尚書。斥在京番僧，以挫其勢。成化五年（1469）轉吏部，力主賑災荒、撫流民、去冗費。後加太子太保，卒於任。諡文敏。其生平可參見：《國朝獻徵錄》卷 24〈姚公墓誌銘〉、《掖垣人鑑》卷 4〈姚夔〉、《明史》卷 177〈姚夔傳〉，以及《明人傳記資料索引》頁 383〈姚夔〉等。

[48] 同註二，卷 69〈選舉志一〉，頁 6。

[49] 同註二十五，頁 6。

　　凡府、州、縣、衛學的學生通稱「生員」，亦稱「秀才」。每一儒學生員「多者七、八百人，少者百人。」[50]故《明史》的編修者，把明代的教育描寫為：「無地而不設之學，無人而不納之教。庠聲序音，重規疊矩，無間於下邑荒徼，山陬海涯。」[51]當有事實可據。

　　但是，他們興學的目的，在於培養官僚和教化人民，加強思想統治。而這種教育目的本身，就限制著學校教育的發展。因為一代之內，能作官的也就是能躋身統治階級的，畢竟有限。所以，他們的教育也總是或興或衰，沒有得到過真正的推廣和普及。

　　這個矛盾寓存於封建社會內部，因此即使是在明代府、州、縣、衛學最興盛之時，衰微之跡已然浮現。「儒學圮而不修」[52]；「庠序為虛器，而師弟子為私名。」[53]說明了學校荒廢的概況。《（萬曆）貴州通志》卷十九則記：「郡學率多單設一員（博士員）者，且暮年荒學者十居七八，教欲興得乎？」[54]校舍圮壞不葺，師資隊伍水平低落，冀望教育發展，自然是緣木求魚了。

　　《明史》卷一三九〈葉伯巨傳〉載，洪武九年（1376）葉伯巨上書，略曰：

　　　農桑、學校，王政之本，乃視為虛文而置之，將
　　　何以教養斯民哉！……以學校言之，廩膳諸生，

---

[50] 唐順之，《唐荊川先生集》（台北：藝文印書館，出版年不詳），卷 13〈重修涇縣儒學記〉，頁 3。

[51] 同註二，卷 69〈選舉志一〉，頁 8。

[52] 王時槐，《吉安府志》（北京：中國書店，稀見中國地方志匯刊，1992 年），卷 35，頁 559。

[53] 同註五十。

[54] 許一德，《（萬曆）貴州通志》（北京：書目文獻出版社，日本藏中國罕見地方志叢刊，1991 年），卷 19，頁 447。

> 國家資之以取人才之地也。今四方師生，缺員甚
> 多，縱使具員，守令亦鮮有以禮讓之實，作其成
> 器者。

地方盡是「逸居無教之眾」[55]，可知統治者之所謂「推廣教育」，實多徒具美名，缺乏事實。

明中葉儒者陸容（1436-1497）[56]描述教育當局「惟末是務」，不知興辦學校真義的情形說：

> 作興學校，本是善政，但今之所謂作興，率不過
> 報選生員，起造屋宇之類而已。此皆末務，非知
> 要者。其要在振作士氣，敦厚士風，獎勵士行。
> 今皆忽之，而惟末是務。……生徒無復在學肄
> 業，入其庭，不見其人，如廢寺然，深可嘆息。
> 為此者，但欲刻碑以記作興之名，而不知作興之
> 要故也。[57]

學校如同「廢寺」一語，道破了明中後期地方儒學的窘境。「學校廢弛，師生懈怠，所司又不勉勵，虛糜廩祿，徒勞民供，甚非教養之道。」[58]

據查，在明代儒學受教的人數，與戶口人數相比，只有千萬分之一。[59]特別是「隆、萬以後，學校積弛，一切

---

[55] 同上註。
[56] 陸容，字文景，號式齋，崑山人。成化二年（1466）進士，官兵部職方郎中，累遷浙江右參政，所至有績。忤權貴罷歸卒，年五十九。陸容性至孝，嗜書籍。著有《菽園雜記》、《式齋集》等。其生平可參見：《國朝獻徵錄》卷84〈陸公墓碑〉、《明史》卷286〈陸容傳〉，以及《明人傳記資料索引》頁567〈陸容〉等。
[57] 陸容，《菽園雜記》（北京：中華書局，1985年），卷13，頁158。
[58] 同註四十四，卷10，頁38。
[59] 毛禮銳，《中國教育通史》（濟南：山東教育出版社，1995年），

循故事而已。」[60]當時學者呂坤（1536-1618）[61]說：「學校之政不修，教化陵夷，風俗頹敗，世道之衰，所從來久遠。其在今日，所謂有書而無學，有士而無師。」[62]

　　那時官辦學校的教育品質極差，學生的學業表現一無是處。目睹實際情況的袁黃[63]簡述道：

頁 416。

[60] 同註二，卷 69〈選舉志一〉，頁 6。

[61] 呂坤，字淑簡，號新吾，河南寧陵人。萬曆二年（1574）進士，歷官襄垣知縣、大同知縣、吏部主事、吏部郎中、山東參政、山西按察使、陝西布政使、山西巡撫及刑部侍郎。任官期間，關心教育工作；家居凡二十年，以著述、講學為務。他響應和支持張居正的教育改革，反對空談天道性命，提倡實學，強調教育旨在進德修身，為學須「以天下國家為念」，「休為言語文字之工」。重要的著作有：《去偽齋文集》、《呻吟語》、《呂新吾先生閨範圖說》、《四禮翼》、《呂公實政錄》等。著述中關於教育的論說甚多，除《呂新吾先生閨範圖說》係攸關女子教育的著作之外，尚有不少兒童教育方面的論述，包括《續小兒語》、〈社學要略〉、〈蒙養禮〉及〈訓子詞〉等。其生平可參見：《明史》卷 226〈呂坤傳〉、《明儒學案》卷 54〈呂坤傳〉，以及《明人傳記資料索引》頁 259〈呂坤〉等。

[62] 呂坤，《呂公實政錄》（台北：文史哲出版社，民國 60 年），卷 3〈修舉學政〉，頁 18。

[63] 袁黃，浙江嘉善人，字坤儀，號了凡。萬曆十四年（1586）進士，知寶坻縣，究心墾荒，主張對濱海碱鹵地進行改進，提出築岸以阻潮水，開溝以泄漬鹵的措施。萬曆二十年（1592），擢兵部職方主事。日本侵朝鮮，佐經略宋應昌軍往征，多所策劃，中察典免歸。袁氏博學尚奇，凡河洛象緯律呂水利戎政，旁及句股堪輿星命學，莫不究涉。著有《雨行齋集》、《曆法新書》、《皇都水利》等。嘗導人持「功過格」，鄉里稱為「愿人」。其生平可參見：《東越證學錄》卷 7〈立命文序〉及《明人傳記資料索引》頁 426〈袁黃〉。

以經義言之，不攻體貼，專尚浮詞，逐靡鬥華，自誇高調；而凡所引用漠然不知來歷。以表判言之，鈔成四六，顛倒鋪填；或誤記而錯用，或妄用而強排，以之陳情達意，開刑擬罪，無一相干。論者，所以發揮義理論列事情者也，今則陳言塞白，輳合成之。策者，所以析經史陳世務者也，今則摘定名目，鈔成活套，一遇考試，不對其所問，而對其所不問，略過本題，含糊遷就，謂之凌駕問答之體，固如是乎！[64]

萬曆初，宋儀望[65]督學八閩期間，指出當時生員「玩愒背戾」，以及地方儒學「忽於修舉」。他分析說：「生儒聽信光棍哄誘，不修名節，甘效惡行」的問題，係因地方上「習為奢侈，四方遊棍雜處。……賭博不已，寢為姦淫。」生儒受到社會污染，不知自愛，「每每聽信棍徒，私自賭博，將祖父資產不數年間蕩費幾盡。」[66]儒學當局不聞不問，學校積弛可見一斑。

至於社學，明代沿襲元制，但設立更為廣泛普遍。《太

---

64 嵇璜，《欽定續文獻通考》（台北：商務印書館，四庫全書本，民國72年），卷50，頁404。

65 宋儀望（生卒年不詳），字望之，號陽山，晚號華陽，江西永豐人。嘉靖二十六年（1547）進士，知吳縣，創子遊祠，惠績甚著。徵授御史，陳時務十二策，劾胡宗憲、阮鶚等奸貪狀，為嚴嵩所忌，坐浮躁貶。嵩敗，擢霸州兵備僉事，萬曆中仕至大理卿。忤張居正，被劾歸，年六十五卒。儀望學宗王陽明，有《華陽館文集》行世。其生平可參見：《國朝獻徵錄》卷68〈大理卿宋公傳〉、《明史》卷227〈宋儀望傳〉、《（光緒）吉安府志》卷26〈人物志·大臣·宋儀望〉，以及《明人傳記資料索引》頁184〈宋儀望〉等。

66 宋儀望，《華陽館文集》（台南：莊嚴文化事業公司，四庫全書存目叢書，民國86年），續刻卷2〈學政錄〉，頁493-494。

祖實錄》洪武八年（1375）正月丁亥條載，太祖諭旨中書
省曰：

> 昔成周之世，家有塾，黨有庠，故民無不習于學，
> 是以教化行而風俗美。今京師及縣皆有學，而鄉
> 社之民未睹教化，宜令有司更置社學，延師儒以
> 教民間子弟，庶可導民善俗也。

打著恢復古代小學制度的旗號，實際上是繼承和發展了元
代創立的社學制度。自此各地紛紛設立社學。各地方志對
當時社學設立的盛況有不少記載。如《（正德）松江府志》
〈學校〉載：「國朝洪武八年三月，奉禮部符，府州縣每
五十家設社學一所。延有學行秀才教訓軍民子弟，仍以師
生姓名申達，于是本府兩縣城市鄉村皆設社學。」

辦社學的目的，旨在「養蒙有德，敷教儲才」[67]。但
這種奉旨而設的官立社學，含有相當多的虛假成分。《上
海縣志》〈學校〉載：「社學，洪武八年奉部符開設，每五
十家為一所，尋革去。」《姑蘇志》〈學校〉亦載：「洪武
八年，詔府州縣每五十家設社學一所。本府城市鄉村共建
七百三十所。歲久，漸廢。」可見徒具文案之社學，所在
多有。

明代中葉以後，社學逐漸廢弛，朝廷雖多次明令復興
社學，但各地官吏大多視為「故事」，並不認真興辦，甚
至「通不遵行」。如「正統元年（1436），令各地提學官及
司府州縣官，嚴督社學，不許廢弛。」[68]敕督學官「必茲
諭之」，惜經過了數十年，「天下之社學卒不興」。[69]論者根

---

[67] 同註六十四，卷 50，頁 403。

[68] 李東陽，《大明會典》（台北：新文豐出版社，民國 65 年），卷
78〈學校·社學〉，頁 1250。

[69] 趙之謙，《（光緒）江西通志》（台北：華文書局，民國 57 年），

據多種明代地方志之記載指出：明中後期地方官員執行社學教育並不盡力，「以致社學失修，廢弛之狀隨時可見。」[70]

由上可知，明代公立學校教育，從中央政府辦理的屬於高等教育性質的國子監和地方政府負責的屬於中等教育性質的儒學，以及鄉社基層實施的屬於初等教育性質的社學等，都呈現由盛而衰的趨勢。所謂初期的「盛況」，事實上有很多的「假象」，名實根本不副。至中後期，更是積弛累弊，已到難以挽救的地步。

二、生員浮濫

明代對府、州、縣學的學生稱通為「生員」，又稱為「博士弟子員」、「庠生」、「諸生」，俗稱為「秀才」。其種類有以下幾種：

1. 廩膳生員。明朝為「育人材，正風俗」，洪武二年（1368）「詔天下府、州、縣皆立學」。[71]實施之初，定有生員人數及待遇：「在京府學生員六十人，在外，府學四十人，州學三十人，縣學二十人。日給廩膳，免其差徭二丁」。[72]其後，廩膳生員續有增加。嘉靖二年（1523）又令增順天府廩膳生員二十名。翌年，再令增應天府及順天府廩膳生員各二十名；嘉靖十一年（1532），奏准承天府為廩膳生員六十名。[73]

卷 81，頁 1783。

[70] 池小芳，〈明代社學興衰原因初探〉，載《中國文化研究所學報》，民國 82 年第 2 期，頁 22。

[71] 同註二十四，卷 62〈學校志〉，頁 2302。

[72] 龍文彬，《明會要》（台北：世界書局，民國 61 年），卷 25〈學校上〉，頁 409。

[73] 同註六十八，卷 78〈學校〉，頁 1239。

2.增廣生員。洪武二十年（1387），「令增廣生員，不拘額」。[74]因係增廣者，故稱「增廣生員」。宣德三年（1428），定增廣生員，在京府學六十人，在外府學四十人，州學三十人，縣學二十人。[75]依《日知錄》載，明政府以「多才之地，許令增廣（生員），亦不過三人五人而已。踵而漸多，於是宣德元年定為之額如廩（膳）生之數。」[76]

3.附學生員。正統十二年（1447），明廷採納鳳陽府知府楊瓚[77]之建言，在「廩膳生員」、「增廣生員」之外，另招考附學生員，無額數。[78]因「附學生員」是「額外增取，附於諸生之末」，故得名。[79]

　　明政府賦予生員優厚待遇。首先在身分上，生員是一特殊的社會階層，讀書人一旦取得生員資格，就可獲得一些政治權利，即「免於編氓之役，不受侵於里胥，齒於衣冠，得以禮見官長，而無笞捶之辱。」[80]其次，在經濟上，如上所述，洪武初年予廩膳生員「豐廩餼」，生員之家「免差徭二丁」。這種優遇，即使是從儒學「告退」者（離開

---

[74] 同註二十四，卷 62〈學校志〉，頁 2304。

[75] 同註六十八，卷 78〈學校〉，頁 1238。

[76] 顧炎武，《日知錄》（蘭州：甘肅民族出版社，1997 年），卷 17〈生員額數〉，頁 746。

[77] 楊瓚，蠡縣人。永樂二十二年（1424）進士，知趙城縣，課績為山西最優，擢鳳陽知府。正統十年（1445），陞浙江右布政使；景泰初，楊氏以湖州諸府官田賦重，請均之，田賦稱平。其生平可參見：《明史》卷 161〈楊瓚傳〉及《明人傳記資料索引》頁 720〈楊瓚〉。

[78] 同註七十二，卷 25〈學校上〉，頁 410。

[79] 同註六十四，卷 50，頁 398。

[80] 顧炎武，《顧亭林遺書彙輯》（六）（台北：中華文化出版社，民國 80 年），卷 1〈生員論上〉，頁 17。

學校，不繼續學習的生員），除「給與冠帶榮身」之外，「仍免本身雜役差徭」。宣德三年（1428）起，增廣生員「照例優免差徭」。[81]

由上可知，明朝建立後，府學、州學、縣學等地方儒學，先有「廩膳生員」，再有「增廣生員」，後更有「附學生員」，學生數愈來愈多。特別是附學生員不受定額限制，地方官得以濫收濫容，造成生員浮濫。誠如顧炎武所言，即如「遐陬下邑，亦有生員百人。」[82] 為此，世宗嘉靖十年（1531），曾「令天下沙汰生員」，惟以御史楊宜極力辯護而止。[83] 根據顧炎武的估計，到明朝末年，全國生員不下五十萬人。[84] 生員人數多，造成社會負擔大。

另一嚴重的問題，在於生員數增加，但教師數卻未增加，而形成了不合理的「師生比」。根據前面所述，府學設教授一人，訓導四人，生員四十人（京外府學）或六十人（在京府學），師生比為一比八或一比十二；州學設學正一人，訓導三人，生員三十人，師生比為一比七點五；縣學設教諭一人，訓導二人，生員二十人，師生比為一比六點七，這種師生比大體合理。但是隨著增廣生員入學，師生比為之加倍，而當附學生員又允許入學後，師生比已無法控制。這樣，平均每位教官所負擔的教學與訓導之工作量大大增加了，很難全面、認真地教育生員，這就引起了「教育成效」之問題。

明中後期儒學「生徒荒怠」[85]，以致術業不精。雖然生員眾多，「然求其成文者，數十人不得一，通經知古

---

[81] 同註六十八，78〈學校〉，頁 1239。

[82] 同註七十六，頁 747。

[83] 同註六十四，卷 50，頁 399。

[84] 同註八十。

[85] 同註二十四，卷 62〈學校志〉，頁 2325。

今，……數千人不得一也。」[86]生員不學無術，多的是頑固、好爭辯、逃脫職責、愚昧狂妄之徒。顧炎武所謂「囂訟逋頑」，「比比皆是」。[87]應是信而有徵的。

生員游蕩於社會，其中惡劣不肖者竟成為社會禍患。誠如顧炎武所言：

> 天下常以勞苦之人三，奉坐待衣食之人（暗喻日給廩膳的生員）七。而今遐陬下邑，亦有生員百人，即未至擾官害民，而已為游手之患切，其有不亟為之所乎？其中之劣惡者，一為諸生，即思把持上官，侵噬百姓，聚黨成群，投牒呼嗥。[88]

像這樣的生員，德義陵頹，儒道淪喪，原本國家收天下才俊，養之庠序，使之成德達材之美意顯已蕩然無存。難怪顧炎武主張「廢天下之生員」，代以「辟舉之法」，直接徵用有真才實學、有名望的人任官職。[89]

第四節　士風寖頹與八股之弊

士風即學風，為教育制度、教育思想及整個社會制度之產物。中國歷代士風之良窳與政治之隆污，往往有著連繫關係。王鳳喈認為，兩漢學風最好；魏晉以後，學風逐漸腐化；隋唐勃興，士風頗能改變六朝消極之風尚；陵夷至於五代，禮義廉恥，幾乎喪盡；北宋士子敦勵名節，又加以理學之昌明，學風轉佳，唯因宋代國威不振，士風不乏委靡之氣，至南宋之末，小人握權，利用士子，風氣漸

---

[86] 同註八十。

[87] 同註八十。

[88] 同註七十六，頁 747-748。

[89] 同註七十六，頁 750。

壞；元以異族入主中國，士人沈迷科名，學術、事功、名
節，均無可觀。[90]有明一代，則固然有勇敢節義、剛正讜
論、特立獨行之士，但也有柔靡卑屈、奔走鑽營、依附獻
媚之輩。而至八股制藝盛行以降，士風亦變，茲探討於下。

一、士風衰頹

《說文解字》云：「士，事也。……凡能事其事者，
稱士。《白虎通》曰：『士者，事也，任事之稱也。』故《傳》
曰：『通古今，辨然不，謂之士。……』孔子曰：『推十合
一為士』。」[91]「通古今，辨然不」與「推十合一」都是古
人對「士」角色的界說。晚近學者認為，「士」最初是「武
士」，經過春秋、戰國時期的激烈的社會變動，然後方轉
化為「文士」。[92]用現代辭彙言，「士」即「知識階層」，「知
識份子」。[93]

士是四民之首。顧炎武在《日知錄》云：「士、農、
工、商，謂之四民，其說始於《管子》三代之時，民之秀
者乃收之鄉序，升之司徒，而謂之士，固千百之中不得一
焉。」[94]一方面，士都是有識之士，承擔著講學明道的文
化使命，故士在各歷史階段上都有崇高的社會地位，因此
士的行事作風，便有其一定的社教功能。另一方面，士通
常以「仕」為專業，「士之仕也，猶農夫之耕也。」[95]做官，

---

[90] 王鳳喈，《中國教育史》（台北：正中書局，民國 81 年），頁
252-253。

[91] 許慎，《說文解字》（台北：黎明文化公司，民國 67 年），頁 20。

[92] 余英時，《中國知識階層史論》（台北：聯經出版社，民國 86 年），
頁 4。

[93] 余英時，《文化評論與中國情懷》（台北：允晨文化出版社，民
國 81 年），頁 111。

[94] 同註七十六，卷 7〈士何事〉，頁 374。

[95] 朱熹，《四書章句集注》（北京：中華書局，1983 年），〈孟子·

從事政務，往往是士最主要的職業選項。

「士」在中國文化史上地位特殊。論者指出，士的傳統源遠流長，但他是隨著各歷史階段的發展而以不同的面貌出現於世的。士在先秦是「游士」；秦漢時代，士集中表現在以儒教為中心的「吏」與「師」兩個方面；魏晉南北朝時代儒教中衰，道家「名士」以及心存「濟俗」的佛教「高僧」，反而更能體現士的精神；隋唐時代，除了佛教徒（特別是禪宗）繼續其拯救眾生的悲願外，詩人、文士等皆足以代表當時的士；宋代儒家復興，范仲淹「以天下為己任」和「先天下之憂而憂，後天下之樂而樂」的風範，成為後世士的新典範。[96]

從士的社會象徵看，士代表「社會的良心」，是人類基本價值（如理性、自由、平等、正義）的維護者。他們一方面根據這些基本價值來批判社會上一切不合理的現象；另一方面則努力實現這些價值，以推動社會向前發展。從士的生命輪廓看，士不管是從事講學明道，或是入仕行道，他們主要的憑藉就是「知與德」（即學問與德性）。他們輒以衛道者自詡，並堅持自己「思想上的信念」。在自立淑世的道路，士關注精神生活勝於物質生活。故可以說，士的理想型人格是「獨善其身」與「兼善天下」統整合一的。

不過，士的理想型人格，既不是絕對的，也不是永恆的。余英時論士的形象指出，有些士少壯放蕩不羈，而暮年大節凜然；有的是早期慷慨，而晚節頹唐；更多的則是生平無奇節可紀，但在政治或社會危機的時刻，良知呈露，每發為不平之鳴。至於終身「仁以為己任」而「造次

滕文公下〉，頁 266。

[96] 同註九十三，頁 121-122。

必於是,顛沛必於是」的士,原是難得一見的。因此,客
觀而言,士只是中國文化傳統中的一個相對的「未定項」。
[97]這個相對的未定項,也就寓含了不同時代士集團風格的
差異性,以及同一時代士之間的個別差異。

　　明中後期,學校教育逐漸淪為科舉制度的附庸,士子
讀書只是為了功名富貴。據明儒余繼登(1544-1600)[98]在
《典故紀聞》載,嘉靖時,吏部尚書廖紀(1155-1532)[99]
言:

> 正德以來,士多務虛譽而希美官,假恬退而為捷
> 徑,或因官非要地,或因職業不舉,或因事權掣
> 肘,或因地方多故,輒假託養病致仕。以故人怠
> 於修職,巧於取名,相效成風,士習大壞。[100]

---

[97] 同註九十三,頁 123。

[98] 余繼登,河間交河(今屬河北)人,字世用,號雲衢。萬曆五
年(1577)進士,選庶吉士,授翰林院檢討,與修《大明會典》。
萬曆二十六年(1598),擢禮部左侍郎署部事,請罷一切誅求開
採之害民者。又請躬祀郊廟,冊立皇太子,停礦稅中官,皆不
被採納,鬱鬱成疾,連章乞休,不許,萬曆二十八年(1600)卒。
著有《典故紀聞》。其生平可參見:《國朝獻徵錄》卷 34〈余公
墓誌銘〉、《明史》卷 216〈余繼登傳〉,以及《明人傳記資料索
引》頁 268〈余繼登〉等。

[99] 廖紀,河間東光(今屬河北)人,字時陳,或作廷陳,號龍灣。
弘治三年(1490)進士;正德時歷官工部右侍郎、吏部右侍郎。
世宗即位,遷南京兵部尚書,被劾解職。嘉靖三年(1524)起
為吏部尚書。光祿署丞何淵,請建世室祀獻帝,廖紀執不可,
復抗疏爭之,議竟寢。後遭張璁排擠,嘉靖六年(1527)致仕。
其生平可參見:《國朝獻徵錄》卷 25〈廖公墓誌銘〉、《明史》卷
202〈廖紀傳〉,以及《明人傳記資料索引》頁 750〈廖紀〉等。

[100] 余繼登,《典故紀聞》(北京:中華書局,1981 年),卷 17,頁
300-301。

嘉靖一朝，張居正生長的時代，正是士習趨薄，士風寖頹之際。

謝肇淛寫於萬曆年間的《五雜組》描述道：「今人之教子讀書，不過取科第耳，其於立身行己不問也，故子弟往往有登腴仕而貪虐恣睢者。……志得意滿，不快其欲不止也。」[101]教育目標似已被扭曲了。

此外，「士子卒業辟雍，久客無聊，多買本（北）京婦女，以伴寂寥。」[102]嘉靖後期，士大夫之家「賓饗逾百物，金玉美器，舞姬駿兒，喧雜絃管矣。」[103]林麗月指出，晚明「僭禮踰制」、「華侈相尚」的社會現象反映了人們不願受道德與法制束縛，追求物質享受的自我意識。[104]

士風日下，士友輩，猩猩嗜酒，並以伎樂侑酒是那時士大夫的生活情趣。他們有的「侑食樂懸動，佐歡妓席陳」，「飲酒皆用伎樂」。[105]有的在家中蓄養侍姬三、四人，顯得極為風流。[106]有的公差時，「帶妓女而行」。[107]足見晚明士大夫不守矩矱，「已非名教所能羈絡」。他們的生活態度、言行舉止已與古儒不同，先賢所崇尚的「節義」在他們身上殊難找到。

---

[101] 同註二十一，卷 13〈事部一〉，頁 269。

[102] 沈德符，《萬曆野獲編》（北京：中華書局，1959 年），卷 22〈燕姬〉，頁 3597。

[103] 何喬遠，《名山藏》（台北：明文書局，民國 81 年），〈貨殖記〉，頁 8。

[104] 林麗月，〈晚明「崇奢」思想隅論〉，載《國立台灣師範大學歷史學報》第 19 期（民國 85 年），頁 218。

[105] 何良俊，《四友齋叢說》（北京：中華書局，1981 年），卷 18〈雜記〉，頁 155-160。

[106] 同上註，卷 17〈史十三〉，頁 150。

[107] 同上註，頁 147。

以「舉監」與「貢監」等士人為例，舉監是會試落榜而進入國子監肄業的舉人，在當時是僅次於進士的社會精英。貢監則是從府、州、縣儒學中擇優選送升入國子監肄學的監生。他們是國子監中最優秀的學子，是地方官的主要來源之一。舉監或貢監入監肄業，「本以觀光皇極，薰陶德性」為目的，然實際上，「稽在監（習業）實數，以天下之廣，僅止二、三十人」，絕大多數人「支稱他故」，奔還原籍「交際郡邑，開治產業，侵凌鄉曲。」[108]

《明書》亦指出依親回籍的監生，「其無志者，一旦還里，抗揖守令，兼服商賈，肆行鄉閭。」[109]這可見監生劣行之一斑。如嘉靖十九年（1540），浙江處州麗水縣舉人盧綱，就因囑託不成，訐奏知府張一原等人，朝廷因此派官員調查，引起軒然大波。[110]像這類肆行玩法之士人，所在多有。嘉靖十年（1531）題准：「生員內有刁潑無恥之徒，號稱學霸，恣意非為，及被提學考核，或訪察黜退，妄行訕毀，赴京奏擾者，奏詞立案不行，仍行巡按御史拿問。」[111]指的便是這些人。這些「學霸」滿口仁義道德，事實上大多卻是地方的禍害。

另外有一些士人、學者雖然不蕩於紛華，也不競於馳騖，但卻「遊心高遠」，「惟坐談名理，標示玄邈，以為道在是矣。」[112]他們「剽竊浮詞，說虛論寂，相飾以智，相

---

[108] 同註二十四，卷 62〈學校志〉，頁 2335。

[109] 同上註，頁 2336。

[110] 中研院史語所，《明世宗實錄》（台北：中研院史語所，民國 57 年），卷 243，嘉靖十九年十一月乙卯，頁 4903-4904。

[111] 同註六十八，卷 78〈儒學〉，頁 1243。

[112] 文徵明，《文徵明集》（上海：古籍出版社，1987 年），卷 19〈長洲縣重修儒學記〉，頁 496。

軋以勢，相尚以藝能，相邀以聲譽。」[113]還有一部分人，各逞意見，談玄說妙，其中少數人「張皇過甚」，「便走上了狂禪路子」。[114]不求實心磨練，漠視修持，終致流於口頭，帶來空虛浮泛、恣肆放縱之弊。

對於明中後期士風之弊及其成因，張居正有著深刻的認識，他指出：

> 書稱敬敷五教在寬，所謂寬者，殆以人之才質有昏明強弱之不同，須涵育薰陶，從容引接，使賢者俯而就焉，不肖者企而及焉，如是而已。今人不解寬義，一切務為姑息弛縱，賈譽於眾，以致士習驕侈，風俗日壞。間有一二力欲挽之，則又崇飾虛談，自開邪徑，所謂以肉驅蠅，負薪救火也。[115]

張居正認為，士習驕侈，根源於為師者一方面誤解「教學在寬」之義，一方面沽名釣譽，以致即使有少數人力圖振興師道，卻又淪為虛談妄論，於士習同樣有害無益。

二、八股之弊

科舉制度自隋代創制之後，就成為隋代以降中國各朝基本考試制度和選官制度，是王朝官僚體制的支柱，也是一般人鯉躍龍門的捷徑。大體而言，科舉制度亦是以公平見稱，甕牖繩樞之子，經由十年寒窗，也有「一朝成名天下知」的機會。此舉有促成社會流動，不致造成階級制度的功用。

---

[113] 同註一○○，卷 17，頁 322。

[114] 錢穆，《中國學術思想論叢》（七）（台北：東大圖書公司，民國 73 年），頁 159。

[115] 同註三，書牘 3〈答南學院周乾明〉，頁 262。

明初，因亟需各級官吏，乃雙管齊下，「開科」、「薦舉」並用。明設科取士始於洪武三年(1370)，其詔書曰：

漢、唐及宋，取士各有定制，然但貴文學而不求德藝之全。前元待士甚位，而權豪勢要，每納奔競之人，夤緣阿附，輒竊仕祿。其懷材抱道者，恥與並進，甘隱山林而不出。風俗之弊，一至於此。自今年八月始，特設科舉，務取經明行修、博通古今、名實相稱者。朕將親策于廷，第其高下而任之以官。使中外文臣皆由科舉而進，非科舉者毋得與官。[116]

於是京師、行省各舉辦科舉考試。

由於當時明王朝「天下初定」，官多缺員，故令各行省連試三年，且舉人俱免會試，赴京聽選，以任官職。洪武六年(1373)，一度曾停罷科舉，朱元璋以為科舉所取「多後生少年，能以所學措諸行事者寡，乃但令有司察舉賢才，而罷科舉不用。」至洪武十五年(1382)始恢復科舉，中間共停罷科舉十年之久，所需官員則從監生和薦舉人才選任。洪武十七年(1384)，「始定科舉之式，命禮部頒行各省，後遂以為永制」。[117]宣德以後，政府官員選任則側重科舉，久而薦舉廢而不用，形成「科目為盛，卿相皆由此出，學校則儲才以應科目者也。」[118]科舉已成為整個教育制度的重心。

歷代科舉考試的目的，於個人，為求高官厚祿；對王朝，為選拔從政人才。有明一代，科舉日重，而學校日輕，無論是中央官學或地方府、州、縣學，幾乎都成為科舉人

---

[116] 同註二，卷 70〈選舉志二〉，頁 2-3。

[117] 同上註。

[118] 同註二，卷 69〈選舉志一〉，頁 1。

才的儲備之所。明太祖的詔書明白宣布:「中外文臣皆由科舉而進,非科舉者毋得與官。」[119]而科舉因出身不同,又有正途與異途之分,明朝規定凡「經由學校通籍」的舉、貢,亦不過是「科目之業」,非此入仕者便屬於「雜流」。

明朝建立科舉制度後,試士「專取四子書及《易》、《書》、《詩》、《春秋》、《禮記》五經命題試士」,「四書」以朱熹的集注為據。[120]生員在學期間所學為「舉業」,即科舉應試之文,不外乎「四書」義和「五經」義等,每季教官要考校生員的舉業優劣。而對教官的考核則以科舉中舉率為主要指標。頒佈於洪武二十六年(1393)的「學官考課法」規定:

> 專以科舉為殿最。九年任滿,核其中式舉人,府
> 九人、州六人、縣三人為最。其教官又考通經,
> 即與升遷。舉人少者為平等,即考通經亦不過。
> 舉人至少及全無者為殿,又考不通,即黜降。[121]

在這種考核升降辦法的驅使下,各地學官都不得不追求更高的生員中舉率。這樣,「從學生到教師都被利誘逼迫鑽研科舉之學」[122],學校率皆成了應試科舉的「補習班」。

特別是自成化年間實施以八股文作為科場應試四書經義的文體以後,科舉之弊益為明顯。八股「其文略仿宋經義,然代古人語氣為之,體用排偶,謂之八股,通謂之制義。」[123]以「四書」命題的為書義,以「五經」命題的

---

[119] 同上註,頁 3。

[120] 同註二,卷 70〈選舉志二〉,頁 1。

[121] 同註二,卷 69〈選舉志一〉,頁 9。

[122] 劉海峰,《科舉考試的教育視角》(武漢:湖北教育出版社,1995年),頁 179。

[123] 同註二,卷 70〈選舉志二〉,頁 1。

叫經義，在作八股文時，必須根據古人的思想闡釋，以「代
聖賢立言」。論述「四書」、「五經」，按規定的注疏本來發
揮，不能有自己的見解。

科舉重在八股，各級學校師生競相講習八股文。「黔
中王門」的孫應鰲[124]批評當時讀書人「徒記時文（八股
文）」，不願廣泛閱讀的風氣說：

> 今日士習，其體要微辭、正言精義不能偕通並
> 用，徒取捷徑，以資發身。自「四書」、「本經」、
> 《性理》、《通鑑》外，了無干涉，至其流弊之陋，
> 且將全書傳注具屬棄擯，一篇一章之旨，理路道
> 脈，不識所由入，徒記時文，演襲規格，裝綴起
> 承，倒句換字，轉相牽合，敗壞文體，蠱惑心術，
> 月異而歲不同。[125]

這可見明中後期士習之孤陋、偏狹、短視、投機，簡直是
「術陋心迷」。

隆慶年間，歸有光（1506-1571）[126]也指證道：

---

[124] 孫應鰲，字山甫，號淮海，貴州清平人。幼穎異，日誦千言，嘉
靖三十二年（1553）進士，授戶科給事中，出補江西僉事，禦流
寇有方略，累遷鄖陽巡撫，乞歸。萬曆初，起原官，首請恤錄建
文死事諸臣，入為大理卿，遷禮部右侍郎，以病予告。再起南京
工部尚書，卒謚文恭。著有《淮海易談》、《四書近語》、《教秦緒
言》及《幽心瑤草》等，今人已彙編為《孫應鰲文集》問世。孫
氏青年時代即接受、浸淫王陽明心學，歷數十年的潛心研究，成
為「黔中王門」的領袖。其生平可參見：《掖垣人鑑》卷14〈孫應
鰲〉、《明人傳記資料索引》頁444〈孫應鰲〉，以及《孫應鰲文集》
卷首〈尚書文恭孫應鰲傳〉等。

[125] 孫應鰲，《孫應鰲文集》（貴州：黔東南州辦公室，1990年）〈教
秦緒言〉，頁311。

[126] 歸有光，字熙甫，又字開甫，號雲川，崑山人。九歲能屬文，

> 科舉之學，驅一世於利祿之中，而成一番人材世
> 道，其敝已極。士方沒首濡溺於其間，無復知有
> 人生當為之事。榮辱得喪纏綿縈繫不可脫解，以
> 至老死而不悟。[127]

歸有光痛八股考試之弊，往往為此感慨至於淚下。

到了明末，每下愈況，士子專務投機取巧，乾脆只讀
預擬文章及程墨房稿，古人篤實之學風，蕩然無存。所謂
預擬文章，就是請善做八股的名士，揣摩下次大考可能會
出的題目，將它預先做了，賣給應試者。考生則把名士做
的八股文，加以硬背熟記，臨考時即抄謄一番，便可僥倖
中式。這叫代人「擬題」。所以顧炎武說：

> 今日科場之病，莫甚乎擬題，……場屋可出之
> 題，不過數十，富家巨族，延請名士，館於家塾，
> 將此數十題，各撰一篇，計篇酬價。令其子弟僮
> 奴之俊慧者，記誦熟習。入場命題，十符八九，
> 即以所記之文，抄謄上卷，較之風檐結構，難易
> 迴殊。四書亦然。發榜之後，此曹便為貴人。年
> 少貌美者，多得館選。天下之士，靡然從風，而
> 本經亦可以不讀矣。[128]

弱冠盡通五經三史。嘉靖年間舉鄉試，上春官不第，徙居嘉定
安亭江上，讀書談道，學徒常數百人，稱為震川先生。嘉靖四
十四年（1565）始成進士，授長興令，用古教化為治。每聽訟
引婦女兒童案前，刺刺作吳語，斷訖遣去，不具獄。後調順德
通判。隆慶中，進南京太僕寺丞，卒於官。著有《震川文集》。
其生平可參見：《明史》卷 287〈歸有光傳〉及《明人傳記資料
索引》頁 924〈歸有光〉。

[127] 歸有光，《震川文集》（台北：中華書局，民國 70 年），卷 7〈與
潘子實書〉，頁 6-7。

[128] 同註七十六，卷 6〈擬題〉，頁 732。

　　所謂程墨，就是三場考官及士子之文作。所謂房稿，就是十八房進士之八股文作。明代有些儒士專搞這種工作，即選編八股文。編選八股文，不僅私人搞，官方也搞，成了一種行業。如八股文選本，明代最著名者，有艾南英的《明文定》、《明文待》，錢禧、楊廷樞的《同文錄》，馬世奇的《澹寧居集》等。

　　明朝政府既嚴格按照八股文取士選才，讀書人若欲通過科舉、作官便需研讀一定的考試範圍和內容，且須遵循一定的應答格式。在這種文化專制與狹隘的人才培育制度的束縛之下，讀書人不能獨立思考，不能自由創新發明，只能成為剽竊、謄錄、抄襲的工具，進而變成了充滿欺詐、苟安、諂媚的虛偽道學家。正如李贄（1527-1602）[129]所觀察的，這些人平日只知「打恭作揖」，「同於泥塑」，而當國家「一旦有警，則面面相覷，絕無人色」，以致「臨時無人可用」。[130]

　　八股掛帥，一盤冷飯，無法測試出真正的人才，誠為

---

[129] 李贄，福建泉州晉江人，號卓吾、篤吾、溫陵居士、百泉居士、宏父、宏甫、思齋、龍湖叟、禿翁等。幼小喪母，七歲能自主，十二歲撰〈老農老圃論〉，一鳴驚人，為同學所稱。嘉靖三十一年（1552）舉鄉試，授河南輝縣（共城）教諭。嘉靖四十五年（1566），遷禮部司務，開始浸淫陽明心學。隆慶五年（1571），轉南京刑部員外郎。期間與泰州王門密切交遊往來，開始醞釀其反傳統教育思想。萬曆五年（1577）陞雲南姚安知府。越三年，任滿放棄進遷，開始從事講學著述的生活。其著作等身，主要有：《焚書》、《續焚書》、《藏書》、《續藏書》、《初潭集》、《史綱評要》、《李溫陵集》、《老子解》、《莊子解》、《明燈道古錄》、《墨子批選》、《九正易因》、《淨上決》及《華嚴經合論簡要》。其生平可參見拙作《李贄的教育思想》第二章〈生平傳略〉。

[130] 李贄，《焚書》（台北：漢京文化公司，民國73年），卷4〈因記往事〉，頁156。

明中後期教育的一大危機。其危害性正如顧炎武所說:「八股之害等於焚書,而敗壞人才有甚於咸陽之郊所坑者。」[131]

　　由上可知,明代中後期國勢轉弱,社會日益不安,教育問題層出不窮,時代在危機之中。主持各省學政的提學官和站在教育前線的儒學教官,有很多人不稱職,嚴重影響教育績效。這也導致學校積弛與生員浮濫。當時士風寖頹,科舉考試領導學校教學,八股文帶動士人鑽牛角尖。在這個處境下,人才培育與教育發展顯得相當不利。

---

[131]　同註七十六,卷 16,〈擬題〉,頁 733。

第四章　教學思想

嘉靖三十八年（1559），張居正從翰林院編修升右春坊右中允兼國子監司業，開始了他的教育生涯。穆宗時為禮部尚書兼武英殿大學士。隆慶四年(1570)，他上〈請皇太子出閣講學疏〉，懇請不滿八歲的皇太子朱翊鈞出閣接受教育。從此，他就成為皇太子的老師。皇太子十歲時登上皇帝寶座後，張居正不僅成了他的內閣首輔，而且是他忠心而嚴屬的老師，直到萬曆十年病逝。

張居正稱道伊尹。[1]伊尹是商湯的得力助手，又是德高望重的嚴師，他不僅以「師保」的職責輔佐幾位商王，而且曾把成湯之孫大甲放逐於桐官進行教育，使他改惡從善。伊尹很有一些「天下英雄捨我其誰」的氣概，故深受張居正的景仰。

明神宗受教育之計畫，事無巨細，均由張居正一一研擬、確定，甚至日講與經筵的內容與進度，也都由他操刀。因此，張居正是富有教學經驗的，他在教學實務中，體會到許多教學的原理。張居正是非常重視教育的，他說：「竊惟自古帝王，雖具神聖之資，尤必以務學為急。」[2]

此外，張居正也很關心地方儒學的教育，特別是儒學的教育內容與生員的生活管理，以及學校設施與經費應用諸方面。以下分別就教育目的與為學精神，課程主張與教材規劃，教學原則與方法等層面，說明張居正的教學思想。

---

[1] 張居正，《張文忠公全集》（台北：商務印書館，民國 57 年），文集 11〈雜著〉，頁 672。

[2] 同上註，奏疏 2〈乞崇聖學以隆聖治疏〉，頁 20。

第一節 教育目的與為學精神

張居正是一個注重實行，反對虛談的人。關於教育的目的、作用與為學精神，他強調明經致用，體現一種實學主義。首先，他說：「養士之本，在於學校」[3]，認為教育的任務就在於為國家造士。

士未來是要為仕任官、從事政務的，因此養士、造士應以「修己治人」之內容為本，以培養日後從政之知能為旨趣。張居正說：

> 《記》曰：「凡學，官先事，士先志」。士君子未遇時，則相與講明所以修己治人者，以需他日之用。及其服官有事，即以其事為學，兢兢然求所以稱職免咎者，以供上命。未有舍其本事，而別開一門以為學者也。[4]

依張居正的觀點，辦教育應以實政實事為導向，以預備將來服務公眾事務之用。

萬曆三年（1575），張居正透過敕諭，要求儒學達成教導生員「通曉古今，適於世用」的教育目的。他要求提學官確實督率教育，生儒「務將平昔所習經書義理，著實講求，躬行實踐，以需他日之用。」[5]他在給江右王門胡直（1517-1585）[6]的書信中，明白表示：「虛寂之談，大而無

---

[3] 同註一，奏疏4〈請申舊章飭學政以振興人才疏〉，頁57。

[4] 同註一，書牘9〈答南司成屠平石論為學〉，頁384。

[5] 李東陽，《大明會典》（台北：新文豐出版社，民國 65 年），卷78〈儒學〉，頁1246。

[6] 胡直，字正甫，號廬山，江西泰和人，嘉靖三十五年（1556）進士。初授刑部主事，出為胡廣僉事，領湖北道，晉四川參政。尋以副使督其學政，請告歸。詔起湖廣督學，移廣西參政、廣

當，誠為可厭。」他批評當時很多學者，「學皆不務實」，而「獨於言語名色中求之」，「豈得為無弊哉！」；這些虛談之人，「不知事理之如一，同出之異名，而徒兀然口答然」，故「其說屢變而愈淆」，「窒而不適」。[7]

胡直始從江右王門健將歐陽德問學，復從游於同門的羅洪先（1504-1564）[8]，成為江右王門的代表人物。江右王門所傳承的主要為王陽明晚年的學說。黃宗羲指出：

> 姚江（陽明）之學，惟江右為得其傳。……是時

東按察使，起福建按察使，萬曆十三年（1585）卒，年六十九。直少攻古文詞，後從歐陽德及羅洪先學，以王陽明為宗。嘗與門人講學螺水上，著有《胡子衡齊》、《衡廬精舍藏稿》、《衡廬精舍續稿》等。其生平可參見：《耿天臺先生文集》卷 12〈胡公墓志銘〉、《明儒學案》卷 22〈胡直傳〉、《趙文肅公文集》卷 17〈六經堂記〉、《(光緒)吉安府志》卷 31〈人物志‧儒林‧胡直〉，以及《明人傳記資料索引》頁 346〈胡直〉。

[7] 同註一，書牘2〈答楚學道胡廬山論學〉，頁 238。

[8] 羅洪先，字達夫，號念庵，江西吉水人。好王陽明學，舉嘉靖八年（1529）進士第一，授修撰，即請告歸。洪先事親孝，父母肅容，洪先冠帶行酒，拂席授几甚恭。益尋求王學，甘淡泊，鍊寒暑，羅馬挽強，考圖觀史，其學靡所不窺。時邑田賦多宿弊，請所司均之，所司即以屬。洪先精心體察，弊頓除。歲饑，移書郡邑，得粟數十石，率友人躬賑給。流寇入吉安，主者失措。為劃策戰守，寇引去。年六十一卒，謚文莊。著有《冬遊記》、《念庵文集》。其生平可參見：《王龍溪全集》卷 14〈松原晤語壽念庵羅丈〉、同上書卷 19〈祭羅念庵文〉、《世經堂集》卷 18〈羅公墓志銘〉、《願學集》卷 4〈石蓮洞全集序〉、同上書卷 4〈羅念庵先生文要序〉、《耿天臺先生文集》卷 14〈羅先生傳〉、《國朝獻徵錄》卷 19〈羅洪先傳〉、《明史》卷 283〈羅洪先傳〉、《明儒學案》卷 18〈羅洪先傳〉、《(光緒)南昌府志》卷 53〈寓賢羅洪先〉、《(光緒)吉安府志》卷 31〈人物志‧儒林‧羅洪先〉，以及《明人傳記資料索引》頁 936〈羅洪先〉等。

　　　越中流弊錯出，挾師說以杜學者之口，而江右獨
　　　能破之，陽明之道，賴以不墜。蓋陽明一生精神，
　　　俱在江右，亦其感應之理宜也。[9]

這些話勾勒出江右王門在傳承陽明學說上之重要地位以
及「救正」王學流弊上的正面作用。依黃氏的觀點，越中
之流弊係出於王畿之倡「現成良知說」，忽略「修持」，已
經脫離「儒者矩矱」，「懸崖撒手，非師門宗旨所可繫縛。」
[10]使人生專走向脫灑不修的路上去。江右王門，篤守王學
傳統，以「慎獨」、「戒懼」、「主靜」、「守寂」為「致良知」
的主要修養方法，認為良知並非現成的，應該通過漸進的
涵養功夫去實現，這正是胡直等江右人物矯正浙中派流弊
的工夫論。張居正致胡直的這張書函，批判「不務實之
學」，影射了王學流弊之「不知事理之如一」。

　　張居正重明經致用的教育主張，在書牘裏，有不少的
流露。如〈答羅近溪宛陵尹〉云：

　　　學問既知頭腦，須窺實際。欲見實際，非至瑣細，
　　　至猥俗，至糾紛處，不得穩貼，如火力猛迫，金
　　　體乃現。僕每日恨優游散局，不曾得做外官。今
　　　於人情物理，雖妄謂本覺可以照了，然終是紗窗
　　　裏看花，不如公等只從花中看也。聖人能以天下
　　　為一家，中國為一人，非意之也，必洞於其情，
　　　辟於其義，明於其分，達於其患，然後能為之。
　　　人情物理不悉，便是學問不透。孔子云：「道不
　　　遠人」。今之以虛見默證者，僕不信也。[11]

---

[9] 黃宗羲，《明儒學案》（台北：河洛圖書公司，民國 63 年），卷
　 16〈江右王門學案序〉，頁 52。
[10] 同上註，卷 11〈浙中王門學案一〉，頁 89。
[11] 同註一，書牘 15〈答羅近溪宛陵尹〉，頁 519。

這可見張居正強調「敦本務實」，學問「須窺實際」，掌握「人情物理」。在他看來，「道不遠人」，道是極普通的現實內容，它和人是緊密相連的。

由於在教育目的上，張居正主張明經致用，因此在為學精神上，他強調一種實學實功和務實的精神。他認為，為學者「以足踏實地為功，以崇尚本質為行。」[12]依他的觀點，士人應該「共圖實事」，若是「騖虛詞」，則「天下之事，終無可為之時」；故他呼籲學術界與教育界，「凡稱清、稱高、談元，及議論無實者，一切斥之不顧。」[13]期勉有志於學者，「毋相與造偽虛談，逞其胸臆。」[14]此處的「逞其胸臆」，暗指當時「風行天下」的「泰州（王艮）[15]、龍溪（王畿）之學」。泰州、龍溪講「良知現成」、「天地萬物依於己」，強化人的主體性，自有其積極的意義；不過，就如同錢穆所指責的：他們「有把良知作光景玩弄之意味。若論活潑快樂，天機自在，此本人人可有，時時可

---

[12] 同註一，書牘9〈答南司成屠平石論為學〉，頁385。

[13] 同註一，書牘1〈答少司馬楊二山〉，頁209。

[14] 同註一，書牘9〈答南司成屠平石論為學〉，頁385。

[15] 王艮（1483-1540），字汝止，號心齋，泰州人。「泰州王門」（泰州學派）即因王艮是泰州人而得名。他本是一個灶丁，七歲開始受書鄉塾；二十五歲買《孝經》、《論語》、《大學》諸書，每天誦讀，「逢人質義」。正德十五年（1520），王陽明鎮撫江西，極論良知之說，學者翕然從信。王艮以詩二首求見，正式成為王門弟子。學成之後，王艮推動「聖人大還俗」運動，倡導「百姓日用之學」，強調「宇宙在我」、「以天地萬物依於己，不以己依於天地萬物」等「尊身立本」的思想，喚醒人們尊重自我的「主體性」。在他看來，良知天性，人人俱足，隨處發現，故人盡可「率性而為」、「獨抒胸臆」，任天性自然流行，做一個「縱橫而展舒自由，脫灑而優遊自在」的人。其生平與教育思想可參見拙作《泰州學派教育思想之研究》。

有，但若張皇過甚，實際是愚夫愚婦，砍柴擔水，卻定要說成天德王道，神機妙用」，「則良知學便走上了狂禪路子。」[16]這就是張居正一向反對的「無實」。

張居正答覆南京國子監祭酒姜寶（1514-1593）[17]的信中，強調「振鐸南雍，教先行實。」[18]此外，張居正在給周友山的書函中，提到當時有些人批評他「不喜講學者」，這是對他的「大誣」，他自信自己「所為，皆欲身體力行」，所以虛談者因無法容納他才到處造謗。[19]

士人虛談名理的現象，是明中後期，學術界風氣的一種，誠如當時學者陸樹聲（1509-1605）[20]所觀察的：

---

[16] 錢穆，《中國學術思想論叢》(七)（台北：東大圖書公司，民國75年），頁159。

[17] 姜寶，字廷善，號鳳阿，丹陽人。嘉靖三十二年（1553）進士，授翰林院編修，以不附嚴嵩，出為四川提學僉事。再遷南京國子監祭酒，復積分法以造就人才，累官南京禮部尚書，致仕卒，年八十。著有《姜鳳阿文集》。其生平可參見：《國朝獻徵錄》卷36〈姜寶傳〉、《明史》卷230〈姜寶傳〉，以及《明人傳記資料索引》頁340〈姜寶〉等。

[18] 同註一，書牘1〈答南祭酒姜鳳阿〉，頁212。

[19] 同註一，書牘10〈答憲長周友山明講學〉，頁402。

[20] 陸樹聲，本姓林，後改姓陸，字興吉，號平泉，松江華亭人。嘉靖二十年（1541）會試第一，歷官翰林院編修、太常寺卿，掌南京國子監祭酒。嚴敕學規，著教條以勵諸生。神宗即位，召拜禮部尚書。旋忤權臣，遂請病歸。授學鄉里，學問終老。善詩文，工書法，卒諡文定。著有《病榻寤言》、《耄餘雜識》、《清暑筆談》、《長水日鈔》等。其生平可參見：《王龍溪全集》卷14〈從心篇壽平泉陸公〉、《國朝獻徵錄》卷34〈陸公神道碑〉、同上書卷34〈陸公墓誌銘〉、《願學集》卷6〈陸公傳〉、《明史》卷216〈陸樹聲傳〉，以及《明人傳記資料引》頁571〈陸樹聲〉等。

> 近來一種講學者，高談玄論，究其歸宿，茫無據
> 依，大都臆度之路熟，實地之理疏；只於知崇上
> 尋求，而不知從禮卑處體究，徒令人凌躐高遠，
> 長浮虛之習。是所謂履平地而說相論，處井幹而
> 譚海若者也。[21]

但這種現象卻不能代表全部學風，同時這種現象與純粹的
哲學探討又極其相類，難以釐清。當治學的人，對宇宙、
人生、心性等種種課題，進行內省、思辨、直觀、審察、
演繹、辯證等思考活動，追索現象的根本原因和原則，其
運作方式與過程，往往是非實證的，而其作用與功能，更
是非實用的。因此，若從實用主義檢視這種學術活動，當
然會得出負面的評價。張居正之批判、反對「虛談」，正
是其「實學」立場的體現。

　　由上可見，張居正認定教育目的應在明經致用，為學
「須窺實際」，堅決反對「造偽虛談，逞其胸臆」的空洞
說教。在他看來，讀書之旨在於練政，在於經世致用、治
國平天下，而非死讀章句。足見張居正是注重直躬勁節、
實學實功之人。

第二節　課程主張與教材規劃

　　隆慶六年(1572)八月起，張居正主持對皇太子朱翊鈞
的「日講」教育工作。日講在文華殿舉行，是「雕龍刻鳳
盼成器——皇子教育」的主要型式。張居正為此設計了一
套完整的每日接續講讀的課程規劃表。其主要內容、進度
和課程要求如下：

---

[21] 陸樹聲，《清暑筆談》（台北：新文豐出版社，叢書集成新編第
　　88冊，民國60年），頁113。

1. 伏睹皇上在東宮侍讀，《大學》至傳之五章，《尚書》至〈堯典〉之終篇。今各於每日接續講讀，先讀《大學》十遍，次讀《尚書》十遍，講官各隨即進講畢，各退。

2. 講讀畢，皇上進暖閣少憩，司禮監將各衙門章奏，進上御覽，臣等退在西廂房伺候。皇上若有所諮問，乞即召臣至御前，將本中事情，一一明白敷奏，庶皇上睿明日開，國家政務，久之自然練熟。

3. 覽本後，臣等率領正字官恭侍皇上，進字畢，若皇上不欲再進，暖閣少憩，臣等仍退至西廂房伺候。若皇上不進暖閣，臣等即率講官再進午講。

4. 近午初時，進講《通鑑節要》講官務將前代興亡事實，直解明白，講畢各退，皇上還宮。

5. 每日各官講讀畢，或聖心於書義有疑，乞即下問，臣等再用俗說講解，務求明白。

6. 每月三、六、九視朝之日，暫免講讀。仍望皇上於宮中有暇，將講讀過經書，從容溫習。或看字體法帖，隨意寫字一幅，不拘多少，工夫不致間斷。

7. 每日定以日出時，請皇上早膳畢，出御講讀；午膳畢，還宮。

8. 查得先朝事例，非遇大寒大暑，不輟講讀。本日若遇風雨，傳旨暫免。[22]

---

22 同註一，奏疏 2〈擬日講儀注疏〉，頁 22。

　　據《大明會典》載，此課程計畫中的「午講」，係張居正首創，是史無前例的一種皇子教育制度。[23]這套以儒學經典為主，以歷史教育為輔，以書法教育為附之課程設計，體現了我國古代帝王教育崇儒術、重史鑒、尚文雅的教育特徵。

　　這份日講課程計畫相當周延，規定了教材、教學時間、教學形式、教學方法與步驟，從讀、講、復講、質疑、溫習、作業、檢查等環節的連續性來看，它與現代「教育學」奠基者赫爾巴特（J.F.Herbart, 1776-1841）[24]及其弟子所提出的「階段教學法」的教學歷程極為類似，不同的是現代採用的是班級教學形式，由一師教多人，而張居正採取的是帝王教學形式，由多師教一人。

　　當代教育學者郭齊家分析指出，張居正所擬訂的這套課程與教學計畫有三個特色：第一，它規定了嚴格的學習次序，和各階段的學習任務，同時也注意課間休息，每一階段的時間都不太長，適合了兒童學習意志不易持久的特點。第二，把讀書進學與政事鍛鍊密切結合起來，在學習

---

[23] 同註五，卷 52〈經筵・午講儀〉，頁 919。

[24] 赫爾巴特，德國哲學家、心理學家和教育家。出生於奧爾登堡（Oldenberg）一個法官家庭。曾在耶拿大學受教於費希特。1797-1800 年在瑞士任家庭教師，結識了裴斯塔洛齊（J.H.Pestalozzi, 1746-1827）。1802 年起在格廷根（Gottengen）大學任教，講授心理學、教育學。1809 年，轉任哥尼斯堡（kinigsberg）大學哲學教授並主持教育學專題講座。他提出「聯念論」，認為心靈是單一的整體，經由感官知覺的表象（presentation）而形成一個概念；單純的概念與舊有的相類似的概念，經統覺（類化）作用而形成觀念及有系統的知識結構。據此，赫氏發展出「階段教學法」：(一)觀念之清晰（clearness）、(二)觀念之聯合（association）、(三)觀念之類推（system）及(四)應用（method）。

過程中凸出「以學為主，兼習政事，學習為政，以政輔學」。
如在少憩時要求閱覽奏章，不明白處即時詢問。第三，課
後設計自學任務，如溫習所講課業，背誦所講內容，預習
新課、習字等。[25]

　　萬曆元年（1573）十二月張居正上〈進講章疏〉稱：

> 臣等謹將今歲所進講章重複校閱，或有訓解未瑩
> 者，增改數語，支蔓不切者，即行刪除，編成《大
> 學》一本，《虞書》一本，《通鑑》四本，裝潢進
> 呈，伏望皇上萬機有暇，時加溫習。[26]

張居正主持日講、經筵，所用的教材雖然是傳統的儒經、
祖訓，但是他在內容的編排、組織和詮釋上，卻下了很多
工夫。

　　根據熊明安的研究，張居正把原來深奧難懂的經史子
集，按神宗的知識水平和理解能力，一一譯成口語直解，
包括《四書直解》二十七卷、《資治通鑑直解》二十八卷、
《詩經直解》二卷、《歷代帝鑑圖說》二冊、《女誡直解》
一卷，以及《謨訓類編》四十卷。此外，還選錄了《皇陵
碑》、《高皇御制書》、《郊祀圖考》三冊，重新刪定《大學》
一冊，《虞書》一冊，《通鑑》四冊等。[27]張居正身為首輔，
日理萬機，但他每天還抽出時間來編著上面諸多教材，這
顯示了他的教學熱忱及其編訂課程教材的過人才能。

　　上述課程與教材中，《資治通鑑直解》是張居正講課
用的主要教材之一，本書經他一番編寫、講評，成為有名

---

[25] 郭齊家，《中國教育思想史》（台北：五南圖書公司，民國 79 年），
　　頁 344-345。

[26] 同註一，奏疏 3〈進講章疏〉，頁 43。

[27] 熊明安，《中國教學思想史》（重慶：西南師範大學出版社，1989
　　年），頁 316。

的「皇家讀本」。[28]這本《資治通鑑直解》，乃是張居正從隆慶六年（1572）下半年開始日講至萬曆四年（1576）十二月期間給神宗皇帝講解《資治通鑑》的講稿和讀本。本書共二十八卷，上起三皇，下至宋元，主要參引北宋司馬光所撰之《資治通鑑》，並采摘宋代劉恕的《通鑑外紀》及明代薛應旂[29]的《宋元資治通鑑》等史書而成的一部編年體通史。《資治通鑑》是我國古典的史學巨著，網羅宏豐，卷帙浩繁。《資治通鑑直解》自前書選取重要片段，加以通俗的講解，一方面繼續發揚中國傳統政治的某些固有觀念和優良傳統，如重視道德修養、強調德治、崇尚節儉、反對奢侈、主張輕徭薄賦、善於用人等；一方面針對明代當時政治和社會的特點，重視歷史上的各種改革，總結歷史上的興亡教訓。同時，也對某些重大的治國策略和歷史問題，提出了自己的獨特見解。

　　《資治通鑑直解》雖是專為皇帝而編寫，但編撰付梓之後，即傳至宮外，被廣泛翻刻，成為當時社會上比較流行的一本歷史讀物。直到現在，上海市古籍出版社還於1998年將此書整理出版，作為普及歷史知識的優良讀本。

　　此外，尤值得注意的是，張居正認識到對十歲幼童的教學，光憑口頭的講解是不會讓受教者有多大興趣的。於是，他召集了翰林院講官，以及幾位善長繪畫插圖的朋友，為神宗編纂了一部生動有趣的《歷代帝鑑圖說》作為

---

[28] 陳生璽譯解，《資治通鑑》（上海：古籍出版社，1998年），頁4。

[29] 薛應旂，字仲常，號方山，武進人。從學於歐陽德，受陽明心學影響。嘉靖十四年（1535）進士，授慈谿知縣，屢遷南京考功郎中，忤嚴嵩，謫建昌通判，歷浙江提學副使，以大計罷歸。著有《宋元資治通鑑》、《四書人物考》、《薛方山紀述》、《薛子庸語》等書傳世，其生平可參見：《明儒學案》25〈薛應旂傳〉及《明人傳記資料索引》頁904〈薛應旂〉。

教材。該書萃取自堯舜以來的君主「善」可師法者八十一事,「惡」可為戒者三十六事,目的是「善惡並陳,勸懲斯顯」。在每一事前各繪一圖,圖後輯錄傳記本文,再附以直解白話。這套教材雕版精美,圖象清晰、生動,通俗易曉,十分適合兒童學習心理的直觀性特點。

　　張居正進呈《歷代帝鑑圖說》時,奏言:

伏望皇上俯鑑愚忠,特垂省覽。視其善者,取以為師,從之如不及;視其惡者,用以為戒,畏之如探湯。每興一念,行一事,即稽古以驗今,因人而自考。高山可仰,毋忘終簣之功;覆轍在前,永作後車之戒。則自然念念皆純,事事合理,德可媲美於堯舜,治將埒於唐虞。[30]

這顯然是張居正為明神宗特編的政治教科書,宗旨在勉其為聖君。依韋慶遠的研究,至萬曆五年以後,張居正才結束《歷代帝鑑圖說》的教學。[31]

　　在張居正的教導下,經過二年的學習,明神宗不僅讀完了張居正規定的課程,而且對國家政事也確實知道了不少。於是張居正調整教學計畫,增添了政治實事方面的內容。張居正認為,「安民之要,在於知人;辨論官材,必考其素」。但「人主尊居九重,坐運四海,於臣下之姓名貫址,尚不能知,又安能一一別其能否而黜陟之乎?朝著之間,百司庶府,尚不能識,又安能旁燭於四方郡國之遠乎?」[32]因此他乃參考唐太宗將天下刺史姓名書於御座屏風,坐臥觀覽,以及唐宣宗知涇陽令李行言之賢,書其名

---

[30] 同註一,奏疏 3〈進帝鑑圖說疏〉,頁 34。

[31] 韋慶遠,〈張居正與《歷代帝鑑圖說》〉,載《歷史月刊》1997年 8 月號,頁 29。

[32] 同註一,奏疏 3〈進職官書屏疏〉,頁 49-50。

於殿柱，不次擢用等作法，經他一番組織與設計，「職官書屏」一種終於完成，旋進呈神宗皇帝，作為「政教合一」的教材。

所謂「職官書屏」，就是由吏部和兵部尚書備查兩京及在外文武職名，府、部而下，知府以上，各姓名籍貫，及出身資格，造為御屏一座，共十五扇。中三扇，繪天下疆域之圖；左六扇，列文官職名；右六扇，列武官職名，各為浮帖，以便更換。每十日，各部將陞遷調改各官，開送內閣，然後由張居正令中書官寫換一遍。此一書屏張設於文華殿（即明神宗接受張居正教學之處），以便讓明神宗朝夕省覽。[33]透過「職官書屏」，明神宗每日周覽與圖，審察眾職，不僅得知各部各方屬臣任職概況及其優劣，而且掌握了當前國家要務。

另者，萬曆八年（1580），明神宗十八歲時，曾經受到孫海和客用兩個太監的誘惑，蹓出宮外到酒樓飲酒作樂。針對這次虧損聖德之事件，張居正除處治這些邪佞內侍，清汰神宗身邊的小人之外，特別編撰了《謨訓類編》供神宗閱讀，作為他「竦慕」、自檢與自勵的讀物。

張居正認為，「遠稽古訓，不若近事可徵。」近事為何？他說：

> 仰惟我二祖（明太祖、明成祖）開創洪業，列聖
> 纂紹丕圖，奎章睿謨，則載之寶訓，神功駿烈，
> 則紀之實錄，其意義精深，規模宏遠，樞機同慎，
> 品式詳明，足以邁三五之登閎，垂萬億之統緒，
> 此正近事之可徵。[34]

《謨訓類編》係張居正將明開國以來歷朝寶訓、實錄中，

---

[33] 同上註，頁 50。

[34] 同註一，奏疏 9〈請敷陳謨烈以裨聖學疏〉，頁 153。

按照不同內容，選輯有關政事和皇帝自身道德修養的謨訓，分類編纂而成。

《謨訓類編》總計四十款，依序如下：創業艱難、勵精圖治、勤學、敬天、法祖、保民、謹祭祀、崇孝敬、端好尚、慎起居、戒遊佚、正宮闈、教儲貳、睦宗藩、親賢臣、去姦邪、納諫、理財、宗法、警戒、務實、正紀綱、審官、久任、重守令、馭近習、待外戚、重農、興教化、明賞罰、信詔令、謹名分、卻貢獻、慎賞齎、敦節儉、慎刑獄、褒功德、屏異端、飭武備、御夷狄等。在張居正看來，這四十款，雖未究高深，但「修德致治之方已略備矣」。[35]

除了上面皇帝教育的課程與教材的建立之外，張居正規定了府、州、縣等地方儒學之教育內容，重視以明經取士和建立在實學基礎上的課程。

張居正反對王學末流空談心性，強調學校教育應以敦本務實之學為主。他指出：

> 蓋學不究乎性命，不可以言學；道不兼乎經濟，不可以利用。故通天、地、人而後可以謂儒也。造化之運，人物之經，皆賴吾人為之輔相；綱紀風格，整齊人道，皆賴吾人之經濟；內而中國，外而九夷八蠻，皆賴吾人為之記述。故操觚染翰，騷客之用心也；呻章吟句，童子之所業習也。二三子不思敦本務實，……而欲借一技以顯庸於世。嘻，甚矣，其陋也。[36]

在張居正看來，欲求有功業於世，必須有真才實學。這一主張，體現於他的教育內容觀上。

---

[35] 同上註，頁 154。
[36] 同註一，文集 6〈翰林院讀書記〉，頁 598。

　　依《大明會典》之記載，萬曆三年（1575），張居正要求府、州、縣學，「今後務將頒降四書、五經、《性理大全》、《資治通鑑綱目》、《大學衍義》、《歷代名臣奏議》、《文章正宗》及當代誥律典制等書，令生員誦習講解。」考試內容也不得超過這個範圍。[37]張居正認為，課程應能呈顯古往今來之經典義理與歷史文化，適應當代社會生活需要。在他看來，通過上面這些課程的洗禮，以協助學習者「通曉古今，適於世用」，才是辦教育的正途。

　　四書，即《大學》、《中庸》、《論語》及《孟子》。《大學》與《中庸》原皆為《禮記》中的篇章，至宋，獲朱熹尊崇而將之與《論語》、《孟子》合為四子書。依朱熹之見，《大學》乃「古之大學所以教人之法」，亦即「學者修己治人之法」。[38]《中庸》乃子思憂道學之失其傳而作，旨在述「允執厥中」之道。[39]

　　《論語》，則是「至聖先師」孔子與弟子相與問答的記錄，表現了孔子對理想人格與生命價值的理念。書中所指點之人生大道向為帝王將相學士才人凡夫俗子所嚮慕、遵行。而《孟子》則是鎔鑄「亞聖」孟子之議論學說與人格氣概而成。大體而言，《論語》與《孟子》之內容，分別傳達孔子與孟子的心性論、修養論、處世觀、政治觀及歷史觀。

　　五經即《詩經》、《尚書》、《禮記》、《易經》及《春秋》，是孔子所編撰完成的。五經性質各異，但所載皆天地間人生事理的常道，因此，成了儒家門徒必讀的書籍。其中，

---

[37] 同註五，卷 78〈儒學〉，頁 1247。

[38] 朱熹，《四書章句集注》（北京：中華書局，1983 年），〈大學章句序〉，頁 1-2。

[39] 同上註，頁 14。

《詩》乃孔子之前流行於各地的歌謠集，計有三百零五篇傳至今日。由於《詩經》風格敦厚、溫柔，故研讀它可以陶冶性情、變化氣質；同時由於《詩經》語辭優美、典雅，故誦讀它還可以訓練口語表達能力。

《尚書》，則是虞、夏、商、周等古代帝王和偉大人物所留傳下來的文獻和檔案資料集。就時代來分，《尚書》可分為《虞書》、《夏書》、《商書》、《周書》，分別記載堯舜和夏、商、周等朝代的事蹟。就內容來說，它又可略分為典、謨、訓、誥、誓、命等六大類。

《禮記》記載有關政治、社會、家庭等人類生活中屬於規則條理的事務。內容涵蓋禮儀通論、古代禮儀制度，及有關討論儀禮的文章。《易經》原為卜筮的書，經孔子的補充和整理，將書中所含天道人事的哲理闡述出來，蛻變成一本富有人生哲學的書籍。《春秋》則是孔子撰寫的一部魯國史書，最能代表孔子一生志業所在。本書批判君不君、臣不臣的混亂現象，提出尊王攘夷、慎始、明是非、重禮義的主張，楬櫫大一統、合理、和諧的理想社會。

整體來講，四書、五經共同導向建立一個合理社會的常理、常道，是中國古代歷史文化非常重要的遺產。自宋以降，這兩套書即是學校教育的主要教科書。張居正同傳統儒家教育家一樣，將四書、五經當作文化教材，意在讓學生們認識古代經典義理，瞭解過去歷史文化，以作為現在和未來的警惕與典範。

《性理大全》凡七十卷，由明初胡廣（1370-1418）[40]

---

[40] 胡廣，江西吉水人，字光大，號晃菴。建文二年（1400）舉進士第一，授翰林院修撰，賜名靖。成祖即位，迎降，命入內閣，復名廣。累官至文淵閣大學士，兼左春坊大學士。兩從帝北征，以醇謹見幸。主持編纂《性理大全》。卒贈禮部尚書。其生平可

等人奉敕編撰，成於永樂十二年（1414）。前二十五卷搜錄周敦頤的《太極圖說》、《通書》，張載的《西銘》、《正蒙》，邵雍的《皇極經世書》，朱熹的《易學啟蒙》、《家禮》，蔡元定的《律呂新書》，蔡沈的《洪範皇極內篇》等九種著作。後二十四卷，按門類編排，取宋儒之說一百二十家，分為理氣、鬼神、性理、道統、聖賢、諸儒、學、諸子、歷代、君道、治道、詩、文等十三類。[41] 本書內容既龐雜又精微，被譽為「致治之準繩」：

> 窮天地陰陽之蘊，明性命仁義之旨，揭主敬存誠
> 之要微，而道統之精意顯，而道統之源流、君德、
> 聖學、政教、紀綱，靡不大小兼賅而表裏咸貫。
> 洵道學之淵藪，致治之準繩也。[42]

書成後，由明成祖敕命頒行天下，列入學宮。張居正要求生員研讀這本書，是為了使生員從中汲取古代致治之道。

《資治通鑒綱目》凡六十卷，是南宋大儒朱熹及弟子趙師淵等人根據司馬光《資治通鑒》和胡安國《通鑑舉要補遺》等史書析表簡編而成的一部中國通史著作。大字為綱，分注為目，詳慎精密，以闡明褒貶進退之旨。由於該書繼承「春秋之筆」，「權度精切」，「筆削謹嚴」，政道治理「煥然以明」，故於世教裨益甚大。同時由於該書採用綱目體編寫歷史，咸獲當時四方學者之喜愛，相與講習。張居正要求生員熟讀這本書，是為了使生員了解歷代興衰隆替的來龍去脈，掌握歷史經驗，作為從政津梁。

參見：《東里文集》卷 12〈胡公神道碑銘〉、《明狀元圖考》卷 1〈胡廣〉、《明史》卷 147〈胡廣傳〉，以及《明人傳記資料索引》卷 352〈胡廣〉等。

[41] 胡廣，《性理大全》（台北：商務印書館，四庫全書本，民國 72 年），頁 2-13。

[42] 同上註，頁 1-2。

　　《大學衍義》共四十三卷，宋朝真德秀撰。該書因係推衍《大學》之義而命名，首卷開宗明義「帝王為治」之本，次言為學之序由自己身心始。其後分為格物致知、正心誠意、修身、齊家四部分。格物致知之要包括明道術、辨人才、審治體、察民情四目；正心誠意之要包括崇敬畏、戒逸欲二目；修身之要包括謹言行、正威儀二目；齊家之要包括重妃匹、嚴內治、定國本、教戚屬四目。除修身一門無子目，其餘分為子目四十四。每子目之中首之以聖賢明訓，次之以古今事蹟以及諸儒釋經論史有所發明者。紀昀稱本書「微引經訓，參證史事，旁採先儒之論以明法戒」，故能「正君心、肅宮闈、抑權倖」。[43] 張居正要求生員講習該書，顯然是為了增進生員政治學與行政學的素養，以扎下以後仕宦從政的基礎。

　　《歷代名臣奏議》，共三百五十卷。明永樂十四年（1416）楊士奇（1365-1444）[44] 等奉敕編撰成書。本書卷帙浩繁，自商周迄金元，採入歷代典制沿革之由與政治得

---

[43] 真德秀，《大學衍義》（台北：商務印書館，四庫全書本，民國72年），卷首〈四庫全書提要〉，頁1。

[44] 楊士奇，江西泰和人，名寓，以字行，號東里。幼貧力學，曾在湖廣江廈（今湖北武昌）等地授徒自給。建文初，以王叔英薦，入翰林院，充編纂官，與修《太祖實錄》。永樂初，與解縉等七人同入內閣。成祖北巡，與蹇義等留輔太子。仁宗即位，以東宮舊臣升禮部左侍郎，歷兵部尚書。仁、宣朝及英宗初年，長期主持內閣，知人善任，好推轂寒士。居官廉能，為天下最。後以子稷下獄，憂死，卒諡文貞。著有《東里文集》、《歷代名臣奏議》傳世。其生平可參見：《歐陽南野先生文集》卷15〈大學士楊士奇祠額〉、同上書卷15〈大學士楊士奇祠額祭文〉、《國朝獻徵錄》卷12〈少師楊公傳〉、《明史》卷148〈楊士奇傳〉，以及《明人傳記資料索引》頁696〈楊士奇〉等。

失之故，自漢以後蒐羅尤備。全書共分六十四門，包括政治、經濟、軍事、法令、禮制、樂制等各方面，是一部實用價值很高的巨著。紀昀認為，此書可與《資治通鑑》、《三通》「互相考證」。[45]張居正要求各地儒學把它作為教科書，顯然是希望加強生員解決行政問題的能力。

《文章正宗》凡二十四卷，是南宋大儒真德秀所編纂，所輯以明義理、切世用為主。其目凡四，分別為辭命、議論、敘事、詩賦。該書卷首謂：「正宗云者，以後世文辭之多變，欲學者識其源流之正也。」[46]本書問世後，因其只注重「理」，而忽視了文章本身的規律，並未引起人們的重視，四、五百年來尊用它的人不多。尹選波認為，張居正要求諸生研習該書，應是為了糾正生員們僅讀八股時文，所作之文雜用釋道之語之弊。[47]

至於明代誥律典制，主要有《大誥》、《大明律》、《大明集禮》等。《大誥》為明太祖朱元璋所撰，為刑法案例彙編。洪武十八年（1385），朱元璋從歷年陳案中採輯官民過犯，親定七十四條，頒示全國。次年復撰《大誥續編》、《大誥三編》。所列凌遲、梟示、族誅者無慮千百，棄市以下萬數，體現嚴刑峻法。《大明律》則是朱元璋在吳元年（1367）命李善長等據《唐律》修編。《大明集禮》，乃洪武三年（1370）由徐一夔等奉敕撰修，原來五十卷。嘉靖中重修，增為五十三卷。內容分為吉禮、嘉禮、賓禮、軍禮、凶禮，並增集冠服、車輅、儀仗、鹵簿、字學、音

---

[45] 楊士奇，《歷代名臣奏議》（台北：商務印書館，四庫全書本，民國 72 年），卷首〈四庫全書提要〉，頁 1。

[46] 真德秀，《文章正宗》（台北：商務印書館，四庫全書本，民國 72 年），卷首，頁 1。

[47] 尹選波，《中國明代教育史》（北京：人民出版社，1994 年），頁 203。

樂。典禮制度之升降儀節、制度名數，莫不詳備。

　　從以上諸書內容檢視，張居正要求生員學習歷代典章制度、政治得失與歷史經驗教訓，以及當代詰律典制，教育內容面向實政實學，課程重點在充實歷史經驗，學習如何致治，增進從政知能，以培養經世致用之才。明末清初傅維鱗已清楚地認識到了這一點，他指出：「萬曆初，輔臣（即張居正）白降詔申飭，改故所給提學官敕，以經術造士為實學。」[48]可以說，反對空談心性，強調以實學造就人才，是張居正教學思想的一個重要成分。

第三節　教學原則與方法

　　任一教育活動都需要適當的教學原則與方法，有經驗而成功的教師，在教學原則的掌握與教學方法的運用上，常能得心應手，既能保持優雅流暢的進度和風格，復能收效，達成教學目標。張居正在這方面的理念，可概括下列三方面說明。

一、根據兒童心理，採用直觀教學

　　張居正不僅提倡早期兒童教育，而且對兒童發展與學習心理頗有研究。他在〈請皇太子出閣講學疏〉云：

> 蓋人生八歲，則知識漸長，情竇漸開，養之以正，則日就規矩；養之不正，則日就放逸，所關至重也。……（皇太子八歲）正聰明初發之時，理欲互勝之際，必及時出閣，遴選孝友敦厚之士，日進仁義道德之說，於以開發其智識，於以薰陶其

---

[48] 傅維鱗，《明書》（台北：華正書局，民國 63 年），卷 62〈學校志〉，頁 2354。

德性。[49]

這就是說，早期教育對於開發智力、培養德性很重要。這個見解與現代教育心理學的學理是一致的。

依當代認知發展心理學家皮亞傑（J.Piaget, 1896-1980）[50]的「認知發展理論」（cognitive-development theory），兒童在七歲至十一歲之間的認知發展階段是所謂的「具體運思期」（concrete operational stage），其特徵是兒童在面對問題時，能根據眼見的具體情境或熟悉的經驗，循邏輯法則進行推理思維，這同七歲以前幼兒不能從事邏輯思考是大不相同的。因此七、八歲應是正式教育的關鍵期。

神宗十歲時，張居正認為十歲兒童，要學習上節所述那些儒經義理，光憑文字講誦是難於領會的。於是，他召集了翰林院講官，為神宗編纂了一部生動有趣的《歷代帝鑑圖說》作為教材。該書富贍直觀形象，且每一歷史故事多理趣並臻，頗能寓教於興味中。每一故事繪製一圖畫，梨棗精工，很適合皇太子的學習心理。其特色為「假像於

---

[49] 同註一，奏疏 1〈請皇太子出閣講學疏〉，頁 13。

[50] 皮亞傑，1896 年出生於瑞士的紐查泰耳（Neuchatel）。自幼聰慧過人，十歲發表有關鳥類生活的論文，被譽為「科學神童」。自 1920 年代初期起，他就從事有關幼兒期、兒童期及青年少期的智力或認知發展的觀察、調查，並將其發現理論化，迄 1980 年逝世為止。皮氏由生物學轉到心理學，致力於探索人類認知歷程，他界定自己是一位「發生（發展）認識論」的心理學家。皮氏認為，兒童思考歷程與成人不同；兒童用不同的知覺看世界，兒童用異於成人的方法獲得知識。因此，他強調教育兒童，應先了解兒童的認知發展。其生平與認知發展論可參見林寶山著《心理學名人傳》，頁 129-135。

丹青」、「取明白易知」。[51]當皇太子看到這本書時，「披圖而悅於目，味解而邃於心」，快活地跳了起來，忙讓張居正從旁指點講解。可見張居正的教學，善於適應學童學習心理，儘可能地將教材圖像化、白話化，使學習內容生動活潑，易學易懂，發揮了「直觀教學」的原理。

　　茲先以「任賢圖治」（見圖十二）為例。古史記載，帝堯命羲仲居嵎夷，理東作；羲叔居南交，理南訛；和仲居昧谷，理西成；和叔居朔方，理朔易。堯又訪群臣，舉舜登位。

圖十二：《歷代帝鑑圖說》〈任賢圖治〉

　　張居正據此史事，將堯舜事蹟繪製成「任賢圖治」圖，再以白話文字說明如後：

> 　《唐史》，記帝堯在位，任用賢臣，與圖治理。
> 那時賢臣有羲氏兄弟二人，和氏兄弟二人。帝堯
> 著他四個人敬授人時，使羲仲居於東方嵎夷之

---

[51]　同註一，奏疏 3〈進帝鑑圖說疏〉，頁 33-34。

地，管理春時耕作的事；使羲叔居於南方交趾之地，管理夏時變化的事；使和仲居於西方昧谷之地，管理秋時收成的事；使和叔居於北方幽都之地，管理冬時更易的事。又訪四岳之官，著他薦舉天下賢人可用者。於是四岳舉舜為相。那時天下賢才，都聚於朝廷之上，百官各舉其職，帝堯垂拱無為，而天下自治。蓋天下可以一人主之，不可以一人治之。雖以帝堯之聖，後世莫及，然亦必待賢臣而後能成功。書曰：「股肱惟人，良臣惟聖」，言股肱具而成人，良臣眾而後成聖，意亦謂此。其後帝舜為天子，也跟著帝堯行事，任用九官十二牧，天下太平，乃與群臣作歌以紀其盛。曰：「元首明哉，股肱良哉，庶事康哉。」所以古今稱堯舜垂衣裳而天下治，斯任賢圖治之效也。[52]

　　我們知道，堯在位的時代被認為是我國古代的至治時代，他是個仁德君主，廣為任用賢臣，國家治理很有成效，頗得百姓愛戴，這正是歷代人民歌頌他的主要原因。還有，堯把天子之位讓給大家公認的賢人「舜」，讓賢者治國，公於天下而非私於天下，這在歷史上也傳為美談。堯舜之治，說明了「得民心者得天下」的王政之道。張居正利用「任賢圖治」描述堯舜事蹟，勉勵明神宗作聖君，是頗為適當的。

　　再以「屈尊勞將」（見圖十三）為例。漢史記載，漢文帝時，匈奴屢犯邊境，朝廷命周亞夫屯兵細柳，以防備胡人。漢文帝親自前往勞軍，激勵士氣，過程雖頗受阻擋，

---

[52] 張居正，《歷代帝鑑圖說》（台南：莊嚴文化事業公司，四庫全書存目叢書，民國 86 年），〈任賢圖治〉，頁 310-311。

但文帝不以為意，反而因此肯定周亞夫軍紀嚴整。張居正據此史事，將漢文帝勞軍細柳事蹟繪製成「屈尊勞將」圖，再以白話文字詳為說明。

圖十三：《歷代帝鑑圖說》〈屈尊勞將〉

在「屈尊勞將」圖下，張居正直解道：

《西漢史》上，記文帝時，北虜匈奴入邊為寇。文帝拜劉禮、徐厲、周亞夫三人俱為將軍，各領兵馬出京，分布防守。……亞夫屯細柳。文帝親到各營，撫勞將士。初到霸上、棘門二營，車駕徑入，沒些阻擋。末後往細柳營，導駕的前隊已到營門，被軍士阻住不得入。與他說：「聖駕就到，可速開營門。」那軍門對說：「我軍中，只知有將軍的號令，不知有天子的詔旨。」少間，文帝的駕到了，還不開門。文帝乃使人持節召亞夫，說：「朕要進營勞軍」。亞夫才傳令開營門接駕。臨進門時，守門軍士又奏說：「將軍有令，

軍中不許馳驅走馬。」文帝乃按住車轡，徐徐而
行。到中軍營，亞夫出迎，手執著兵器，只鞠躬
作揖，說道：「甲冑在身，不敢拜跪。臣請以軍
禮參見。」文帝聽說，悚然改容，俯身式車，使
人傳旨致謝亞夫，說皇帝敬勞將軍，成禮而去。
文帝出營門，歎美亞夫說道：「這才是個真將軍，
恰才見霸上、棘門二營，那樣疏略，如兒戲一般，
萬一有乘虛劫營之事，其將固可掩襲而擄也，至
如亞夫這等紀律，可得而侵犯耶？」……蓋將權
不重，則軍令不嚴，士不用命。故穰苴戮齊王之
嬖臣，孫武斬吳王之寵姬，而後能使其眾，以成
大功。觀周亞夫之紀律嚴明，誠然一時名將，然
非文帝之聖明，重其權而優其禮，則亞夫將求免
罪過之不暇，況望其能折衝而禦侮哉？後世人君
御將，宜以文帝為法。[53]

於此，張居正應用漢文帝勞軍細柳一段史事，為明神宗詳
為解說重用武將的原理。

張居正利用《歷代帝鑑圖說》講解歷史事蹟時，往往
結合到時局上面，學習內容與現實生活事件連繫起來，這
就使學習者感受到現實感，而提高學習興趣。例如萬曆元
年(1573)三月初四日，張居正講解完上面「屈尊勞將」一
事，即引出當時必須整軍經武，以防禦邊患的急務。《明
神宗實錄》載云：

萬曆元年三月，……甲申，上御文華殿講讀。輔
臣張居正進講《歷代帝鑑圖說》漢文帝勞軍細柳
事。因奏曰：「古人言，天下雖安，忘戰必危。
今承平日久，武備廢弛，將官受制於文吏，不啻

奴隸。夫平日不能養其鋒銳之氣，臨敵何責其有
折衝之勇？自今望　皇上留意武備。將官忠勇可
用者，稍假權柄，使得以展布，庶幾臨敵號令嚴
肅，士卒用命。」上然之。[54]

張居正深入淺出，符合少年皇帝的接受能力。

據張居正自己的說法，童年及青少年時期的神宗，「銳
意學問，隆寒不輟」。[55]這應是直觀教學的反應。

此外，值得一提的是，張居正指導皇太子習寫「書法」
的方法，乃是所謂的「分散練習」（spaced practice）：「或
看字體法帖，隨寫寫字一幅，不拘多少，工夫不致間斷。」
[56]一般而言，分散練習的效果較「集中練習」（massed
practice）為優，尤其是技能性的學習活動。有效的學習常
常要從長遠的、整體的觀點來衡量。一曝十寒的效果有
限，一時強烈的興趣動機和努力，不如日積月累長久練習
的成效彰著。特別是兒童「注意」（attention）——聚精會
神的時間，本來就不長（每次約十五分鐘），小孩子定力
比較差，耐心不足，能保持短時間的專心度，好好的練，
實比要求他練較長時間，卻心煩氣躁來得有效。經過張居
正的調教，明神宗「天藻飛翔，留心翰墨」[57]，確實寫了
「一手好字」（見圖十四），稱得上「遒勁豐潤，自成一家」。
顯然，張居正的教學法是適切的。

---

[54] 中研院史語所，《明神宗實錄》（台北：中研院史語所，民國57
年），卷11，頁363-364。

[55] 同註一，書牘4〈與河道萬巡撫論河漕兼及時政〉，頁285。

[56] 同註一，奏疏2〈擬日講儀注疏〉，頁22。

[57] 黃全信，〈筆泉吐鳳，墨海吞鯨〉，載氏編《明朝皇帝墨寶》（北
京：中央民族大學出版社，1998年），頁2。

圖十四：明神宗書（引自黃全信編：《明朝皇帝墨寶》，頁 291-299）

二、注重從嚴啟發，強調隨器善誘

　　張居正主張「士先志」。[58]他說：「天下無不可為之事，艱難困憊，忠智實由以表見也。」「事事求實，又本之以誠懇，持之以堅忍，……鮮不濟矣。」[59]張居正一再疏請

---

[58]　同註一，書牘 9〈答南司成屠平石論為學〉，頁 384。

[59]　同註一，書牘 15〈與邊鎮巡撫王西石〉，頁 516-517。

幼小的神宗皇帝，要以「勤學為實務」，除了每月三、六、九日視朝之外，「其餘日俱御文華殿講讀，非大寒大暑不輟。」[60]充分強調了學習者主動性、積極性和意志力的重要。在他看來，凡學習必有壓力才有進步，「人而不激，烏有建樹？」所以他在教學中一貫堅持「從嚴」啟發、引導。

我們知道，神宗雖年幼，但畢竟是皇帝，不像一般家庭子弟可以隨意要求，弄不好是要掉腦袋的。但是，張居正以「學為聖君」的道理曉喻皇家，並在教學過程中嚴格要求神宗。有一次，在講筵上，神宗朗讀《論語》，誤將「色勃如也」讀作「色背如也」。在旁站著的張居正馬上厲聲道：「當讀作『勃』字」。神宗「悚然而驚」，十分惶恐。同列的幾位侍講官「皆失色」，深為張居正冒犯天威而大捏冷汗。[61]然而，張居正正是以這種嚴教的精神來引導神宗學習的。他要求神宗日講不輟，寒暑無間，日進新課，在內容和難度上不斷提高。教育史家肯定張居正「從嚴」施教，「充分調動了學生學習的積極性」。[62]

另者，張居正重視教學管理，為此，他特別辯明「敬敷五教在寬」的真正涵義，他說：

> 敬敷五教在寬。所謂寬者，殆以人之才質，有昏明強弱之不同，須涵育薰陶，從容引接，使賢者俯而就焉。不肖者，企而及焉，如是而已。今人不解寬義，一切務為姑息弛縱，賈譽於眾，以致

---

[60] 同註一，奏疏 2〈請酌定朝講日期疏〉，頁 21。

[61] 谷應泰，《明史紀事本末》（台北：商務印書館，四庫全書本，民國 72 年），卷 61〈江陵柄政〉，頁 759。

[62] 同註二十五，頁 345。

士習驕侈，風俗日壞。間有一二力欲挽之，則又崇飾虛談，自開邪徑。所謂以肉驅蠅，負薪救火也。本朝監規及臥碑所載凜若冰霜，督學使者，俱用憲臣為之，皆有深意。[63]

「寬」的真諦，在因材施教，而不是放縱姑息，張居正對「敬敷五教在寬」的解釋，是很合乎教學原理的。

尤為重要的，張居正在教學時，總是採取循循善誘的啟發式教學法。他主張教學應「各隨根器，循循善誘。」[64]張居正所應用的「經筵」即主要採取啟發誘導的教學模式。

萬曆元年（1573），明神宗即位後，除了日講之外，在每月二、十二、二十二日增加了經筵。據《大明會典》載，經筵在明初無定日，或令文學侍從之臣講解；亦無定所。正統初，始著為儀常，以每月之二日御文華殿進講，每月三次，寒暑暫免。[65]經筵主要的內容為四書、經史。其規制大致如下：敕勳臣一人全權綜理經筵事宜，內閣學士協理；六部尚書、內閣學士、左右都御史、通政使、大理寺卿及勳戚等官侍班。翰林院、春坊等官及國子監祭酒二員進講；翰林院、春坊等官二員展書；給事中、御史各二員侍儀；鴻臚寺、錦衣衛堂上官各一員供事；鴻臚寺、鳴贊一員贊禮；序班四員舉案；勳臣或駙馬一人領將軍侍衛。

經筵的主要活動是主講官的講述，先講四書，次講經，或講史，務在直說大義，明白易曉。學者形容經筵是「治國方略的學術討論會」，表達了皇帝與臣僚們希冀在

---

[63] 同註一，書牘3〈答南學院周乾明〉，頁 262。
[64] 同註一，書牘9〈答南司成屠平石論為學〉，頁 384。
[65] 同註五，卷 52〈經筵〉，頁 917-920。

儒家經典史籍中尋覓最有效的治國牧民方略的願望。[66]在經筵上，講官可以把時事聯繫到講題中發揮，有些現實國計民生問題則點到為止。在講授聖賢之道時，講官往往用較為委婉的言辭，啟發誘導，希望皇帝從所講精義中有所領悟，巧妙地對皇帝的過失與不良習性作善意的規勸。

經筵用啟發教學法，日講同樣注重諄諄善誘，隨機引導。萬曆八年（1580），張居正次第纂輯《謨訓類編》，完成後，即於翌年進呈此書作為日講教材之一。其教學過程大致如下：先講解訓錄一、二條，由張居正講述大旨，「如皇上偶有疑難，即望而賜諮詢」；或張居正「竊有私聞，亦得隨事獻納」。教學互動中，「多寡有無，不拘程限，但使工夫接續，時日從容。」張居正相信透過這種教學方式，「自可以開發聰明」，神宗「亦因以練習政事」。[67]

此外，從萬曆元年（1573）起到五年（1577）止，張居正利用日講為明神宗講授《歷代帝鑑圖說》時，也往往借史以論今，將一些重大政見，寄寓到歷史事蹟上，以便啟發明神宗的政治智慧。這樣的例子是不少的，例如在萬曆元年(1573)十月初八日：

> 上御文華殿，輔臣居正進講《帝鑑圖說》宋仁宗不喜珠飾事。上曰：「國之所寶在於賢臣，珠玉之類，寶之何益？」居正因言：「明君貴五穀而賤金玉，五穀養人，故聖王貴之。金玉雖貴，飢不可食，寒不可衣，銖兩之間，為價不貲，徒費民財，不適於用。故書言：『不作無益害有益，不貴異物賤用物，良以此耳。』」上曰：「然。宮

---

66 熊賢君，《雕龍刻鳳盼成器——皇子教育》（武昌：華中理工大學出版社，1994 年），頁 140。
67 同註一，奏疏 9〈請敷陳謨烈以裨聖學疏〉，頁 154。

中婦女只好粧飾，朕於歲賞賜，每每節省。」宮
人皆以為言。朕云：「今庫中所積幾何？」居正
頓首曰：「皇上之言及，社稷生靈之福也。」[68]

在這裏，張居正用「啟悟」之法，引導神宗皇帝倡廉節儉
的作用，這比空洞的說教更易收效。

三、關切環境習移，重視設施經費

張居正教學也強調周遭人物的習移作用。所謂「蓬生
麻中，不扶自直」；「君子居必擇鄉，遊必就士」。學習環
境是否健全，顯然是影響教育效果的重大因素之一。

萬曆八年（1580），明神宗十八歲了。當時有兩個太
監孫海和客用，經常引誘他燕閒遊宴別宮。有一次，利用
晚上誘惑明神宗釋去法服，穿著窄袖小衣，長街走馬，挾
持刀杖，悄悄出宮到城西的一家酒肆，飲酒作樂。這兩太
監「又數進奇巧戲玩之物，以蠱惑上心，希圖寵幸。」[69]以
致造成明神宗「虧損聖德，舉動差錯」。[70]

此事發生後，張居正心裏很不平靜，首先，他認識到
一來神宗已長大成人，二來神宗已完成大婚，許多過去的
管教方式必須有所調整。張居正察覺到神宗身旁內侍太監
的感染作用，因此，降黜、調離孫海、客用等「姦邪的小
人」[71]，確保宮內道德環境的清潔，是第一步。其次，張
居正為預防類似事件重演，他依平日觀察所得，將孫德
秀、周海兩個向來「諂佞希寵、放肆無忌」的「不良」太
監也一體降黜。再次，張居正為「章日月之明」，責令其

---

[68] 同註五十四，卷 18，頁 520。
[69] 同註一，奏疏 9〈請清汰近習疏〉，頁 151。
[70] 同註一，奏疏 9〈請處治邪佞內臣疏〉，頁 150。
[71] 同上註。

他太監一概反省自陳。[72]還有，張居正鑒於神宗年輕氣盛，加以年長權力欲和自尊自傲心理膨脹，乃進呈上述之《謨訓類編》以裨聖學。[73]

　　根據研究，明中葉後，皇帝沈醉於酒色，宮女至九千人，太監多至十萬。這數量龐大的十萬太監分工全部宮廷的事務，他們分屬於十二監、四司、八局，所謂的「二十四衙門」。十二監，即司禮、內官、御用、司設、御馬、神宮、尚寶、印綬、都知、尚膳、尚衣、直殿等監；四司，即惜薪、鐘鼓、寶鈔、混堂等司；八局，即兵仗、銀作、浣衣、中帽、針宮、內織染、酒醋、司苑（菜蔬）等局，這些單位都有特定的任務。此外，尚有一些庫、房，各司所職。另有「御前近侍」，日侍皇帝左右，能了解、掌握皇帝的行止，喜怒哀樂，性情癖好，是皇帝最親近的人，在太監中位階極高。[74]一般情況，近侍太監為了取悅皇帝，多根據皇帝同樣存在的人之本性去娛其心志。孫海和客用，即是御前近侍太監，他們與明神宗的生活起居關係極為密切，年輕的神宗很容易受其引誘。站在「境教」的立場，張居正做上面的處理，應是十分正確的。

　　由上可見，張居正注重學習者生活周遭人物的感化作用，這是孔子「親君子，遠小人」思想的繼承。張居正的教學方法是成功的，他曾寫信給朋友滿意地說：「主上（神宗）銳意學問，隆寒不輟，造膝諮訪，史不彈書。」[75]又說：「主上雖在沖年，……日御便殿講讀，……動息必諮。」

---

[72] 同註六十九，頁 152。

[73] 同註六十七，頁 153。

[74] 黃崇岳，《中國歷朝行政管理》（北京：中國人民大學出版社，1997 年），頁 722-724。

[75] 同註一，書牘 4〈與河道萬巡撫論河漕兼及時政〉，頁 285。

[76]顯然因張居正教授得法，罄竭忠悃，誨而不倦，故明神宗勤學好問，進步很快。

此外，學校硬體建築以及教育經費，是辦好學校教育的基礎條件。就教育觀點言，凡是能提供學生較安全、合適以及提高學習效率的環境，就是好的教學環境。學習環境的良窳，不僅影響師生的身體健康，同時也影響師生的心理和情緒。如何使學校成為一個理想的教學環境，乃是教育工作不可忽視的一環。張居正很重視改善辦學條件，規定各地方府學、州學、縣學、衛學等，「凡學內殿堂、齋房等屋損壞，即辦料量工修理。其齋夫、膳夫、學糧、學田等項，俱要以時發給，不許遲誤尅減。」[77]

綜合上述，張居正的教學思想是相當豐碩的，蘊含著許多合理的、寶貴的見解和觀點。他主張明經致用的教育目的論，尚實黜虛的為學精神，重視課程設計與教材編選，以及採用直觀教學，激發學習動機，注重從嚴啟發誘導，重視學習環境和條件之教學原則與方法等等，都饒富參考價值。特別是我們看到，張居正對明神宗的熱誠教導，一絲不苟，十分認真，而朱翊鈞也虛心專篤地學習，師徒、君臣之間的關係恰如其分，譜下歷史上一段至今傳誦的皇子教育良緣。誠如張居正所述，那時明神宗「雖在沖年」，但日御文華殿講，「從容造膝，動息必諮」，張居正自己「亦得以罄竭忠悃」，因此兩人「知無不言，言無不信。」[78]師徒情篤，君臣交誠，溢於言表，這也是頗值借鏡的教育倫理。

---

[76] 同註一，書牘4〈與王鑑川言虜王貢市〉，頁280。
[77] 同註一，奏疏4〈請申舊章飭學政以振興人才疏〉，頁61。
[78] 同註七十六。

第五章 教育改革

　　張居正為人勇於任事，自視甚高，以豪傑自許。長期的仕宦生涯、官場歷練，形成了他深沉的性格。因此，他既剛毅又內斂。更為重要的是，張居正熟悉國事，「深燭弊源」，執政後，「亟欲大事廢除，用以廓清氛濁」。[1]他著手進行吏治、軍事、財政、教育等各方面的整頓和改革。此處謹就張居正的教育改革予以說明。

第一節　教育改革的理念

　　明代嘉靖、隆慶年間，政治腐敗，貪官污吏橫行，內憂外患不斷，教育危機重重，形勢堪慮。張居正針對時弊，圖謀更化，以尋求出路。他說：「近來風俗人情，積習生弊，有頹靡不振之漸，有積重難返之幾。若不稍加改易，恐無以新天下之耳目，一天下之心志。」[2]張居正作為內閣首輔，施政主軸以加強中央集權，嚴整吏治，針砭沉痾，振衰救弊，推行文化專制為核心，誠如他所自言：「以尊主威，定國是，振紀綱，剔瑕蠹為務。」[3]這些主張是張居正實施包括教改在內的整體改革的訴求重點。

　　張居正著手教育改革之目的，一來維護國政朝綱，消弭不法，二來端肅學風，振興人才。其改革的理念，可析為下列三點：

---

[1] 張居正，《張文忠公全集》（台北：商務印書館，民國 57），奏疏 2〈請戒諭群臣疏〉，頁 20。

[2] 同上註，奏疏 1〈陳六事疏〉，頁 1。

[3] 同註一，書牘 14〈答陳節推十八論大政〉，頁 491。

一、振紀綱，重詔令

張居正「審幾度勢」，提出一整套「救時」之方，其首要考慮的是如何鞏固政體，加強中央集權，重振紀綱。張居正認為，時代危機是政局失控，政事弛靡。他說：

> 人樂於因循，事趨於苦窳。又近年以來，習尚尤靡。至使是非毀譽，紛紛無所歸究。牛驥以並駕而俱疲，工拙以混吹而莫辨，議論茲與，實績罔效。所謂急則張而弛之之時也。況僕以草茅孤介，擁十齡幼主，立於天下臣民之上，國威未振，人有侮心。若不稍加淬勵，……以覺寤迷蒙，針砭沈痼，則庶事日隳，姦宄窺間，後欲振之，不可得矣。[4]

朝廷紀綱不肅，法度不行，統治績效大打折扣。所謂「科條雖具，……而實效罔獲。」[5]這是負責任的首輔最不願意見到的。

當時紀綱廢弛、官僚玩愒的具體實況如下：

> 上下務為姑息，百事悉從委徇。……朝廷詔旨，多廢格不行，鈔到各部，概從停閣。或已題奉欽依，一切視為故紙，禁之不止，令之不從。至於應勘應報，奉旨行下者，各地方官尤屬遲慢，有查勘一事而數十年不完者，文卷委積，多致沈埋。干證之人，半在鬼錄，年月既遠，事多失真，遂使漏洞終逃。[6]

君主政治賴以維繫、運作的官僚體系幾近癱瘓，直接危及

---

[4] 同註一，書牘5〈與李太僕漸菴論治體〉，頁306-307。

[5] 同註一，文集3〈辛未會試程策〉，頁552。

[6] 同註一，奏疏1〈陳六事疏〉，頁3-4。

到政權的鞏固。

針對政權危機，張居正首重之務為振紀綱、重詔令。他說：「人主以一身而居乎兆民之上，臨制四海之廣，所以能使天下皆服從其教令，整齊而不亂者，紀綱而已。」紀綱即權力法度，振紀綱就是要「張法紀以肅群工，攬權綱而貞百度，刑賞予奪，一歸之公道。」[7]簡言之，振紀綱、重詔令意在提高君主詔令的權威性與不可侵犯性，要求臣下屬員遵君令而行，以貫徹中央政策，推動整個政治運作。

張居正又說：「為國之法，似理身，元氣欲固，神氣欲揚。」他認為，當前國家「患不在盜賊，而患吏治之不清、紀綱之不振，故元氣日耗，神氣日索。」[8]在他看來，為了要提振教育紀綱，必須「勿使有釁，脫有不虞，乘其微細，急撲滅之。雖厚費不惜，勿使滋蔓，蔓難圖矣。」[9]表示決不放過每一個關鍵，「天下事豈有不從實幹而能有濟者哉！」[10]

依張居正的觀點，只有「實幹」，一心任事，才能成功。對於那些「務抗上令以為名」者流，毋須寬容，而「世俗之橫議，亦勿恤可也。」[11]堅決聲明不許「慢令違命」。故張居正一再表示：「苟利社稷，死生以之。」[12]「雖機穽滿前，眾鏃攢體，孤不畏也。」[13]因此，當謗議四起時，張居正「終不為動，任之愈力。」[14]

---

[7] 同上註，頁 2-3。

[8] 同註一，書牘 5〈與殷石汀論吏治〉，頁 304。

[9] 同註一，文集 11〈雜著〉，頁 674。

[10] 同註一，書牘 3〈答總憲凌洋山言邊地種樹設險〉，頁 265。

[11] 同註一，書牘 11〈答藩伯周友山論學〉，頁 427-428。

[12] 同註一，書牘 11〈答福建巡撫耿楚侗談王霸之辯〉，頁 418。

[13] 同註一，書牘 10〈答河漕按院林雲源言為事任怨〉，頁 392。

[14] 同註一，書牘 9〈答應天巡撫胡雅齋言嚴治為善愛〉，頁 377-378。

二、覈名實，課吏治

張居正認為，吏治敗壞是造成「國匱民窮」的重要因素。他說：「自嘉靖以來，當國者政以賄成，吏朘民膏以媚權門，而繼秉國者，又務一切姑息之政，……國匱民窮，病實在此。」[15]官吏是政府與人民的橋梁，吏治良窳直接影響政治秩序的穩定。據此，張居正提出「致理之道，……唯在於核吏治。」[16]將覈名實、課吏治作為施政的重點。

當時政府用人與考核官員的工作，出現了問題。劉澤華歸納那時三個「用人之弊」：首先，督學之官（即提學官）用非其人。明朝歷來重視其人選，「非經明行修、端厚方正之士，不以輕授。」但如今稱職者寡，既無「卓行實學」，只會「虛談賈譽」，甚至「公開倖門，明招請託」，剝竊漁獵，無所不為。學政如此，礙難選拔真才。其次，官吏考課不嚴，名實不核，官吏對於監察部門，「奔走承順而已」。造成「舉核參差，毀譽不定。賄多者階崇，巧宦者秩進。」第三，官吏不能忠於職守，形成風尚。以上種種皆為用人不當、名實不副的現象。[17]因此，綜核名實，也就成為張居正改造政府的另一個重頭戲。

與名實不副相應的問題是官員虛文矯飾，甚至貪污瀆職。當時很多官吏「虛文矯飾」，「剝下奉上，以布聲譽」，「苟且草率，以逭罪責。其實心愛民，視官事如家事，視百姓如子弟者，實不多見。」[18]尤有甚者，「不才官吏，因而獵取侵漁者」，「以實奸貪之囊橐」，「往往有之」。[19]在張

---

[15] 同註一，書牘6〈答應天巡撫宋陽山論均糧足民〉，頁319。

[16] 同註一，奏疏3〈請定面獎廉能儀注疏〉，頁43。

[17] 劉澤華，《中國古代政治思想史》（天津：南開大學出版社，1992年），頁636。

[18] 同註一，奏疏5〈請擇有司躧逋賦以安民生疏〉，頁73。

[19] 同註一，奏疏11〈請躧積逋以安民生疏〉，頁167。

居正看來，「民之亡且亂者，咸以貪吏剝下，而上不加恤。」
[20]

張居正鑑於「官員刓缺，鑽窺隙竇，巧為躐取之媒，鼓煽朋儔，公肆擠排之術。」[21]亟需整肅官常，澄清吏治。在教育工作上，他認為，「有官守者，或內或外，各宜分猷念以濟艱難。」教育人員「當砥礪廉隅，有退食自公之節。庶幾朝清政肅，道泰時康，用臻師師濟濟之休，歸於蕩蕩平平之域。」[22]可見張居正教育改革的重要理念，即是要嚴飭教育行政紀綱、整肅教育官常、消弭不法勾當。

三、禁講學，抑議論

張居正論政事之弊，其中之一曰「病在議論」。他說：「多指亂視，多言亂聽，此最當今之大患也。」朝野議論之多，「或一事而甲可乙否，或一人而朝由暮跖，……或毀譽自為矛盾，是非淆於唇吻。」[23]大臣們往往坐議空談，「一事未建，而論者盈庭；一利未興，而議者踵至。」[24]造成任事者多顧慮不前，而善宦者工遁藏之術，以致國是抵滯，政令之施行牛步化。

這種現象的形成，張居正歸咎於「學風」不正。他指出：

> 學者溺於見聞，支離糟粕，人持異見，各信其說天下。於是修身正心，真切篤實之學廢，而訓詁詞章之習興。……議論乃日以滋甚。[25]

---

[20] 同註一，書牘6〈答應天巡撫宋陽山論均糧足民〉，頁320。
[21] 同註一，奏疏3〈請戒諭群臣疏〉，頁9。
[22] 同上註，頁20。
[23] 同上註，奏疏1〈陳六事疏〉，頁1-2。
[24] 同註一，文集3〈辛未會試程策〉，頁553。
[25] 同註一，文集9〈宜都縣重修儒學記〉，頁652。

學風影響政風,不容忽視。要想扭轉不務實際、徒尚虛談的空疏學風,必須「改而新之」。[26]

由前章（教學思想）可知,張居正學主經世致用。他說:「學不究乎性命,不可以言學;道不兼乎經濟,不可以利用。」[27]肯定宋元以來性理之學「本諸心」[28]、不虛妄、不外索的功夫,但是,性命之學必須與「經濟」相貫通,應用於社會政治實務,這才是為學的根本意蘊所在。此正是張居正所謂:「士君子未遇時,則相與講明所以修己治人者,以需他日之用。及其服官有事,即以其事為學。」[29]

張居正對當時社會「空談」之學風深表憂慮,他說這些空言心性之學者,「聚黨賈譽,行徑捷舉,所稱道德之說,虛而無當。」一如「佛氏所謂蝦蟆禪」;更可怕的是,這些人「徒侶眾盛,異趨為事。大者搖撼朝廷,爽亂名實;小者匿蔽醜穢,趨利逃名。嘉、隆之間,深被其害,今猶未殄,以主持世教者所深憂也。」[30]

隆慶五年（1571）,張居正在〈辛未會試程策〉云:「省議論以行國是,……則法行如流,而事功輻輳矣。」[31]可見他是極為反對議論的。尤須注意的,張居正晉用人才,要求「能辦國家事」者。[32]亦即「通曉古今,適於世用」者。[33]依他的觀點,所謂人才,是「務將平日所習經書義

---

26 同上註。

27 同註一,文集6〈翰林院讀書記〉,頁598。

28 同註二十五。

29 同註一,書牘9〈答南司成屠平石論為學〉,頁384。

30 同上註。

31 同註一,文集3〈辛未會試程策〉,頁553。

32 同註一,書牘5〈答司卿李漸庵論用人才〉,頁298。

33 同註一,奏疏4〈請申舊章飭學政以振興人才疏〉,頁59。

理，著實講求、躬行實踐」，能為國家社會所用的人。[34]而不是只會議論，「坐而言，不能起而行」之輩。

在張居正看來，要振興人才，必須整飭學政。他繼承儒家「師嚴然後道尊，道尊然後民知敬學」的教育思想，主張負責教育行政督導任務的提學官和實際擔任生員教訓工作的儒學教官，必須「經明行修」，「敦崇教化，加意人才」。[35]用現代的教育術語來說，也就是：他要求教育人員不但要具備教育專業知能，而且要能夠敬業、樂業，負有使命感。能如此，在消極上，教育工作者不致「壞公家之法紀」、「徇人干私」、「因循頹靡」；在積極上，則可「執法持憲」、「正己肅下」、「貞教端範」。[36]那麼，教育即可步上正常軌道，數年之後，人才當不可勝用了。

第二節　教育改革的措施

萬曆元年(1573)，張居正上〈請稽查章奏隨事考成以修實政疏〉。萬曆三年(1575)，張居正再上〈請申舊章飭學政以振興人才疏〉，針對當時教育的各種弊端，提出改革方針，主要內容包括各級學校政事、地方儒學、科舉和歲貢制度，以及書院與社會講學四大方面。茲分別說明於下。

一、考核各級學校政事

基本上，「學校政事」的良窳直接影響教育的成敗至深且鉅，故各級教育行政主事者的責任可說十分重大。提學官素質之高低及是否能善盡其職責，實攸關全省學校教育。張居正認為，「養士之本，在於學校；貞教端範，在

---

[34] 同上註。
[35] 同註三十三，頁 57。
[36] 同上註。

於督學之臣。」可見在他的觀念裏，提學官的職責是非常緊要的。而教官職掌一地文教，「是朝廷以造士育才之官」，其重要性也是不言可喻的。[37]

張居正過去任職翰林院期間，埋首於國家典故，對建朝初期的教育有深入的認識。在他看來，明初最重提學官與教官之選，「非經明行修，端厚方正之士，不以輕授；如有不稱，寧改授別職，不以濫充。」張居正認為，稱職的提學官、教官，「不獨須學行之優，又必能執法持憲，正己肅下。」[38]這一主張，應是傳統儒家「師嚴然後道尊，道尊然後民知敬學」教育思想的繼承與發揚。為挽救教育危機，張居正的首要教育政策，是要改選提學官和認真選用教官。以此做為火車頭，帶動教育革新。

(一)改選提學官

提學官，是明代「督學之臣」，又名提學道、提學憲臣，職掌一省學校教育與科舉考試事宜。南北兩京由御史充任，十三布政使司以按察司副史、僉事充當。他們任期三年，主要任務包括巡迴考試各府、州、縣學生員，以及鄉試時負責考定各地儒學教官等第。[39]

萬曆元年（1537）六月，張居正上疏請稽查章奏隨事考成以修實政，張居正平時常說遵循祖宗成憲，此一「考成」之法，應是他的「創制」。為什麼要實施考成法，張居正說：

> 天下之事，不難於立法，而難於法之必行；不難
> 於聽言，而難於言之必效。若詢事而不考其終，

---

[37] 同註一，奏疏 4〈請申舊章飭學政以振興人才疏〉，頁 57-58。

[38] 同上註，頁 58。

[39] 李東陽，《大明會典》（台北：新文豐出版社，民國 65 年），卷 78〈學校〉，頁 1244-1245。

興事而不加屢省，上無綜核之明，人懷苟且之
念，雖使堯舜爲君，禹皋爲佐，亦恐難以底績而
有成也。[40]

張居正主政之前，朝廷對於章奏照例有稽查之辦法，
但流於形式，「歲久因循，視爲故事」，出現「章奏繁多，
各衙門題複，殆無虛日」；「某罪當提問矣，或礙於請託之
私，概從延緩」；「某事當議處矣，或牽於可否之說，難於
報聞」；「徵發期會，動經歲月，催督稽驗，取具空文」等
問題。造成「上之督之者雖諄諄，而下之聽之者恆藐藐」
的窘境。[41]政令執行既類於「姑口頑而婦耳頑」，欲望政務
施行有成績，豈不難哉？

「考成法」實施細則如下：

凡六部都察院，遇各章奏，或題奉明旨，或複奏
欽依，轉行各該衙門，俱先酌量道里遠近，事情
緩急，立定程期，置立文簿存照，每月終註銷。
除通行章奏不必查考者，照常開具手本外，其有
轉行複勘，提問議處，催督查核等項，另造文冊
二本，各註緊關略節，及原立程限，一本送科註
銷，一本送內閣查考。該科照冊內前件，逐一附
簿候查，下月陸續完銷，通行注簿，每於上下半
年繳本，類查簿內事件，有無違限未銷。如有停
閣稽遲，即開列具題候旨，下各衙門詰問，責令
對狀。次年春、夏季終繳本，仍通查上年未完，
如有規避重情，指實參奏。秋、冬二季亦照此行。
又明年仍複挨查。必俟完銷乃已，若各該撫、按
官，奏行事理，有稽遲延閣者，該部舉之。各部、

---

[40] 同註一，奏疏3〈請稽查章奏隨事考成以修實政疏〉，頁 40。
[41] 同上註。

院註銷文冊，有容隱欺蔽者，科臣舉之。六科繳
本具奏，有容隱欺蔽者，臣等舉之。[42]

張居正要各衙門分置三本賬簿。一本記載一切發文、
收文、章程、計劃，這是底冊。在這許多項目之中，把例
行公事無須查考的，概行刪除以外，再同樣造成兩本賬
簿：一本送各科備註，實行一件，註銷一件，如有積久尚
未實行，即由該科具奏候旨；一本送內閣查考。他認為，
能如此，則「月有考，歲有稽，不惟使聲必中實，事可責
成，而參驗綜核之法嚴，即建言立法者，亦將慮其終之罔
效，而不敢不慎其始矣。」[43]

奏疏上去以後，奉聖旨：

卿等說的是，事不考成，何由底績？這所奏，都
依議行。其節年未完事件，係緊要的，著該部、
院另立期限，責令完報。若不係錢糧緊要，及年
遠難完的，明白奏請開除，毋費文移煩擾。[44]

於是張居正放手實施考成法。

張居正是一個務實的政治家，他知道政務辦不通，不
是機構的缺乏，所以他不主張增加政治機構、單位。他只
要清清白白的一個交代，辦法在紙上說過了，究竟辦到沒
有？他要在各科的賬簿上切實註明。在內閣裏，他自己也
有賬簿，可以隨時稽考。他以六科控制六部，再以內閣控
制六科。

六科是明朝特有的政治機構，一切行政事務，分屬
吏、戶、禮、兵、刑、工六部，各部行政長官，有尚書、

---

[42] 同註四十，頁 41。
[43] 同上註。
[44] 同註四十二。

左右侍郎。同時又有吏、戶、禮、兵、刑、工六科,各科有都給事中、左右給事中、給事中。尚書是二品,都給事中只有七品,但是對於六部的封駁、糾劾之權,完全在六科手裡。明朝的大官可以統率小官,但是小官同樣可以牽掣大官,這是明朝的立法精神。[45]

實行了嚴格的考成法,從中央到地方各級政府的行政效率大為提高。「自是一切不敢飾非,政體為肅,……雖萬里之外,朝下而夕奉行。」[46]過去「因循玩愒」,現在則是「中外淬礪」,「莫敢有偷心」,「遂無遁情矣」。[47]考成法的實施,在教育行政上的影響,主要體現在考核各級學校。張居正認為,惟有控制各省提學官,才可以控制生員。因此,他提出嚴格考核、選授提學官的教育改革政策。

萬曆二年(1574),張居正已奏准敕令吏部慎選提學官,有不稱者,令其奏請改黜。但是,一年過去了,卒未能改,吏部未見改黜一人。[48]這顯示整頓工作阻力大,革新不易落實。對這種社會現實,張居正有著深刻的認識,指出濫用私情,輕視法令,因循故往等弊端是「宿疾」。他說:

> 積習日久,振蠱為艱;冷面難施,浮言可畏。奉
> 公守法者,上未必知,而已被傷於眾口。因循頹
> 靡者,上不必即黜,而且博譽於一時。故寧抗朝
> 廷之明詔,而不敢挂流俗之謗議;寧壞公家之法

---

45 朱東潤,《張居正大傳》(天津:百花文藝出版社,2000 年),
   頁 192。

46 張廷玉,《明史》(台北:中華書局,民國 60 年),卷 213〈張
   居正傳〉,頁 3126。

47 談遷,《國榷》(北京:中華書局,1988 年),卷 68〈神宗萬曆
   元年〉,頁 4227。

48 同註一,奏疏 4〈請申舊章飭學校以振興人才疏〉,頁 57。

紀，而不敢違私門之請託。[49]

教育行政風氣向下沉淪，正亟待「勇於任事」的張居正為之起衰振隳。

張居正決心改選提學官，他要求提學官的選授應如明初非經明行修、厚重端方之士，不以輕授；如有不稱，寧改授別職，不以濫充。[50]同時配合考成法之實施，重視提學官的考核，他要求吏、禮兩部，「務要加意此官，慎重其選。」[51]張居正把改選提學官當作「教育改革的突破口」[52]，由此全面展開教育改革措施。

(二)慎選、考校教官

依前述（第三章）可知，明代學校以地方府、州、縣儒學為主幹，不但學校數量多至近二千所，教師（官）員額也多至近五千人，如此龐大的儒學教官，是影響當時教育工作良窳的主要樞紐。而各地方鄉里辦理的社學，實施基本教育，同樣不可忽略。張居正教育改革的主要措施之一，即從整頓師資隊伍著手，藉以提振教育實施成效。在這方面，他的改革矛頭指向了儒學教官，要求各地方學政慎選、考核這一大批儒學教官。

明代儒學教官，又名學官、儒學官或教職，簡稱教官。泛指府、州、縣儒學中主管教學和訓導的官吏，即府學教授，州學學正，縣學教諭，以及府、州、縣學的訓導。教官因直接負責各地方儒學生員的教習，責任也很重。

按照當時的成例，各地儒學教官，主要由歲貢生員充

---

[49] 同上註。

[50] 同註四十八。

[51] 同註四十八，頁 58。

[52] 尹選波，《中國明代教育史》（北京：人民出版社，1994 年），頁 198。

當，其次則為會試副榜（在正榜之外所取的名額）取中的舉人。歲貢生員即每年從府、州、縣儒學中選送、貢入國子監深造的廩生，惟當時「考貢之法太疏」，授教職者多為「士之衰老貧困者」，「精力既惓於鼓舞，學行又歉於模範，優游茍祿、潦倒窮途。」[53] 教官不稱職，導致原本是「造士育才之地」的儒學，一變而為「養老濟貧之地」，教官淪為「冗蠹」。

因此，張居正提出嚴格考核擬就教職的歲貢生員的主張，規定：

> 今後凡廷試歲貢生員，……嚴加考試。有不堪者盡法黜落。其願就教職者，先行考閱；……年力衰儜者，即行揀退，不准送試；廷試學業荒疏，不堪師表者，發下該（禮）部，驗其年力尚壯，送（國子）監肄業，以須再試。如年已衰，不必發監，遙授一職，回籍榮身。[54]

這一措施，有助於提高教師陣容的水準。張居正預估十年之後，將出現「教官無冗曠」、「士有師模」、「人才當不可勝用」的美好遠景。[55]

這期間，舉人就任儒學教官的人數逐漸增加，本來朝廷意在讓這些舉人「分署教職」，「以進學習事」。[56] 但這些人往往升擢太快，難於久任責成。萬曆五年(1577)，張居正上了〈議處就教舉人疏〉，指出「近年以來，此意（舉人分署教職）寖失，舉人乞恩者，概授以學正、教諭，……

---

[53] 同註一，奏疏 4〈請申舊章飭學政振興人才疏〉，頁 58。

[54] 同上註。

[55] 同註五十三。

[56] 同註一，奏疏 5〈議處就教舉人疏〉，頁 79。

不及三年，即陞知縣。……由是舉人以就教為捷徑。」[57]儒學教官遷調頻繁，師資隊伍不穩定，很自然地影響地方儒學的教育，導致教育效果不彰。

針對此一問題，張居正提出他的釐正辦法如下：凡會試取中的副榜舉人，欲任教官者，必須參加考核，根據考試的成績，將他們分為三等：上卷之人授予州學學正，中卷之人授予縣學教諭，下卷之人授予府、州、縣學訓導之職。有才力能治民者，始陞授有司正官。另者，還允許他們參加會試一次。[58]

萬曆五年(1577)年，張居正曾親自出題，測考欲任教官的舉人，並根據他們的考試成績，取上卷八名及中卷前十名，俱授州學學正，二百名以前的，俱授縣學教諭，而二百名以後的，則俱授府、州、縣學訓導。[59]實踐了他所提出的教育改革政策。

此外，張居正還令各省提學官對現任儒學教官進行考核。其法如下：

> 按臨之日，考其學行俱優者，禮待獎勵。其行履
> 無過，但學問疏淺者，一次考驗姑行戒飭，再考
> 無進，送吏部別用，老病不堪者，准令以禮致仕。
> 若卑污無恥，素行不謹者，不必試其文學，即拿
> 問革黜。[60]

不但慎選教官，久任責成，而且重視對教官的考核，有助於儒學師資素質的提高、教師人力陣容的穩定，以及教官績效制度的建立，這些措施對於廣大的府、州、縣儒學教

---

[57] 同上註。

[58] 同註五十六，頁 79-80。

[59] 同上註，頁 79 。

[60] 同上註，頁 61。

育當有莫大之影響。

此外，張居正亦關切設於各鄉里的社學，他要求地方學政對「社學師生，一體考校，務求明師責成。」社學教師，若是「行止有虧，及訓詁句讀、音韻差訛，字畫不端，不通文理者」，「即行革退」。[61]

二、整頓學校教育

在學校教育方面，張居正針對時弊，採取「裁減學額」與「申明學規」兩種策略，以收整頓之效。其整頓情形如下：

(一)裁減學額

由於生員浮濫、士風寖頹已相當嚴重，故張居正教育改革的另一個重頭戲，便是要整頓學校教育。他在〈請申舊章飭學政以振興人才疏〉，從嚴規定各府、州、縣學之入學名額，要求實施學生素質管理，以及公正考選生員，其辦法如下：

> 廩膳、增廣，舊有定額，迨後增置附學名色，冒濫居多。今後歲考，務須嚴加校閱。如有荒疏庸冒，不堪作養者，即行黜退，不許姑息；有捏造流言，思逞報復者，訪實拿問，照例發遣。童生必擇三場俱通者，始行入學，大府不得過二十人，大州縣不得過十五人，如地方乏才，即四、五名亦不爲少。若鄉宦勢豪，干託不遂，暗行中傷者，許徑自奏聞處治。[62]

此裁減學額之辦法，意在肅清學霸之源。

在學額裁減這方面，因爲配合「考成法」的實施，所

---

[61] 同註一，奏疏 4〈諸申舊章飭學政以振興人才疏〉，頁 62。
[62] 同上註，頁 60。

以有司奉行較為徹底。《明史》言：「嘉靖十年（1531）嘗下沙汰生員之令，御史楊宜爭之而止。萬曆時，張居正當國，遂核減天下生員，督學官奉行太過，童生入學，有一州縣僅錄一人者。」[63]其裁減之情況可推而知。

此外，張居正也著手嚴考生員學力，強迫經長期修業仍不諳文理者離校充吏或黜為民。他規定：「生員考試，不諳文理者：廩膳十年以上，發附近去處充吏，六年以上，發本處充吏；增廣十年以上，發本處充吏，六年以上，罷黜為民。」[64]

另者，張居正也明令嚴禁冒籍的勾當。明代兩京及各省廩膳生員，以及鄉試、歲貢人數，皆有定額。但有些人走法規漏洞，利用他處人才寡少，做起下述各種詐冒、造假情事：

> 往往詐冒籍貫，投充入學，及有詭寫兩名，隨處
> 告考；或假捏士大夫子弟，希圖進取，或原係娼
> 優隸卒之家，及曾經犯罪問革，變異姓名，援納
> 粟納馬等例，僥倖出身。[65]

張居正認為，這種「殊壞士習」的教育風氣，應予設法矯正。所以他明令對這些不法行徑，「嚴行拏問革黜」，若「教官納賄，容隱生員扶同保結者，一體治罪革罷。」[66]這些措施，就是要杜絕營私舞弊與冒籍不法，嚴把生員入學之關卡，以便公正選拔人才。

(二)申明學規

---

[63] 同註四十六，頁 69〈選舉志一〉，頁 8-9。
[64] 同註六十一，頁 61。
[65] 同上註，頁 60-61。
[66] 同上註，頁 61。

明代府、州、縣儒學的「學規」與「考課」相當嚴格，朝廷為了管理地方儒學生員，經常制定學規，頒布禁例，嚴加「考校」。洪武十五年（1382）頒布《學校禁例十二條》於全國學校，並刻「臥碑」於明倫堂；其不遵者，以違制論。[67]學規和禁例，直接關係生員的內容，主要有下列諸項：

第一，嚴禁學生過問政治。禁例有不少的條文，是限制生員過問政治的，如不許生員建言一切軍政利病，「軍國政事，生員毋出位妄言」。

第二，規定「生員聽師講說，毋恃己長，妄行辨難。」認為這才是「為學之道」。生員只能處於被動接受，不許主動思考辨難；否則以「禮法」制裁。

第三，嚴考德行與課業。規定「生員勤惰，有司嚴加考校，獎其敦厚勤敏者，斥其懈怠頑詐者」。[68]

朝廷所頒之學校條規、禁例，大都戒躁競，杜告訐，以端學風、正士習。對於在校生員，張居正要求按照上面洪武十五年所制訂的《學校禁例十二條》規定予以嚴格的管理。他重視對生員進行品德教育和生活教育，指出：

> 孝弟廉讓，乃士子立身大節。生員中有敦本尚實，行誼著聞者，雖文藝稍劣，亦必量加獎進，以勵頹俗。若有平日不務學業，囑託公事，或捏造歌謠，興滅詞訟，及敗倫傷化，過惡彰著者，體訪得實，不必品其文藝，即行革除。不許徇情姑息，亦不許輕信有司教官開送，致被挾私中

---

[67] 龍文彬，《明會要》（台北：世界書局，民國 61 年），卷 25〈學校上〉，頁 409。

[68] 嵇璜，《欽定續文獻通考》（台北：商務印書館，四庫全書本，民國 72 年）卷 50，頁 397-399。

傷，誤及善類。[69]

這些規定，豁顯張居正注重生員德行的一面，以及對品性不良者毫不猶豫予以革除的斷然措施。

根據當時山西巡撫呂坤寫給該省提學李修吾的書信，得知李修吾曾以「行劣」黜退（為民）了山西各府、州、縣儒學生員凡八十人。其中有兩人的犯行被疑是「姦母」，但兩人死不承認，因情節重大，呂坤希望李修吾深入調查，若姦行屬實，建議應以死罪論處，惟若屬誣告，則應予平反。[70]從這個案例，不但可推知地方儒學生員確有品行不良的一面，同時可證地方提學官員執行張居正整飭學校教育的一斑。

張居正特別強調臥碑中規定生員不許過問天下利病之禁例，明令如下：

> 今後生員，務遵明禁，除本身切己事情，許家人抱告，有司從公審問；倘有冤抑，即為昭雪。其事不干己，輒便出入衙門，陳說民情，議論官員賢否者，許該管有司，申呈提學官，以行止有虧革退。若糾眾扛幫，聚至十人以上，罵詈官長，肆行無禮，為首者照例問遣，其餘不分人數多少，盡行黜退為民。[71]

重申臥碑禁例，加強了學校管理，導正日益頹敗的士風。

三、調整科舉與歲貢制度

科舉考試與歲貢制度是生員出身的最重要途徑，前者

---

[69] 同註一，奏疏4〈請申舊章飭學政以振興人才疏〉，頁59。

[70] 呂坤，《去偽齋文集》（台南：莊嚴文化事業公司，四庫全書存目叢書，民國86年），卷3〈寄李修吾提學〉，頁87-88。

[71] 同註六十九。

對學校教育有著近乎控制的影響作用，後者則是生員應國子監生考選的主要管道。張居正進行教育改革，對科舉制度與歲貢制度採取了若干調整措施。其內容有下列諸端：

(一)關於鄉試名額的規定

鄉試是明代考試制度之一，由北京順天府、南京應天府及各布政司主持。據《明史》卷七十〈選舉志二〉載，鄉試每三年一次，以子、卯、午、酉年為率，時間為八月，故一名「秋闈」。在南京應天府者又稱「南闈」，在北京順天府為「北闈」。洪武十七年(1384)，定凡國子監生、府、州、縣學生員、儒士與未入流官吏可由有司申舉應試，學官、罷閒官吏、倡優之家、隸卒之徒與居父母喪者，俱不准應試。

另依《大明會典》卷七十七〈鄉試〉載：初期，鄉試取錄名額不限，限額自洪熙元年(1425)始。正統五年(1440)定：順天府八十名，應天府百名，江西六十五名，浙江、福建皆六十名，河南、廣東皆五十名，湖廣五十五名，山東、四川皆四十五名，陝西、山西皆四十名，廣西三十名，雲南二十名，以後名額又有變動。被錄取者為舉人。正榜舉人可至京參加會試，亦可直接選任官吏，副榜舉人則可貢入國子監學習，以俟後舉。

上書同處亦記：鄉試設主考官二名，同考官四名，提調一名。主考先用教官，後改用京官，同考則由布政、按察二司會同巡按御史請取別省教官充當。考生入場，有搜檢，有巡綽；試卷有彌封，有謄錄，有對讀。洪武中凡作弊者枷號一月，滿日問革為民。弘治十三年(1500)後改為發充吏員，考滿革為民，並治勾通者之罪。

張居正規定鄉試時每省錄取舉人一名，則允許三十人參加鄉試。定額之外，不許再增加名額。南北兩京國子監

監生，也要依鄉試之額參加鄉試，有多送一名者，各監試官逕行裁革，不許入場。[72]據尹選波的研究，萬曆初年，南北兩京鄉試錄取舉人定額為一百三十五名，可以參加科舉鄉試的生員多達四千零五十人。其他各省錄取舉人人數不等，少者錄取四、五十名舉人，則參加鄉試之人僅為一千二百至一千五百人，對於鄉試名額進行適當的限制，有利於減輕考試官的閱卷負擔，便於考場管理及後勤供應。[73]

（二）關於歲貢

地方儒學生員根據食廩淺深，每年按例依額進入國子監就學，稱為歲貢。政府選拔歲貢生員，初期以優秀者為先，不問年齡、資歷，志在於此獲得人才，以備任用。後來科舉既盛，英才多趨科考，應歲貢之選者相對減少，貢額概留待累試不第之人；又因名額有限，故專以生員的食廩淺深為序選拔。如《明英宗實錄》卷三三六天順六年（1462）正月乙酉載，朝廷頒給提學官的敕諭中即規定：「各處歲貢生員，照舊將食糧年深者嚴加考試，不必會官。如果年深者不堪充貢，就便照例黜罷，卻將以次者充考，務要通曉文理，方許起送赴部。」

過去歲貢年齡以及相關條件，並無明確具體的規定。張居正重新規定各地府、州、縣學須提前一年，選取年齡三十歲以上、六十歲以下，屢經科舉的生員六人，嚴加考選，取其優者充作歲貢生員。歲貢生員必須於次年四月到禮部，聽候廷試。如發現有文理不通者，即行降回原學，並予以停止廩膳。如果年老衰憊，姑且授與冠帶閒住。不許拘泥於資格，以衰老無學之人濫充歲貢生員。凡是「停

---

[72] 同註六十九，頁 62。
[73] 同註五十二，頁 204-205。

廩」、「降調」過的生員，必須在歲考中居一、二等，方許
收復為廩膳生。未收復為廩膳生的，不許再起送應貢。如
有歲貢時不遵規定而濫貢及廷試時有五名不合格的，則將
提學官降調。[74]

(三)關於補貢

補貢是明代選舉制度中的一環。據《大明會典》卷七
十七〈歲貢〉載，凡遇正貢（包括歲貢、選貢、恩貢等），
因事故或疾病未到禮部報到，在一年之內，將原批朱卷追
繳，由提學官另取年力精壯文學優長者替補之。其中選
貢，是貢監的一種，即由府、州、縣學特別選入國子監的
優秀生員。多選年少英敏，入監課試每居上等者，撥歷到
各司實習亦有幹才，其聲望不下歲貢。至於恩貢，也是貢
監的一種。指朝廷慶典或皇帝頒行登極詔時，由各府、州、
縣學貢入國子監的生員，名額為府學二人，州學、縣學一
人。

張居正重申了舊規，即補貢時必須在一年之內，查知
原充歲貢生員未曾到禮部應試，將原給批咨硃卷追繳，再
取年力精壯、文學優長者一人補貢。規定期限，次年到禮
部報到，方准註冊考試。如果不遵規定，將超過期限的缺
額濫補市恩者，則將充作補貢的生員革去廩膳生的資格，
發回原學肄業，並追究該省提學官之責任。[75]

四、查禁書院與社會講學

書院之名，始於唐代中期的開元年間。北宋，書院進
入了初步發展時期，不但數量較之唐、五代時期成倍增
長，而且教學功能與內部結構也漸趨完備。至南宋，書院
建設出現了有史以來的第一個高潮，數量之多，分布之

---

[74] 同註六十九，頁 61。
[75] 同上註。

廣，都屬空前。同時，書院各種內部規制也愈加細密和完備，以致不少著名學者皆至書院講學，有志求學之士也趨之若鶩，從而使得書院超出官學之上，而在社會上有著很高的地位和廣泛的影響。胡適曾經讚美書院是「中國近一千年來最高等的學術機構和最有活力的思想中心。」[76]

元代書院之發展呈曲折狀：宋元戰爭中，不少書院毀於兵燹，宋元兩朝興廢陵替中止了南宋時期書院蓬勃發展的局面，但不久即出現退中有進的趨勢，且大多保留了宋代以來的傳統，一直是以教學和學術研究為中心。

根據白新良的統計，北宋時期所建書院，共有 71 所。[77]南宋時期「新建」書院 299 所，加上修復前代書院 18 所及未知南北宋何時所建書院數 125 所，總數為 442 所。[78]至元代，「新建」書院數 282 所，加上修復前代書院 124 所，總數為 406 所。[79]綜觀南宋至元代，書院普及而興盛。

明初以民辦為主體的書院，因統治者屬行中央集權而受到限制，書院呈現凋敝、沉寂之情況。據統計，洪武至宣德年間，新建書院只有 37 所，另修復、重建前代書院 39 所，[80]共 76 所。書院寢衰了一百三十餘年，至正統、弘治年間，書院才因官學腐敗而得到恢復。這段時期，新建書院凡 154 所，修復並重建前代書院 86 所，[81]合計 240 所。

而從正德到萬曆初年，因陽明學派廣泛而熱切地創

---

[76] 胡適，《胡適演講集》(三)（台北：遠流出版社，1988 年），頁 15。

[77] 白新良，《中國古代書院發展史》（天津：天津大學出版社，1995 年），頁 4。

[78] 同上註，頁 17。

[79] 同註七十七，頁 37。

[80] 同註七十七，頁 56-57。

[81] 同註七十七，頁 61-64。

建、修復、主持、主講書院，書院得到了快速的發展，是繼南宋之後，書院建設出現了另一波高潮。而且和南宋時期相比較，持續的時間更長，涉及的範圍更廣，營造的數量更多。據統計，正德年間，新建書院 122 所，嘉靖年間新建書院 550 所；正、嘉兩朝修復或重建前代書院 74 所，合計 746 所。另有不知何朝修復或重建之前代書院 399 所。而至隆慶、萬曆時期，新建書院 330 所，修復或重建前代書院 22 所。[82]可見嘉靖一朝是書院飛速發展的時期。

　　掀起明中後期書院講學浪潮的，是王陽明和湛若水（1466-1560）[83]二人，而以前者影響最大。據《明儒學案》卷三十七〈甘泉學案一・湛若水傳〉載，湛若水師承陳獻章（1428-1500）[84]，在陳獻章謝世後，湛氏足跡所至，輒建書院，一來祀白沙，一來以講學。他在四十歲時中進士，選授翰林院庶吉士、編修；其後歷任侍讀、南京國子監祭酒、禮部尚書、吏部尚書。他所建書院多集中於故鄉廣州

---

[82] 同註七十七，頁 74-99。

[83] 湛若水，廣東增城人，字元易，號甘泉，學者稱甘泉先生。弘治十八年（1505）登進士。嘉靖年間，王陽明在吏部講學，若水與相應和，築西樵講舍以講學，縱論心性之學。著有《甘泉集》、《二禮經傳測》、《春秋正傳》、《心性書》、《格物通》等書傳世。其生平可參見：《國朝獻徵錄》卷 42〈湛若水傳〉、《明史》卷 283〈湛若水傳〉、《明儒學案》卷 37〈湛若水傳〉，以及《明人傳記資料索引》頁 627〈湛若水〉等。

[84] 陳獻章，廣東新會人，字公甫，號石齋。正統十二年（1447）舉人，再上禮部不第，從吳與弼（1391-1469）講學。再遊太學（國子監），以學聞名，以薦授翰林院檢討，乞終養歸，屢薦不起。其學以靜為主，居白沙里，門人稱白沙先生。從學者眾，創白沙學派。著有《白沙集》傳世。其生平可參見：《明史》卷 283〈陳獻章傳〉、《明儒學案》卷 5〈陳獻章〉，以及《明人傳記資料索引》頁 607〈陳獻章〉等。

一帶，包括雲谷、大科及甘泉等書院。此外，新泉和新江書院則建在南京附近。

王陽明於正德三年(1509)被貶到貴州龍場，開始創辦龍岡書院，主持貴陽書院。巡贛期間修復濂溪書院，又於會稽建立稽山書院，東南半壁士子紛紛從學。王陽明逝世後，後學門人更是大量創辦、修建書院以講學。目睹當時情況的沈德符在《萬曆野獲編》稱：「自武宗朝王新建（陽明）以良知之學行江浙兩廣間，而羅念庵（洪先）、唐荊川（順之）諸公繼之，於是東南景附，書院頓盛。」[85]說明了陽明後學廣建書院以講學的歷史盛況。

陽明後學是明中後期最大的教育學派，其成員龐大，且率多碩彥有爵位，故在社會的影響力極巨。經身分統計結果，陽明後學全數一四五人中，官吏有一二〇人，佔百分之八十三，布衣十九人，佔百分之十三；身分待考者六人，佔百分之四。若就科舉功名分析，陽明後學一四五人中，進士八十三人，佔百分之五十七；舉人二十二人，佔百分之十五；無科舉功名者二十四人，佔百分之十七；科名待考者十六人，佔百分之十一。足見陽明後學多為科舉出身。[86]他們的身分資料可參見本書附錄三、四。

陽明後學認為，創書院之目的在「經世憫俗」，「新耳目、襪心志」。[87]他們明白指出：「吾黨之士誠知學之不講，道術不明，其禍尤烈於洪水猛獸。」[88]又說：「天下治亂，

---

[85] 沈德符，《萬曆野獲編》（北京：中華書局，1959 年），卷 24〈畿輔‧書院〉，頁 608。

[86] 黃文樹，《陽明後學的成員分析》，載《中央研究院中國文哲研究集刊》第 17 期（民國 89 年），頁 383。

[87] 鄒守益，《東廓鄒先生文集》（台南：莊嚴文化事業公司，四庫全書存目叢書，民國 86 年），卷 5〈聚秀樓記〉，頁 19。

[88] 歐陽德，《歐陽南野先生文集》（台南：莊嚴文化事業公司，四

繫於人心；人心邪正，繫於學術；法度風俗、刑清罰省、進賢退不肖，舍明學則其道無由。」[89]

陽明後學基於振興學術、教化人心、革新政治的生命抱負，篤於躬行，焚膏繼晷，孜孜於書院講學活動。特別是當「隆、萬以後，學校積弛，一切循故事而已」[90]，學校教育由盛轉衰的時候，他們大興書院，推動自由講學之風，不僅使文化教育事業賴以不墜，更創造了中國教育史上書院講學的「高峰經驗」。

《明史》謂：正德、嘉靖年間，「縉紳之士，遺佚之老，聯講會，立書院，相望於遠近。」[91]指的就是陽明後學。他們為了實踐講學，每擇名勝之區，雲封深處，結茆構椽，大量創建、修復各地書院，以為四方學者、士子及生儒習業之所，並主持、主講各地書院，蔚成風尚，掀起自由講學熱潮，此實為前古所未有之盛況。

據拙作《陽明後學與明末教育之研究》，王門弟子創建、修復、主講之書院遍及江西、安徽、浙江、山東、江蘇、湖北、湖南、廣東、河南、貴州、直隸及福建等廣大地區，共有九十一個書院之多。[92]翕從來學者絡繹不絕，至不能容，是當時教育界一大盛事。一時之間，全國書院數量激增，學術氣氛空前活躍。誠如羅洪先所稱：「濂洛

庫全書存目叢書，民國 86 年），卷 4〈集義堂記〉，頁 38。

[89] 黃宗羲，《明儒學案》（台北：河洛圖書公司，民國 63 年），卷 23〈江右王門學案八〉，頁 21。

[90] 同註四十六，卷 69〈選舉志一〉，頁 7。

[91] 同註四十六，卷 231〈傳贊〉，頁 13。

[92] 黃文樹，《陽明後學與明末教育之研究》（國科會專題研究成果報告，民國 88 年），頁 121。

之後至今日，講學之風遍天下，其亦可謂盛矣。」[93]

　　陽明後學熱切於自由講學，鼓動書院講學之時代潮流，不但打破了明朝開國以來專取程朱理學的統一思想，而且取代了明中後期學生奸惰、教師失職、學校「不勝其濫」的官辦教育，這使得有心追求知識、研究學術、探討真理的眾多士民找到了道路和場所。換言之，陽明後學建立、修復、主持、主講之書院，是當時培養人才、發展文化和傳遞學術思想的重要基地。

　　從正德、嘉靖至萬曆年間，陽明後學的書院講學活動盛行不衰，自由講學風氣如火如荼，成為當時社會的一個重要現象，這必然遭到專制統治者的反對與守舊勢力的抵制。誠如張正藩在《中國書院制度考略》〈明代的書院〉所云：

> 專制時代，本不容學術言論的自由，何況講學的人，率皆有號召群眾的力量，而他們（陽明學派）的主張，又是反現實，反科舉的，所以當極盛之後，就遭了政府中人的嫉視。[94]

嘉靖八年（1529），陽明學派被指為：「事不師古，言不稱事，欲立異以為高，則非朱熹格物致知之論。……背謬彌甚。」[95]所以到了這時期，統治者愈來愈感到要加強思想控制，於是頒行了數次禁、毀書院的禁令。

　　第一次禁、毀書院發生於嘉靖十六年(1537)，御史游

---

[93] 引自趙之謙，《（光緒）江西通志》（台北：華文書局，民國 57 年），卷 81，頁 1783，

[94] 張正藩，《中國書院制度考略》（台北：中華書局，民國 70 年），頁 36。

[95] 陳鶴，《明紀》（台北：世界書局，民國 73 年），卷 30，頁 303。

居敬（1509-1571）[96]奏劾書院講學者，「倡其邪說，廣收無賴，私創書院。」[97]於是明世宗下令罷各地私創書院。第二次是嘉靖十七年（1538），吏部尚書許讚（1473-1548）[98]認為各地創辦書院，造成官學廢壞不修，既干擾官學，又浪費財力，故而「申毀天下書院」。當時嚴嵩權柄在握，禁、毀書院，實為其主意。但由於書院在當時的聲望很高，而府、州、縣學則又趨於腐敗，書院已取代官學而成為主要的教育機構。這兩次禁令形同具文，嘉靖年間的書院反而有增無減。

第三次禁、毀書院是萬曆七年(1579)，張居正任首輔，自上而下推行了各種極端的改革措施，招致了統治集團內的一批人的反對，他們或在中央唆使言官上疏，或在地方利用書院講壇，批評時政。這使張居正極為反感。早在萬曆三年（1575），張居正即主張對書院加以限制，並在〈請申舊章飭學政以振興人才疏〉中提出：

---

[96] 游居敬，字行簡，號可齋，南平人。嘉靖十一年（1532）進士，累官都察院副都御史，巡撫雲南。鎮守沐朝弼姿橫，居敬裁之以法。東川酋阿堂作亂，居敬請川貴兵剿之，阿堂窘急自列。穆宗即位，擢刑部左侍郎，乞歸，卒年六十三。其生平可參見：《國朝獻徵錄》卷 47〈游居敬傳〉及《明人傳記資料索引》頁 626〈游居敬〉。

[97] 同註六十八，卷 50〈學校考四〉，頁 401。

[98] 許讚，陝州靈寶（今屬河南）人，字廷美，號松皋。弘治九年（1496）進士，授大名府推官，以善辨疑案著名。嘉靖二十三年（1544），官至吏部尚書。時，嚴嵩多所請託，郎中王與齡勸許讚揭發之，帝眷嵩，反切責讚，除王與齡籍，讚自是懾嵩不敢抗，頗以賄聞。嵩引之入閣，以本官兼文淵閣大學士，政事秉承嚴嵩，加少傅，乞休，忤帝意，革職閒住，年六十七卒。其生平可參見：《國朝獻徵錄》卷 16〈許公神道碑〉、《明史》卷 186〈許讚傳〉，以及《明人傳記資料索引》卷 491〈許讚〉等。

> 聖賢以經術垂訓，國家以經術作人。若能體認經
> 書，便是講明學問，何必又別標門戶，聚黨空談。
> 今後各提學官督率教官生儒，務將平日所習經書
> 義理，著實講求，躬行實踐，以需他日之用，不
> 許別創書院，群聚徒黨及號召他方遊食無行之
> 徒，空談廢業，因而啓奔競之門，開請託之路。
> 違者，提學御史聽吏部督察院考察奏黜；提學按
> 察司官，聽巡按御史劾奏。遊士人等，許各撫按
> 衙門，訪拿解發。[99]

依張居正的觀點，學者與其致力於文學創作及哲學思辨，
倒不如獻身於政治與社會實務。可以說，張居正的教育改
革措施，乃是他注重實政實學的教學思想的一種體現和實
踐。

當時人多認為張居正「不喜講學」。[100]張居正在萬曆
六年（1578）就說：「若今之談學者，則利而已矣，烏足
道哉？」[101]這裏明顯透露他鄙視講學的意見。

萬曆七年（1579）春，張居正加強中央的思想控制，
杜絕言路，乃以原任常州知府施觀民「科斂民財，私創書
院」為由，以萬曆皇帝名義，頒詔封閉天下書院，雷霆萬
鈞地執行禁、毀私建書院令。這次禁、毀的措施較嚴厲，
規模也最大，凡毀全國書院六十四處，盡改以為公廨。[102]
書院所擁有的糧田全部改歸當地里甲所有。禁止聚集遊食
無賴之人，聯講會、創書院，擾害地方。並敕令各地巡按
御史、提學官嚴加查訪，奏聞處置。

---

[99] 同註一，奏疏4〈請申舊章飭學政以振興人才疏〉，頁59。
[100] 同註一，書牘10〈答憲長周友山明講學〉，頁402。
[101] 同註一，書牘10〈答鄭藩伯〉，頁407-408。
[102] 同註九十五，卷4，頁407。

　　如此，張居正不僅將書院房舍改為公廨衙門，而且也將書院所擁有的糧田予以沒收，從而使書院失去了賴以生存的物質條件，很難再度恢復。當時陝西提學官李翼軒認真執行禁、毀書院的命令，在致張居正的書信中，陳報了他在陝西查禁書院、併沒田糧等業務之績效，得到了張居正的回函讚賞，說他「學政精明，風標峻整」。張居正認為，這種作法是十分必要的，「必如是，而後為芟草除根，他日亦不得議復矣。」[103]張居正在回信中還向李翼軒保證將來在部議時，要最先舉薦他為執行禁、毀書院工作的首功。

　　由於張居正執政效率很高，督查甚嚴，所以這次禁、毀書院取得具體效果；張居正查禁書院講學的同時，也大力取締社會游講活動。

　　明中後期的社會游講活動相當盛行，主角亦多為王門弟子。茲舉下列數例說明。

　　其一，浙中王門錢德洪（1496-1574）[104]是當時的講學巨擘，他「在野三十年，無日不講學，江、浙、宣、歙、楚、廣，名區奧地，皆有講舍。」[105]所至之處，集會開講，至老不衰。

　　其二，浙中王門王畿，「林下四十餘年，無日不講學，

---

[103] 同註一，書牘 11〈答陝西提學李翼軒〉，頁 424。

[104] 錢德洪，本名寬，以字行，改字洪甫，浙江餘姚人。與王畿同受業於王陽明。舉嘉靖十一年（1532）進士，累官刑部郎中，坐論郭勛死罪，斥為民。遂周遊四方，以講學為事，學者稱緒山先生。著有《平濠記》、《緒山會語》。其生平可參見：《王龍溪全集》卷 20〈緒山錢君行狀〉、《明史》卷 283〈錢德洪傳〉、《明儒學案》卷 11〈錢德洪傳〉，以及《明人傳記資料索引》頁 811〈錢德洪〉等。

[105] 同註八十九，卷 11〈浙中王門學案一〉，頁 89。

自兩都及吳、楚、閩、越、江、浙皆有講舍。」[106]他認為
「人不可以不知學，尤不可以不聞道，（講）會所以講學
明道。」[107]

其三，江右王門鄒守益四處游講，「越之天真、閩之
武夷、徽之齊雲、寧之水西，咸一至焉」，足跡遍及東南
各省。尤其是江西境內的青原、白鷺、石屋、武功、連山、
香積等地，「每歲再三至」。聽眾之多，「動輒以千計」，「絳
帷一啟，雲擁星羅」，出現了「負墻側聆者肩摩，環橋跂
觀者林立」的盛況。[108]由於鄒守益「所教不拒」，故士人、
舉子，甚至田夫、市僧，都「不遠數千里，相率就公以學」。
[109]足見鄒守益游講範圍之廣及其宣講吸引力之大。

其四，泰州王門王襞（1551-1587）[110]以師道自任，除
每月三次在泰州東淘精舍開講良知學說與百姓日用之學
外，尚往來各郡，主其教事。依《王東崖（襞）先生遺集》

---

[106] 同註八十九，卷 12〈浙中王門學案二〉，頁 1。

[107] 王畿，《王龍溪全集》（台北：華文書局，民國 59 年），卷 2〈約
會同志疏〉，頁 218。

[108] 耿定向，《耿天臺先生文集》（台北：文海書局，民國 59 年），
卷 14〈東廓鄒先生傳〉，頁 1455。

[109] 徐階，《世經堂集》（台南：莊嚴文化事業公司，四庫全書存目
叢書，民國 86 年），卷 19〈鄒公神道碑銘〉，頁 51。

[110] 王襞，字宗順，號東崖，泰州人，王艮子。九歲起，跟父親遊
學江浙，在越中隨侍王陽明凡八年，並從王畿及錢德洪這裏吸
收了他們的學問。他擅長音樂，歌聲若金石，在他往還各郡講
學期間，經常縱扁舟於村落之間，歌聲振乎林木，響徹雲霄，
恍然有舞雩氣象。其生平可參見：《王東崖先生遺集》卷上〈年
譜紀略〉、同上書卷下〈東崖先生行狀〉、《澹園集》卷 31〈王襞
傳〉，以及《明人傳記資料索引》頁 80〈王襞〉。至於其教育行
誼與教育思想，可參見拙作：《泰州學派教育思想之研究》（國
立高雄師範大學教育學博士學位論文，民國 86 年）。

〈年譜紀略〉載，王襞於嘉靖年間先後主講於杭州、寧國府、揚州府儀真縣主政官邸、蘇州府、福建建寧府、金陵、海陵崇儒祠等地。

其五，據《顏鈞集》〈年譜〉載，嘉靖十九年(1540)，泰州王門顏鈞（1504-1596）[111]出講豫章（江西南昌）同仁祠，作〈急救心火榜文〉，前往聆聽的人非常踴躍，四方遠近仕士耆庶，以及趕赴秋闈的諸考生、仙道、禪者、市童、野叟、僕夫、奄人等各行各業的人，約計一千五百人與會。羅汝芳、朱泗、朱洛、王白室、陳源、吳煥文、黃元輔、鄧以城等人便是其中佼佼者。

上面五例是陽明後學的社會游講活動，他們習慣到各地興辦「講學會」。據王畿的說法，參與講學會的師友、同志等，「務須虛心遜志，以相下為益」；「議論偶有未合，不妨默體互證，毋執己見，以長勝心，庶會可保終，而此學賴以不墜。」[112]至於講學會的主題，以永新文會為例，則包括有「一體一家之學」、「尚志之辨」、「建學立教之本」、「庸德庸言之式」、「德業知行之文」、「忠信修辭之章」、「《大學》、《中庸》之義」、「修己之要」、「諸儒異同」等。[113]而參加者則有儒生、侯王、僚屬、縉紳、守禦、郡士、族之長幼等等。由此看來，陽明後學游講各地之講學，

---

[111] 顏鈞，江西吉安人，號山農。早年研讀王陽明《傳習錄》之後，心智洞開。嘗師事江右王門劉師泉（邦采），但無所得。後從泰州王門徐樾學，並經徐師的引介，卒業於王艮之門，承授尊身立本之學，成為泰州學派的健將。著有《顏鈞集》傳世。其生平可參見：《顏鈞集》卷 10〈年譜〉、同上書卷 3〈自傳〉。至於其教育行誼與教育思想可參閱拙著：《泰州學派教育思想之研究》（國立高雄師範大學教育學博士學位論文，民國 86 年）。

[112] 同註一〇七，卷 2〈洪都同心會約〉，頁 199-200。

[113] 同註八十七，卷 10〈書永新文會約〉，頁 18-19。

是一種由數十上百的同門、同道、問學者及老少各階層相會相成，互參互證的學友會兼學術研討會。

不過，由於社會游講活動同書院講學性質接近，是「體制外」的講學活動，又多傾向純理論研討，故為張居正所排斥。張居正將某些汲汲於社會講學的狂熱分子，加以降官、免職或逮捕，甚至予以殺害。例如江右王門的鄒德涵，在張居正查禁講學之際，他身為刑部員外郎照舊講學自若，於是被貶為江南僉事；御史再承張居正之意，「疏論鐫秩而歸」。[114]

再如泰州王門的羅汝芳(1515-1588)[115]，萬曆五年(1577)，他在知府任期滿時，進表講學於北京廣慧寺，朝士多從之者。旋因講學熱切，忤於張居正，被勒令致仕。[116]同為泰州王門的吉安人何心隱，更因矻矻於社會游講而遭到追緝。何心隱和張居正之間的仇怨，要追溯到萬曆元年(1573)，張居正當國之初，御史傅應禎、劉臺連疏攻之，兩位都是江西吉安人。張居正因此仇恨吉安人。而何心隱

---

[114] 同註八十九，卷 16〈江右王門學案一〉，頁 55。

[115] 羅汝芳，江西南城人，字惟德，號近溪。嘉靖三十二年（1553）進士，除太湖知縣，召諸生論學，公事多決於講座。官至布政司參政。初從永新顏鈞學，後鈞繫獄，汝芳鬻產救之。及罷官，鈞亦赦歸，汝芳事之，飲食必躬進，人以為難。年七十四卒，門人私諡明德。著有《孝經宗旨》、《近溪子明道錄》、《羅近溪先生全集》、《盱壇直詮》等書傳世。其生平可參見：《王龍溪全集》卷 14〈壽近溪羅侯五十序〉、《李溫陵集》卷 11〈羅近溪先生告文〉、《羅近溪先生全集》卷 10〈羅近溪傳〉（七種）、《明史》卷 283〈羅汝芳傳〉、《明儒學案》卷 34〈羅汝芳傳〉，以及《明人傳資料索引》頁 934〈羅汝芳〉。至於其教育行誼與教育思想，可參見拙著：《泰州學派教育思想之研究》（國立高雄師範大學教育學博士學位論文，民國 86 年）。

[116] 同註四十六，卷 283〈王畿傳〉，頁 8-9。

以前曾聯合道士藍道行以術去掉宰相嚴嵩，張居正不能毫
無預防。當時，何心隱正在孝感聚徒講學，張居正遂會楚
撫陳瑞[117]通緝何心隱。何心隱只好避往泰州。

萬曆五年（1577），何心隱的父母親死於家鄉，他接
到靈耗後，急忙返歸故里欲厚葬父母，但剛要鳩工築墓，
緝捕傳票已來，便又匆匆脫逃至祁門。何心隱之被通緝，
主要可能由於他以講學自名，鳩聚徒眾，譏切時政。當時
張居正父喪丁憂奪情不歸，彗出互天。何心隱指切之，謂
時相蔑倫擅權，實召天變，與其鄰邑吉水人羅巽者同聲倡
和，云且入都持正義，逐江陵去位，一新時局。惹來張居
正的恚怒，立即動用地方官抓拿。諸地方官為迎媚張居
正，自然撒下天羅地網。

萬曆七年(1579)，張居正一來為改革某些以進德修業
為名，卻實行斂財營私的講學活動，二來為打壓言路，乃
全面禁止講學。但講學是陽明學派傳播學術於民間的主要
手段，並期望經由講論達成社會理想，陽明學派當然反對
禁講的政策。何心隱急書〈原學原講〉，說「必講必學」，
「必不容不講不學」，抗議到底。[118]諸官大力追索，不數
日終在祁門執獲何心隱，旋解送九百里外的南安監獄。漫
長解途中，門生胡時和隨侍千里。何心隱被押解的路程艱
苦萬端，他自述：「不敢哀求免苦於千餘里也，亦不敢哀
求免苦於月餘日也，亦惟哀求臺下轉為元（何心隱原名梁
汝元）懇求軍門，斬元首級。」「莫若哀求臺下轉懇蒙臺，

---

[117] 陳瑞，字孔麟，長樂人。嘉靖三十二年（1553）進士。除行人，
擢御史。歷湖廣巡撫、南京右都御史、刑部尚書，官至兵部尚
書，總督兩廣，致仕卒。其生平可參見《明人傳記資料索引》
頁 959〈陳瑞〉。
[118] 何心隱，《何心隱集》（北京：中華書局，1959 年），卷 1，頁
1-25。

早決元於贛州,則元神氣早歸於天,而元軀殼早歸於地,不亦愈於軀殼日圍神氣,而刑具日囚軀殼苦耶?」[119]真是求生不能,求死不得,被解之辱與苦,可見一斑。

自祁門被緝到押解南安,再轉解湖廣,凡六十餘日。何心隱前後上書十九次,「千言萬語,滾滾立就,略無一毫乞憐之態。」[120]「抵獄,門人涕泣而進酒食,亦一笑而已。」[121]萬曆七年(1579)九月二日,何心隱在監獄被撫臣王之垣(1527-1604)[122]擇健卒痛笞百餘,杖殺而死,卒於非命。他的骸骨由門生程學博[123]、胡時中、胡時和等人收葬於孝感。

由鄒德涵、羅汝芳、何心隱等人的遭遇觀之,反對張居正查禁書院講學與社會游講活動的人,很多都被他以政治方式懲罰了。

基本上,張居正的教育改革措施之所以得到較為徹底的實施,一個關鍵點是他抓住了「人治社會」的施政要訣,

---

[119] 同上註,卷 4〈上朱把總書〉,頁 102-105。

[120] 李贄,《續焚書》(台北:漢京文化公司,民國 73 年),卷 1〈與焦漪園太史〉,頁 28。

[121] 王世貞,《弇州史料後集》(台南:莊嚴文化事業公司,四庫全書存目叢書,民國 86 年),卷 35〈嘉隆江湖大俠〉,引自《何心隱集》附錄,頁 144。

[122] 王之垣,山東新城人,字爾式,號見峰。嘉靖四十一年(1562)進士,授荊州府推官,擢刑科給事中,累官戶部左侍郎,以疾致仕,卒年七十八。著有《歷仕錄》詳記其劾誅何心隱事。其生平可參見:《澹園集》卷 25〈少司農王公傳〉、〈掖垣人鑑〉卷 15〈王之垣〉,以及《明人傳記資料索引》頁 22〈王之垣〉。

[123] 程學博,字近約,號二蒲,孝感人。嘉靖進士,歷知重慶府,清嚴剛直,庭無積案。後為貴州參議,時東川、烏蒙、烏撒、芒部為患,學博率兵討平之。遷雲南兵備,官終太僕卿。其生平可參見《明人傳記資料索引》頁 687〈程學博〉。

即他掌握了各省督學憲臣的作用。尹選波指出，中國古代是以人治為中心的，如果用人得當，一些改革措施就會順利推行；如果用人不當，甚至任用了反對派，則再好的改革措施也會付之流水。生活於明代中後期的張居正對此有著深刻的認識。他非常重視各省提學官的作用，首先考核了各省的提學官，沙汰了不稱職的官員，任用了一批支持改革的新人。又公布了提學官的職責，並規定以此作為考核提學官的標準。這樣，提學官都是支持教育改革之人，而且職權、考核標準都十分明確，使督學憲臣對職權內的事情認真負責，不敢虛以委蛇、敷衍塞責。[124]

　　綜合上述，張居正考核各級學校政事，整頓學校教育，調整科舉與歲貢制度，查禁書院與社會講學等，是一次全面而深刻的教育改革。張居正的教育改革令，並不是一紙空文，而是得到了真正的實施。對此《明史》謂：「雖萬里外，朝下而夕奉行」；「一切不敢飾非，政體為肅。」[125]效果彰顯。

---

[124]　同註五十二，頁 207。
[125]　同註四十六，卷 213〈張居正傳〉，頁 9。

第六章　教育改革的失敗及其原因

如上所述，張居正的教育改革，在他居首輔期間，施行頗為積極，成果也具體可觀。惟隨著張居正的去世，教育改革倏忽夭折。教育改革事件的逆轉情況，值得認識；教育改革失敗的因素，尤值得探究。

第一節　教育改革的廢止

教育改革，是張居正執政十年間屬行全面改革的一個重要組成部分，它對挽救危機中的教育起了很大的作用。但是，改革過程中也頻遭掣肘、反對，改革成果打了折扣，而當改革舵手隕落，改革運動也戛然廢止。

萬曆十年(1582)六月，張居正病逝於任上，旋被抄家，形勢急轉直下。依當時情況，政治局勢之變化，在張居正死前病危的半年間，已有明顯的徵兆。明神宗與閣臣，對於張居正將不久於人世，都是有心理準備的，即必然要對權力重新分配，特別是萬曆十年入春以後，政海已是「潛流翻滾」[1]。對此，韋慶遠指出，已成年的明神宗在張居正病入膏肓直到彌留之際，一直掩蔽自己對張居正的憤懣，他深知張居正柄政十年，眾多文武大臣俱由他推薦拔擢，政局由他掌舵定向，在他去世之前，不宜輕率挑起衝突，以避免出現難以控馭的混亂局面；而張居正本身及內閣閣僚張四維（1526-1585）[2]、申時行（1535-1614）[3]等人，各

---

[1] 韋慶遠，《張居正與明代中後期發展》（廣州：廣東高等教育出版社，1999年），頁842。

[2] 張四維，山西蒲州（今永濟）人，字子維，號鳳磐。嘉靖三十二年（1553）進士。有才智，熟知邊事。隆慶時促成「俺答封貢」，

有打算，都在設想未來的政治格局。[4]

　　張居正在去世前夕，密薦潘晟[5]入閣，顯然是為了利用他在閣內拱衛自己的事業聲名，免除身後之憂。但張四維與申時行並非懦者，立即看穿張居正的用意，是為了對自己的牽制和威脅，乃唆使言官上疏言潘晟不可用。[6]潘氏赴任「中途疏辭」，「命下五日而罷」。[7]潘氏既罷，這粒「方向球」的轉向，意味著張居正主導的政治格局正處在崩解之中。

　　以功進吏部右侍郎。萬曆三年（1575），由張居正引薦，以禮部尚書兼東閣大學士，入預機務，謹事居正，不敢相可否。及居正死，進內閣首輔，乃力反前政。萬曆十一年（1583）丁憂歸。其生平可參見《明史》卷 219〈張四維傳〉及《明人傳記資料索引》頁 519〈張四維〉。

[3] 申時行，蘇州長洲（今江蘇蘇州）人，字汝默，號瑤泉，晚號休休居士。舉嘉靖四十一年（1562）狀元，授翰林院修撰，歷左庶子。萬曆五年（1577）遷戶部右侍郎。善翰墨，為張居正所賞識，次年以吏部左侍郎兼東閣大學士，參預機務。萬曆十一年（1583），繼張四維為首輔，政務寬大，世稱長者。然務承帝意，不能大有建言。萬曆十九年（1591），以排陷同官被劾，遂乞休歸。其生平可參見：《賜閒堂集》卷 18〈元輔申公七十壽序〉、《國朝獻徵錄》卷 17〈申公神道碑〉、《明狀元圖考》卷 3〈申時行〉、《明史》卷 218〈申時行傳〉，以及《明人傳記資料索引》頁 109〈申時行〉等。

[4] 同註一，頁 843-844。

[5] 潘晟，浙江新昌人，字思明，號水簾。嘉靖三十年（1541）進士，累遷國子監祭酒、南京吏部尚書。隆慶四年（1570）擢禮部尚書。越二年，致仕。萬曆十年（1582），張居正病危時，以原官兼武英殿大學士召，至中途遭劾罷。其生平可參見《明人傳記資料索引》頁 779〈潘晟〉。

[6] 同註一，頁 845。

[7] 夏燮，《明通鑑》（台北：世界書局，民國 67 年），卷 67〈神宗萬曆十年〉六月，頁 2637。

　　張居正卒後四個月，政局人事大搬風。張居正任上「諸所引用者，斥削殆盡」[8]，例如萬曆十年（1582）十月，曾受張居正倚重的吏部尚書王國光[9]遭罷。[10]十二月，讁張居正的宮內盟友太監馮保為奉御，安置南京，並籍其家。[11]因張居正推薦而入用與高陞的工部尚書曾省吾（1532-？）[12]、侍郎王篆皆被論，前者致仕，後者斥為民。[13]而張居正「事與商榷」的戚繼光（1528-1587）[14]，則由薊鎮總兵官

---

[8] 張廷玉，《明史》（台北：中華書局，民國 60 年），卷 213〈張居正傳〉，頁 12-13。

[9] 王國光，山西陽城人，字汝觀，號疏庵。嘉靖二十三年（1544）進士，授吳江知縣，鄰邑有疑獄，質訊輒得情。隆慶時，官戶部尚書，後被劾乞歸。萬曆五年（1577）召為吏部尚書。萬曆九年（1581）因京察徇張居正意，遂遭劾。翌年致仕歸。其生平可參見《明史》卷 225〈王國光傳〉及《明人傳記資料索引》頁 53〈王國光〉。

[10] 同註七，頁 2339。

[11] 同註七，頁 2640-2641。

[12] 曾省吾，湖廣鍾祥（今屬湖北）人，字三甫，號確菴。嘉靖三十五年（1556）進士，授富順知縣。隆慶六年（1572）擢右僉都御史，巡撫四川。萬曆八年（1580）以張居正門生，進工部尚書，遂與王篆為之羽翼。居正死，受劾致仕，削籍歸。其生平可參見：《明史列傳》卷 74〈曾省吾傳〉及《明人傳記資料索引》頁 633〈曾省吾〉。

[13] 同註七，頁 2641-2642。

[14] 戚繼光，山東蓬萊人，字元敬，號南塘，晚號孟諸。嘉靖二十三年（1544）嗣世職為登州指揮僉事。幼倜儻負奇氣，家貧，好讀書，通經史大義。被薦升署指揮僉事。嘉靖三十四年（1555）調任浙江都司僉事，赴浙禦倭寇，充參將，守寧波、紹興、台州，後改守台州、金華、嚴州。召募金華、義烏農民、礦工，嚴加訓練，建「戚家軍」。嘉靖四十年（1561）破倭於台州。次年援閩，連破橫嶼、興化諸倭，戰功特甚。嘉靖四十二年（1567），再度入閩，獲平海衛大捷，殲倭寇兩千餘人。因功

調廣東，讓他「悒悒不得志，赴粵踰年，謝病歸。」[15]翌年三月，「附張居正」的兵部尚書吳兌（1525-1596）[16]罷。[17]十月，罷「與張居正厚」的禮部尚書徐學謨（1522-1593）[18]。[19]萬曆十二年（1584），刑部尚書潘季馴（1521-1595）[20]被劾「黨庇居正，落職為民；自是終萬曆世，無敢白居

晉都督同知、福建總兵官，威振南方。後赴粵，助俞大猷（1503-1579）抗倭。隆慶元年（1567），薊門多警，為張居正重用，調往北方，命以都督同知，總理薊州、昌平、保定三鎮練兵事，邊備修飭，節制嚴明，軍容為諸邊冠。屢敗蒙古諸部，進左都督。萬曆十年（1582）。居正死後，受排擠，旋調廣東。任三年請病歸。著有《止止堂集》。其生平可參見：《國朝獻徵錄》卷 106〈戚公墓誌銘〉、《明史》卷 212〈戚繼光傳〉，以及《明人傳記資料索引》頁 504〈戚繼光〉等。

[15] 同註七，頁 2642。

[16] 吳兌，浙江山陰（今紹興）人，字君澤，號環洲。嘉靖三十八年（1559）進士，授兵部主事。隆慶中累擢僉都御史，巡撫宣府。時俺答初封貢，而昆都力、辛愛陰持兩端，助其土蠻為患。吳兌，有智計，操縱馴伏之。萬曆中推款貢功，加兵部右侍郎；萬曆十年（1582）擢兵部尚書。次年因附張居正遭劾，致仕歸。其生平可參見：《歜菴集》卷 11〈環洲吳公行狀〉、《明史》卷 222〈吳兌傳〉，以及《明人傳記資料索引》頁 241〈吳兌〉。

[17] 同註七，卷 68〈神宗萬曆十一年〉，頁 2646。

[18] 徐學謨，蘇州嘉定（今屬上海）人，字叔明，一字子言，號太室山人，初名學詩，後更名。嘉靖二十九年（1550）進士，授兵部主事，歷湖廣布政使。萬曆八年（1580）晉禮部尚書。萬曆十一年（1583）致仕歸。其生平可參見：《名山藏》卷 40〈徐學謨〉、《明人傳記資料索引》頁 472〈徐學謨〉。

[19] 同註七，頁 2650。

[20] 潘季馴，浙江烏程（今湖州）人，字時良，號印川。嘉靖二十九年（1550）進士，授九江推官，擢御史，巡按廣東，推行均平里甲法，人民便之。嘉靖四十四年（1565），進右僉都御史，總理河道，前後四年，功績最著。倡「束水攻沙法」，借淮河之

正者。」[21]

另一方面，張居正所打擊的人，則一一被朝廷召還復職。例如「各以張居正奪情一事建言得罪，至廷杖遣戍」的前編修吳中行、檢討趙用賢、員外郎艾穆[22]、主事沈思孝[23]、進士鄒元標（1551-1624）[24]等人，以及「忤觸」張

清以刷黃河之濁，築遙堤以防潰決。因治河功，累遷右都御史、工部尚書。後以庇居正遭劾，削職為民。其生平可參見：《國朝獻徵錄》卷 59〈印川潘公墓志銘〉、《明史》卷 223〈潘季馴傳〉，以及《明人傳記資料索引》頁 777〈潘季馴〉等。

[21] 同註七，頁 2656。

[22] 艾穆，字和文，號純卿，平江人。嘉靖三十七年（1558）舉人，累遷刑部員外郎。張居正遭喪奪情，抗疏諫，杖戍涼州。居正死，復起員外郎，累遷僉都御史，巡撫四川，後以病歸。其生平可參見：《明史》卷 229〈艾穆傳〉及《明人傳記資料索引》頁 121〈艾穆〉。

[23] 沈思孝，字純父，號繼山，嘉興人。隆慶三年（1568）進士，授番禺知縣，以廉節聞。萬曆間累官右御史。思孝素以直節高天下，然尚氣好勝，動輒多忤，頗被物議，引疾歸。其生平可參見《明人傳記資料索引》卷 173〈沈思孝〉。

[24] 鄒元標，江西吉水人，字爾瞻，號南皋。九歲通五經，弱冠從泰和胡直（屬江右王門）游，即有志為學。舉萬曆五年（1577）進士，初入仕即因疏劾張居正奪情，謫戍貴州都勻衛。萬曆十一年（1583），召為吏科給事中，又以直諫忤帝。後丁憂歸，築仁文書院，講學幾三十年。天啟元年（1621）官至刑部右侍郎，遷左都御史。與馮從吾建首善書院。不久遭魏忠賢排擠，乞歸。元標立朝，以方嚴見憚，晚節造旨純粹，不復形崖岸，務為和易。或議其遜初仕時，答以大臣與言官異，風裁卓絕，言官事也；大臣非大利害，即當護持國體，不宜如少年之悻動。著有《願學集》傳世。其生平可參見：《顧端文公集》卷 9〈壽南皋鄒先生六十序〉、《東越證學錄》卷 6〈鄒子講義序〉、《掖垣人鑑》卷 16〈鄒元標〉、《明儒學案》卷 23〈鄒元標傳〉、《明史》卷 243〈鄒元標傳〉、《（光緒）吉安府志》卷 26〈人物志·大臣·鄒元

居正而丟官的余懋學[25]、趙應元（1531-1584）[26]、傅應楨、朱鴻謨[27]、孟一脈[28]、王用汲（1528-1593）[29]等人，均「一體復用」。[30]與此同時，「諸劾江陵者，多取顯官去。」[31]如

標〉，以及《明人傳記資料索引》頁 740〈鄒元標〉等。

[25] 余懋學，字行之，婺源人。隆慶二年（1568）進士，萬曆初擢南京戶科給事中，忤張居正，斥為民。後累遷南京戶部侍郎，夙以直節著稱，十蠹一疏，尤為時所重。其生平可參見：《澹園集》卷 24〈大司空余公傳〉、《明史》卷 235〈余懋學傳〉，以及《明人傳記資料索引》頁 267〈余懋學〉等。

[26] 趙應元，字文宗，號仁齋，涇陽人。嘉靖四十四年（1565）進士，授四川華陽令，擢御史，介特不阿，以忤張居正，褫職歸。居正卒，復起南京大理丞，卒於官。其生平可參見《明人傳記資料索引》頁 767〈趙應元〉。

[27] 朱鴻謨，字文甫，號鑑塘，山東青州人。隆慶五年（1571）進士，授吉安推官，識鄒元標於諸生，厚禮之。擢南京御史，元標及吳中行等以論張居正得罪，鴻謨疏救，語侵居正，斥為民。既歸，杜門講學。居正卒，起故官，出按江西，擢撫應天蘇州十府，皆有政聲，官終刑部右侍郎。其生平可參見：《願學集》卷 4〈侍御鑑翁朱老師還朝序〉、同上書卷 7〈奠朱鑑翁師文〉、《國朝獻徵錄》卷 47〈鑑塘朱公傳〉、《明史》卷 227〈朱鴻謨傳〉，以及《明人傳記資料索引》頁 148〈朱鴻謨〉等。

[28] 孟一脈，字淑孔，東阿人。隆慶五年（1571）進士，擢御史。因言事忤張居正，奪其職。居正卒，復起為御史，疏陳五事，以切直忤旨，謫建昌推官，累遷右僉都御史，巡撫南贛，引疾歸。其生平可參見：《明史》卷 235〈孟一脈傳〉及《明人傳記資料索引》頁 282〈孟一脈〉。

[29] 王用汲，字明受，晉江人。隆慶三年（1568）進士，官戶部員外郎。萬曆年間張居正歸葬其親，湖廣諸司畢會，巡按御史趙應元獨不往，被劾除名。用汲不勝憤，乃上言之，居正大怒，削其籍。居正死，累官南京刑部尚書，為人剛正，遇事敢為。其生平可參見：《明史》卷 229〈王用汲傳〉及《明人傳記資料索引》頁 27〈王用汲〉。

[30] 同註七，頁 2641。

萬曆十一年（1583）六月，擢曾劾居正的編修吳中行為右春坊右中允，檢討趙用賢為右春坊右贊善。[32] 又如隔年十二月，起「素惡居正」的侍郎王錫爵為禮部尚書。[33]

特別是張居正死後，張四維代柄，「知中外積苦居正，欲大收人心」，乃「蕩滌」張居正所施改革政策。[34]他「務傾江陵以自見，盡反其所為。」[35]以致「朝事一大變」。[36]繼任首輔申時行又罷「考成法」。[37]雪上加霜，張居正的教育改革措施至此已完全被廢止。可以說，張居正的教育改革並未成功。

其實，在張居正如火如荼進行教育改革之際，自己已看見改革的困難和失敗的癥兆。張居正自述：「僕自受事以來，惓惓勸喻今士大夫，務以忠肝義膽事君，誠心直道相與，近雖稍變舊習而餘風未殄。」[38]張居正一死，教育改革失敗這個事實就變得很清楚。

先就書院為例，從「表三」可知，張居正在萬曆七年（1579）的鎮壓已經破壞了書院運動。嘉靖朝新建書院數550所，修復書院數46所，合計596所（未含已有、使用中之書院所數），每年平均13.2所，此乃明中後期書院發

---

[31] 沈德符，《萬曆野獲編》（北京：中華書局，1959年），卷12〈考察脅免〉，頁311。

[32] 同註七，卷68〈神宗萬曆十年〉，頁2649。

[33] 同上註，頁2658-2659。

[34] 同註八，卷219〈張四維傳〉，頁10-11。

[35] 談遷，《國榷》（北京：中華書局，1988年），卷72〈神宗萬曆十一年〉，頁4441。

[36] 同註八，卷219〈張四維傳〉，頁11。

[37] 同註八，卷218〈申時行傳〉，頁10-11。

[38] 張居正，《張文忠公全集》（台北：商務印書館，民國57年），書牘7〈答省中羅涇坡論士風〉，頁335。

展最快速的時期。至隆慶朝，稍為下降，平均每年新建、修復書院 11.2 所。而從萬曆朝起，新建、修復書院的現象明顯減少，萬曆朝每年 6.1 所，天啟朝每年 3 所，呈現「向低發展」的情況。不過，在明末崇禎朝又呈現上升的趨勢。換言之，萬曆朝以後，書院發展趨緩，但仍然維持一定的成長率。這意味著，張居正的禁令只是使書院受到驚嚇，並未使它們陷於癱瘓。

表三：明中後期新建與修復書院數比例表

朝　　代	西年元	年數	新建書院數	修復書院數	總數	概率
正德朝	1506-1521	15	122	28	150	每年 10 所
嘉靖朝	1522-1566	45	550	46	596	每年 13.2 所
隆慶朝	1567-1572	6	65	2	67	每年 11.2 所
萬曆朝	1573-1620	48	275	20	295	每年 6.1 所
天啟朝	1621-1627	7	21	0	21	每年 3 所
崇禎朝	1628-1644	17	84	2	86	每年 5.1 所

（註：本表參考白新良《中國古代書院發展史》108 頁資料編製而成。）

　　上表中，天啟朝新建與修復書院的概率降到每年 3 所，係由於天啟五年(1625)，明朝廷有第四次禁、毀書院的措施。據《欽定續文獻通考》卷五十〈學校考〉載，其事起因於顧憲成(1550-1612)[39]與高攀龍(1562-1626)[40]等人

---

[39] 顧憲成，常州無錫（今屬江蘇）人，字叔時，別號涇陽。萬曆八年（1580）進士，授戶部主事，改吏部，補驗封主事。萬曆十五年（1587），大計京官忤權貴，被旨切責，謫桂陽州判官。

在無錫的東林書院以及鄒元標等人在北京的首善書院，
「諷議朝政，裁量人物」，為魏忠賢(1568-1627)[41]等人所

歷遷處州推官、吏部孝功主事、員外郎。萬曆二十一年（1593）
官至吏部郎中，以廷推閣臣忤帝意，削籍歸。後與弟允成修復
東林書院，偕高攀龍等講學其中，講習之餘，諷議朝政，裁量
人物，士夫翕然應和，被稱為「東林黨」。萬曆三十六年（1608），
起為南京光祿少卿，力辭不就。越二年，因薦李三才入閣，被
劾。病卒於家。時，魏忠賢用事，群小附之，作東林點將錄，
舉凡正人君子，率目為東林，抨擊無虛日，遂成朋黨之禍。顧
氏著有：《小心齋劄記》、《涇　藏稿》、《顧端文遺書》。其生平
可參見：《顧端文公全集》附錄〈顧先生行狀〉與〈顧公墓誌銘〉、
《顧憲成遺書》第八冊〈顧端文公年譜〉、《明史》卷231〈顧憲
成傳〉、《明儒學案》卷58〈顧憲成傳〉，以及《明人傳記資料索
引》頁957〈顧憲成〉等。

40 高攀龍，常州無錫（今屬江蘇）人，初字雲從，後改存之，別
號景逸。萬曆十七年（1589）進士，授行人。萬曆二十一年
（1593），因劾首輔王錫爵，謫廣東揭陽縣典史。不久歸里。後
以親喪，遂不出為官，家居三十年，講學於東林書院。天啟元
年（1621），擢光祿寺少卿。上疏彈劾外戚鄭國泰、鄭養性，又
彈劾方從哲，被奪俸。天啟四年（1624），官至左都御史，因忤
魏黨，削籍歸。後魏璫復矯旨逮問，遂投水自殺。高氏操履篤
實，與顧憲成修復東林書院，講學其中，為明末大儒。憲成卒，
由他主導東林講席，世稱高顧。著有《高子遺書》、《二程節錄》、
《周易易簡》、《正蒙釋》、《春秋孔義》。其生平可參見：《高子
遺書》附錄〈高公行狀〉與〈高攀龍傳〉、《明儒學案》卷58〈高
攀龍傳〉，以及《明人傳記資料索引》頁393〈高攀龍〉等。

41 魏忠賢，河間肅寧（今屬河北）人。少無賴，為博徒所苦，恚
而自宮，變姓名為李進忠，後乃復姓。萬曆時選入宮，諂事魏
朝，朝素與皇長孫乳媼客氏私，及忠賢入，又通焉，客氏薄朝
而愛忠賢，忠賢因得皇長孫歡。長孫繼位，是為熹宗，升忠賢
為司禮秉筆太監兼提督寶和三店。密結大臣為援，以犬馬聲色
媚帝。天啟二年（1623），掌東廠事，深見信任，屢矯中旨，傾
害公卿，排斥異己，專權擅政；參閱奏章，斥逐言官，縱容校

惡，遂矯旨拆毀全國書院，從而使書院之發展再次受到嚴重挫折。

次就學校教育概況言，曇花一現的張居正教育改革，並未能解決明代學校教育的弊病，挽救教育的危機。張居正的教育改革措施廢止以後，明代學校教育中固有的問題死灰復燃，且變本加厲，使明末學校教育更加敗壞了。崇禎六年(1633)二月，明廷又一次下詔「申嚴學校之制」，諭曰：「近來士習日偷，舉貢失當，真才鮮少，理道不彰，皆由督學、教諭、訓導各官董率乖方，培養無術。盡失舊制初意，以致朝廷不獲收用人之效。」[42]可見張居正整頓學校教育的改革成效並未能鞏固下來。

晚明，不但學校教育培養不出具實學的人才，科舉考試也鮮能甄選出合用的從政者。如崇禎年間首輔溫體仁（1573-1639）[43]就是一個不知甲兵、昧於經濟的人物。他

尉，橫行肆虐，迫害東林黨人。次年，楊漣疏劾其二十四大罪，魏大中等七十餘人又交章論其不法。遂興大獄，大臣被逐者數十人，凡不附己者一概斥為東林黨人，並殺楊漣、左光斗、魏大中等。媚之者拜伏呼「九千歲」，爭請立生祠，族黨盡蒙恩蔭。莊烈帝即位，發其奸，安置鳳陽，尋命逮治，行至阜城，縊死，詔磔其屍。其生平可參見：《明史》卷305〈魏忠賢傳〉及《明人傳記資料索引》頁926〈魏忠賢〉。

[42] 嵇璜，《欽定續文獻通考》（台北：商務印書館，四庫全書本，民國72年），卷50〈學校考〉，頁403。

[43] 溫體仁，浙江烏程（今湖州）人，字長卿，號圓嶠。萬曆二十六年（1598）進士，先選庶吉士，再授翰林院編修，累官禮部侍郎。思宗即位，擢禮部尚書。為人外曲謹而內猛鷙，機深刺骨，值會推閣臣，體仁望輕弗與，遂疏訐錢謙益結黨受賄，謙益坐罷官。諸臣先後劾之，帝益疑廷臣植黨，謂體仁孤立，漸嚮用，尋詔兼東閣大學士，預機務。崇禎六年（1633）迫周延儒引退，代為首輔。居位八年，專務刻核，迎合帝意。善於排

在萬曆二十六年(1598)中了進士，崇禎朝擔任了八年內閣
首輔。此時，全國各地兵燹連綿，甲兵、錢糧成為當務之
急。崇禎皇帝每次問及軍餉等事，溫體仁都毫無對策，只
能遜謝曰：「臣夙以文章待罪禁林（指翰林院），上不知其
駑下，擢至此位。盜賊日益眾，誠萬死不足塞責。顧臣愚
無知，但票擬無欺耳。兵食之事，惟聖明裁決。」[44]托名
自謙，實則反映出溫體仁之無能無用，在國家存亡危急之
秋，竟拿不出任何辦法。明末這種官員、士大夫大量湧現
與張居正教改失敗有極大關連。

另就考核學政、教官一事來看，張居正去世後隔年，
丘橓[45]在〈陳吏治積弊八事疏〉中，即列上學校教官考核
之積弊。他指切：

> 學校之職，賢才所關。今不問職業而一聽其所
> 為，及至考課，則曰此寒官也，概與上考。若輩
> 知上官不我重也，則因而自棄；知上官必我憐
> 也，又從而日偷。[46]

除異己，又欲翻逆案，遭劾失寵。崇禎十年（1637）罷官歸。
其生平可參見：《明史》卷 308〈溫體仁傳〉及《明人傳記資料
索引》頁 690〈溫體仁〉。

[44] 同註八，卷 308〈溫體仁傳〉，頁 18。

[45] 丘橓，山東諸城人，字懋實，號月林，嘉靖二十九年（1550）
進士。由行人擢刑科給事中。時嚴嵩柄政，上言權臣不宜獨任，
並劾其黨。嵩敗，遷兵科給事中。後以言事不及時斥為民。萬
曆間擢左副都御史，以一柴車就道。既入朝，陳吏治積弊八事。
遷刑部右侍郎，轉左侍郎，尋拜南京吏部尚書。疆直好搏擊，
清節為時所稱。其生平可參見：《掖垣人鑑》卷 14〈丘橓〉、《明
史》卷 226〈丘橓傳〉，以及《明人傳記資料索引》頁 112〈丘
橓〉等。

[46] 乾隆帝，《御選明臣奏議》（台北：商務印書館，四庫全書本，
民國 72 年），卷 30，頁 480。

可見張居正的考成法以及慎選、嚴考各級學政和教官政策的預期目標並未實現。

由上可知，張居正的教育改革終究是失敗了。其改革的理想未能實現，改革的成果無由鞏固，這是明代萬曆初期十年，也是整個明代中後期最重要的教育史事件，其失敗的因素容下節探析。

第二節　教育改革失敗的原因

儘管前章說明張居正的教育改革取得一定的效果，但由上節知其成就也只是短暫的，猶如曇花一現。就像張居正自己所描述的：「以孤焰，耿耿於迅飆之中。」[47]自然只能是一閃即滅。張居正教育改革失敗的原因，可歸納為下列各點說明：

一、措施與手段不盡合理

張居正的能力、思想與政策的特徵，被評價為「天資刻薄，好申韓法，以智術馭下。」[48]「為政以尊主權、課吏職、信賞罰、一號令為主。」[49]法家的色彩濃厚。日本學者岩井茂樹認為，由於張居正傾向於法家思想，故他的政治手法，表現出「法」與「威」二字。[50]這些論斷確是中肯的。張居正服膺秦始皇和明太祖，他曾讚美秦始皇有「聖人之威」，指出：「三代至秦，渾沌之再闢者也。」在

---

[47] 同註三十八，書牘15〈答羅近溪宛陵尹〉，頁518。

[48] 王世貞，〈張居正傳〉，收入於焦竑編著：《國朝獻微錄》（台北：學生書局，民國54年），卷17，頁75。

[49] 同註八，頁9。

[50] 岩井茂樹，〈張居正的財政課題與方法〉。載劉俊文主編：《日本中青年學者論中國史》（上海：古籍出版社，1995年），頁369-370。

張居正看來，秦始皇創制立法，至今守之可以為利。張居正也高度評價明太祖的「威強」政治，指出朱元璋「以神武定天下」，將前代繁文褥禮、亂政弊習「劃削殆盡」，「其所芟除夷滅，秦法不嚴於此點！」[51]

　　回溯秦史，秦始皇併六國，乃中國史上首次一統之局。其廢封建行郡縣，建設首都咸陽，巡行郡邑與建築馳道，統整制度、文化與風俗，開拓與防禦邊境等，皆「不失為順著時代的要求與趨勢而為的一種進步的政治」。[52]在教育文化方面，值得注意的是秦政之「焚書」與「坑儒」。前者「首禁議論當代政治，次禁研討古代文籍，三禁家藏書本」，乃基於秦始皇「深恨當時愚儒不明朝廷措施精意，不達時變，妄援古昔，飾言亂實」；同時「鑒於戰國游士囂張，希復古代民力農工，仕學法律，政教官師不分之舊制」而推行之文化政制。[53]錢穆認為，這是秦始皇「蔑棄歷史文化之觀點，而一切以趨於當前之便利功實為主」；「過於自信，欲以一己之意見，強天下之必從，而不知其流弊之深，為禍之烈也。」[54]後者坑「犯誹謗上及訞言亂黔首之禁者」凡四百六十餘位讀書人，意在使天下知之以懲，不敢為訞言誹。[55]這兩件事，古今人盡非議，張居正不可能不知道，但他卻肯定這是改變「靡敝已極，天下日趨於多事」——周末葉「之窮」必要且須「獨持」之法。[56]

　　至於明太祖之實行「文化專制主義」，也為世人所熟

---

[51] 同註三十八，文集 11〈雜著〉，頁 675。

[52] 錢穆，《國史大綱》（台北：商務印書館，民國 84 年），頁 124。

[53] 錢穆，《秦漢史》（台北：東大圖書公司，民國 81 年），頁 19-21。

[54] 同上註，頁 19。

[55] 同註五十三，頁 22。

[56] 同註三十八，文集 11〈雜著〉，頁 675。

知。朱元璋稱帝不久,即令中書省官員大建各級學校系統,中央官學以屬於高等教育性質的「國子監」為中心,地方官學以屬於中等教育性質的府州縣「儒學」為主要,各鄉村則普遍設立屬於初等教育性質的「社學」,形成了一個上下銜接的學校教育制度。此乃朱元璋在教育文化建設上的貢獻。不過,朱元璋「不惜嚴刑酷罰來對待士大夫」;「鞭笞捶楚,成為朝廷士丈夫尋常之辱」;「終明之世,廷杖逮治不絕書」;「其慘酷無理,殆為有史以來所未見」,「使士人震慴於王室積威之下」。[57]明顯地逼文教走上專制歧途。張居正讚同與支持朱元璋的文教政策,認為只有「用威」、「飭法紀」,才能「再揚」「國家神氣」。[58]

　　岩井氏進一步指出,張居正的執政,上挾皇帝,下制宦官,同時又欲以「法」和「威」操縱百僚群臣,儼然是宰相獨裁,這就不可避免地鬱積起對於政策決定權的獨占的反抗,以及對於張居正所注重的生員定數的削減、官僚既得利權的限制等從利害感情而來的反感。眾所周知,張居正死後,這些鬱積起來的「反抗和反感」情緒爆發了,張居正的封爵和諡號被奪回,湖北江陵的私宅和家產被抄沒,並且張居正所策定的諸項措施也被撤銷了。[59]

　　張居正強硬的政治態度,由下述話語可得明證,如他說:「蓋人心久則難變,法之行不可慮始,即有不便於人者,彼久而習之,長而安焉,亦自無不宜矣。」[60]依張居正的觀點,用「威」以振人心、恢皇綱、飭法紀,是使國家神氣揚起的不二法門。對此,明末學者沈德符曾云:

57　同註五十二,頁 666-669。
58　同註三十八,文集 11〈雜著〉,頁 676。
59　同註五十,頁 370。
60　同註三十八,文集 11〈雜著〉,頁 676。

宰相以功名著者，自嘉靖末年，至今上初年，無
過華亭（徐階）、江陵（張居正）二公。徐文貞
（階）素稱姚江（王陽明）弟子，極喜良知之學，
一時附麗之者，競依壇坫，旁暢其說；因借以把
持郡邑，需索金錢，海內為之側目。張文忠（居
正）為徐受業弟子，極恨其事，而誹議之。比及
當國，遂欲盡滅講學諸賢，不無矯枉之過，乃其
喜佞，則又百倍於華亭。[61]

這些話顯示，張居正之查禁書院講學確為其政治主張與手
段的一個重要環節，惟其手段實有「矯枉過正之謬」。

平心而論，當時一些書院為守舊士大夫所用，攻擊改
革，遭到禁毀，固是咎所應得。但是，張居正為加強其專
制統治，「懼天下之議」[62]，「箝口而快心」[63]，憎惡自由講
學而不分青紅皂白，毀書院、禁講學，也屬行之太過。因
而，這一政策當時便遭到普遍抵制。

前述何心隱因講學被張居正屬下杖殺而死，此事在當
時即引起廣大的社會輿論。那時學界的聞人李贄為何心隱
喊冤，指出：

武昌上下，人幾數萬，無一人識公者，無不知公
之為冤也。方其揭榜通衢，列公罪狀，聚而觀者
咸指其誣，至有噓呼叱咤不欲觀焉者，則當日之
人心可知矣。由祁門而江西，又由江西而南安而
湖廣，沿途三千餘里，其不識公之面而知公之心

---

[61] 同註三十一，卷 8〈內閣‧嫉諂〉，頁 215。

[62] 王宗沐，〈龍溪先生文集序〉，載王畿：《王龍溪全集》（台北：
華文書局，民國 59 年），卷首，頁 14。

[63] 王時槐，《吉安府志》（北京：中國書店，稀見中國地方志匯刊，
1992 年），卷 35，頁 549。

者，三千餘里皆然也。[64]

何心隱的慘死，之所以博得社會大眾的深切同情，乃是他長期講學傳道的緣故，「斯道之在人心，真如日月星不可蓋覆矣。」[65]

毀書院、禁講學，以高壓手段箝制言論，其不合理至為明顯。此外，張居正裁減歲貢名額，也不盡合理。萬曆三年（1575）五月，「張居正言：督學試郡縣入學太濫，宜拔其優一人。報可。」[66]對此，談遷的史評云：

> 江陵綜覈名實，力矯凤玩，千慮一失。在汰郡縣諸生，彼萬室之邑，絃誦相聞，僅錄其一。青青子衿，遂賈怨天下。謂娼嫉之尤，三尺之孺亦交口詈之矣。宰相能樹人，亦何惜一芹，為此曹子資詬耶。[67]

各府、州、縣的戶數、人口、文化水平都是不一的，對於「絃誦相聞」的「萬室之邑」，同人口鮮少的「窮鄉僻壤」一樣，僅允許儒學擇一人進入學校深造，其規定之苛、之僵，不言可喻。

張居正之治體，可歸納為一詞：「用剛」。給事中余懋學，請行寬大之政，張居正以為訕己，削其職；御史傅應禎繼言之尤切，下詔獄杖戍。[68]張居正「自省肫誠專一，其作用處，或有不合於流俗者。」嘗言：「使吾為劊子手，

---

[64] 李贄，《焚書》（台北：漢京文化公司，民國 73 年），卷 3〈何心隱論〉，頁 89。

[65] 同上註。

[66] 同註三十五，卷 69〈神宗萬曆三年〉，頁 4267。

[67] 同上註，頁 4268。

[68] 同註八，卷 213〈張居正傳〉，頁 10。

吾亦不離法場而證菩提。」[69]充分顯現了他剛直的個性和
獨斷的行事作風。為此，他的好友陸五臺就曾寫信說他處
理余懋學、傅應禎二人「為太過」，「恐失士心」。[70]

　　「威福自擅之罪」與「剛過之病」確是張居正教育改
革失敗的重要原因。紀昀在《四庫全書提要》指出，張居
正「振作有為之功，與威福自擅之罪，俱不能相掩。」[71]所
謂「恃君上之寵以掠美市恩，假朝廷之法以快意行私」[72]，
張居正教改措施與手段的不盡合理，正是「快意行私」的
反映。其失去人心，似為自然之結局。

二、教育沉疴積重難治

　　明至嘉靖、隆慶、萬曆年間，教育沉疴已到積重難治
的窘境，官學出現「士習日偷，舉貢失當，真才鮮少，理
道不張。」[73]百病叢生，學校教育失敗到了極致。短期內
欲求對這樣的學校教育予以改革並收效，實在是比登天還
難。

　　《（康熙）新會縣志》卷八〈學校〉載：

> 自嘉、隆以還，教官不過具員，號舍竟為虛設。
> 學使者，歲科考校惟論文藝，雖有修潔博習之
> 士，無所用之。由是，士日濡首於八股之中，揣
> 摩掇拾，以求科第而博富貴，即詩書六藝亦且視
> 為贅，置之不講，而況求所謂明倫敦行者耶？嗚

---

[69] 同註三十八，書牘 8〈答奉常陸五臺論治體用剛〉，頁 347。

[70] 同上註，頁 346。

[71] 引自註三十八，卷首，頁 1。

[72] 陸樹聲，《耄餘雜識》（台北：新文豐出版社，叢書集成新編第
88 冊，民國 60 年），頁 106。

[73] 嵇璜，《欽定續文獻通考》（台北：商務印書館，四庫全書本，
民國 72 年），卷 50，頁 404。

呼！此學校之所以日遠於古也。[74]

足見明中後期學校教育之功能，已侷限於應八股科考罷了。不但學術教育浸微浸滅，一切生活教育、道德教育、情意教育、人格教育均已置之不聞不問。

當時之儒學，「士不志仁，而惟榮肥之棘。」[75]士子「所學習者皆佔畢文藝之事，所經營者皆富貴溫飽之圖，一旦登第為官，竟不知德行為何物，無怪其四維不張，而百事決裂也。」[76]學校教育目標之偏頗，教學內容之扭曲，教育結果之可笑，在在令人慨嘆。

學校淪為科舉附庸，士人學子皆馳騖於記誦辭章，而功利得喪分惑其心。於是師之所教、弟子之所學者，遂不復知有明倫修業之意。聶豹在〈應詔陳言以弭災異疏〉認為，時代問題係由於八股科舉不重德性，學校不重「敦本尚實之教」所造成，從而提出「治天下必以正風俗得賢才為本」的讜言。他說：

> 治天下以正風俗得賢才為本。仰惟國家之典百六十餘年矣，然而至今人才未振、風俗未醇、民力未裕、國用未舒，人士微謙遜之節，里巷多攘奪之風，盜賊之竊無時，災害之荐臻未已，刑雖繁而奸弗戢，官不攝而事弗理者，伊誰之責哉？是皆責在士夫，……欲善今日之風俗，當自今日之士夫始；欲善今日之士夫，當自今日之學校始。……學校之政不修，人士類以記誦詞章為

---

[74] 蘇楫汝，《（康熙）新會縣志》（北京：中國書店，稀見中國地方志匯刊，1992年），卷8〈學校〉，頁311。

[75] 耿定向，《耿天臺先生文集》（台北：文海出版社，民國59年），卷11〈繁昌縣重遷儒學記〉，頁1214。

[76] 同註七十三，頁403。

學，夫紙上陳言之務，豈所以尊德性而理身心？
科舉程式之趨，豈所以端本原而出治道方？其為
學用心之始，既不止於毫釐之差，則其中之所行
與夫中之所就，又奚過於千里之謬哉？天下未嘗
無才，特被科舉潛驅默奪以去，是以不能大有所
成。……欲正今日之學校，以養今日之人才，當
於科舉、學校之中，深加敦本尚實之教。[77]

在聶豹看來，社會不是沒有人才，而是「被科舉潛驅默奪
以去」，以致不能有所成就。

教育失敗與社會問題密不可分，誠如黃綰（1480-1554）
[78]所云：

今日海內虛耗，大小俱弊，實由學術不明，心術
不正。故士風日壞，巧宦日眾，吏弊日多，貪殘
日甚，民風日壞。立法愈密，奸弊愈生，刀訟愈
起，上下逢迎，虛費愈廣，所以民生日困。[79]

當時人才難覓、風俗大壞，「皆由師道無人」，「但事口耳、
文藻，此舉業之所以弊也。」[80]學術不明，士風寢頹，官

---

[77] 聶豹，《雙江聶先生文集》（台南：莊嚴文化事業公司，四庫全
書存目叢書，民國86年），卷1，頁4-5。

[78] 黃綰，浙江黃岩人，字宗賢，一作叔賢，號久庵、石龍。以祖
蔭入仕，歷南京都察院經歷、光祿寺少卿，累遷南京禮部尚書
兼翰林院學士，未受命，即罷歸。綰師事王陽明，陽明歿，桂
萼齮齕之，綰上疏為師辯護。晚年思想一變，批評「致良知」
說，斥其空虛誤人。著有《明道編》、《石龍集》。其生平可參見：
《國朝獻徵錄》卷34〈黃公行狀〉、《明史》卷197〈黃綰傳〉、
《明儒學案》卷13〈黃綰傳〉，以及《明人傳記資料索引》頁
661〈黃綰〉。

[79] 黃綰，《明道編》（北京：中華書局，1959年），卷4，頁45。

[80] 同上註，卷3，頁36。

學教育敗壞，學校教育淪為科舉附庸，八股考試帶領學子、士人鑽牛角尖等等，確為明代中後期的教育弊端。

可惜的是，張居正的教育改革，僅僅著力於考核學政、裁減學額、申明學規、規定鄉試名額及調整歲貢與補貢形式等等偏重教育行政事務的改革措施。實際上，明中後期教育改革的方向，有很多重點是為張居正所忽略的，甚至是完全看不到的。諸如科舉考試的內容與範圍如何求其突破，使其能兼顧文藝、科學與實用，真正選拔出人才，為國家社會所用；次如各級學校（國子監與府、州、縣儒學及鄉村社學）如何「有機」銜接，以建構成較有系統的學校制度，使普通教育與人才教育並行不悖；再如師資之來源怎樣讓它穩定，師資之培育怎樣讓它更有計畫；另如學校中的教學方法，怎樣進行革新，以超越記憶、背誦與模仿的傳統窠臼，提高教學效果；又如教育內容如何與政治社會實務相結合，在行政管理、財務管理、軍事管理等各方面著實研習；最後如教育風氣之改善，如何結合政府、學校、社會、家庭的力量，共同塑造優質學風。這些都是當時教育革新的大課題，絕非張居正一人所想到、推行的若干措施，所能畢其功的。

三、反對聲浪大，難以堅持

張居正進行包括教育、政治、財政、軍事諸方面的重大改革，其措施無可避免地損及許多士大夫、富豪權貴的既得利益，尤其是推行均平賦役更是開罪了一大批官僚地主。正如後來的顧炎武所指出的：其改革是「利於下而不利於上，利於偏氓不利於士夫。」[81]因而招致了許多社會上有力階層的激烈反對。換言之，張居正的教育改革缺乏

---

[81] 顧炎武，《天下郡國利病書》（台南：莊嚴文化事業公司，四庫全書存目叢書，民國 86 年），原編第 23 冊〈江西〉，頁 304。

廣泛的社會基礎，改革的力量過於單薄，也就難以堅持了。

在教育改革工作上，張居正大刀闊斧整頓學政、地方儒學教育、書院與社會講學活動，得罪了廣大的士人階層，引起了極大的風波。明朝以來，以生員為主幹的士人階層是社會的領導階層，政府的官吏，出於這個階層，地方的輿論，也操縱在這個階層的手裏。當這個階層的既得利益（如免差徭丁、廩膳等特權）可能遭受剝奪時，必然起而抗爭，這是人性。張居正不會不知道這個後果，他早有心理準備：「得失毀譽關頭，若打不破，天下事無一可為者。」[82]只是，反對聲浪之大之猛，似乎超出他的預料範圍。

張居正熱力推行教育改革政策之際，反對聲浪已洶湧而來。尤其是明朝的言官，像「一窩胡蜂」，你動了一個，他會來一群。[83]張居正無奈地說道：「異議紛紛，幾至顛躓！」[84]反對者以張居正裁減生員、禁毀書院、壓制議論等政策，皆屬苛法，有違「養士」傳統、「敬敷五教在寬」美意，從而攻擊張居正及其教育改革。

萬曆四年（1576）正月，劉臺上疏彈劾張居正「擅作威福」。[85]對此，張居正是沒有理由答辯的，他於是只有連續二次具奏請求致仕，神宗也相繼下旨慰留。權位保住了，他更加堅定的說：「夫事惟求講理之至當，……諸呶呶之口，誠無足為重輕。」[86]不但沒有檢討反省，反而加緊腳步貫徹自己的主張。

---

[82] 同註三十八，書牘 12〈答南學院李公言得失毀譽〉，頁 451。
[83] 朱東潤，《張居正大傳》（天津：百花文藝出版社，2000 年），頁 80。
[84] 同註三十八，書牘 3〈答關中憲使李義河述時政〉，頁 260。
[85] 同註三十八，奏疏 4〈被言乞休疏〉，頁 66。
[86] 同註三十八，奏疏 4〈謝恩疏〉，頁 67。

　　由於張居正執行教育改革苛嚴，當時，即有人提出，以摧折言論的辦法來推行文化專制政策實為過分。萬曆八年（1580）夏，值張居正推動教育改革進入高潮的時期，趙世卿（？-1618）[87]奏〈匡時五要〉，首先針對張居正之限取士之額，疏「請廣取士之額」，接著指斥張居正之箝制言論，云：

> 近者臺諫習為脂韋以希世取寵，事關軍國，卷舌無聲，徒撮不急之務，姑塞言責。延及數年，居然高踞卿貳，誇耀士林矣。然此諸人豈盡集訧無節，忍負陛下哉？亦有所懾而不敢耳。如往歲傳應禎、艾穆、沈思孝、鄒元標，皆以建言遠竄，至今與戍卒伍。此中才之士所以內自顧恤，寧自同於寒蟬也。宜特發德音，放還諸人，使天下曉然知聖天子無惡直言之意，則士皆慕義輸誠，效忠於階下矣。[88]

極論言路當開。

　　當時，對於張居正的教育改革，不僅出現許多頑強的異議之聲，還出現具體的抵制行動。如萬曆七年（1579）至十年（1582）任四川提學使的郭棐，「及視蜀學，於太岳（張居正）所行新法，一不肯徇，是以不沙汰生員，不裁抑生員，不拆毀書院，不變賣學田。此四事，蜀中士夫

---

[87] 趙世卿，山東歷城（今濟南）人，字象賢，號南渚。隆慶五年（1571）進士。萬曆初，授南京兵部主事，陳匡時五要，忤張居正意，貶為楚府右長史。居正卒，累遷戶部尚書。力主罷礦稅、懲稅使、減王室費用，皆不納，乃連疏乞去。未果。萬曆三十八年（1610），自我解職，乘柴車逕去，帝亦不罪。其生平可參見：《明史》卷 220〈趙世卿傳〉及《明人傳記資料索引》頁 756〈趙世卿〉。

[88] 同註七，卷 67〈神宗萬曆八年〉，頁 2620。

夫人人能言。」[89]

張居正反對講學，禁、毀書院，在講學風氣十分盛行的當時，反對者批評他「不喜學」。浙中王門的王宗沐認為，張居正是「懼天下之議」而出此政策。[90]江右王門的王時槐也不客氣的指責張居正「箝口而快心」。[91]當時文教人士，對於張居正「必概以毀之（書院講學）以為快」的舉措，都以蔡京（1047-1126）[92]、韓侂胄[93]比擬他。[94]在多數學術界、教育界人物的抵排、反對情況下，張居正的教育改革無法成功，並不叫人意外。

四、未得到皇帝的絕對支持

論者以為，明代皇權的絕對專制，並未因皇帝的失德怠政而受損減；任何大臣之能否入閣，入閣後能有多大權力，能否推行其主張，能否持久任職，其首要之條件，是必須取得和保持皇帝（皇室）對他的寵信和支持。[95]這個論斷是很合乎歷史事實的。明神宗年幼繼位初期，生母慈聖皇太后「徙乾清宮，撫視帝。……大柄悉以委居正。」

---

[89] 引自韋慶遠，《張居正與明中後期政局》（廣州：廣東高等教育出版社，1999年），頁791。

[90] 同註六十二，頁14。

[91] 同註六十三，頁549。

[92] 蔡京，北宋興化仙遊（今隸福建）人，字元長。熙寧進士，與章惇、童貫結交，四出執政，戚黨遍布，擾敗政綱。

[93] 韓侂胄，南宋安陽人，字節夫。寧宗時，以外戚被重用，官至太師，封平原郡主，專權十四年。斥理學為偽學，請下詔嚴禁，大儒朱熹等因而獲罪。後為鞏固地位，出兵伐金，兵敗求和，金人求首謀的人頭，宋乃殺之以謝。

[94] 同註三十五，卷70〈神宗萬曆十年〉，頁4340。

[95] 袁穗仁，〈論張居正改革的歷史借鑑〉，載《中國史研究》，1994年2月，頁72。

[96]於是官僚反對張居正的理由如「奪情」等等,都一次次被皇帝出面排除。

但這個形勢,在萬曆六年(1578)明神宗完成大婚、親裁政事以後,就有所改觀了。張居正後期的教育改革工作,神宗皇帝並未絕對支持。事實上,神宗在張居正鎮壓書院正達到最高潮的時候,還頒賜題辭給某些書院。例如萬曆九年(1581)正月,「賜山陽王俊柵書院額曰樂善」[97];同年八月,「賜高唐王厚煥書院曰思訓」。[98]

一般來說,性格倔強的人受到壓抑時會感到煩悶,甚至起而反抗,但是若對方力量強大,他又可能將反抗轉變成順從,而將不滿情緒壓到潛意識裏。惟實際上他只是表面將此痛苦經驗排除於個人的記憶或意識之外,心中的怨懟和敵意態度並未消失。明神宗對張居正的惡感隱約出現在張居正熱力推動教育改革之際,如上所言查禁書院政策上,神宗並未全力支持。神宗痛恨張居正,尤其體現在萬曆十年(1582)以後,籍沒張家即是這一心理的反映。

《明史》載:

(神宗)帝初即位,……慈聖(皇太后)訓帝嚴,每切責之,且曰:「使張(居正)先生聞,奈何!」於是帝甚憚居正。及帝漸長,心厭之。乾清小璫孫海、客用等導上遊戲,皆愛幸。慈聖使(馮)保捕海、用,杖而逐之。居正復條其黨罪惡,請斥逐,而令司禮及諸內侍自陳,上裁去留。因勸帝戒遊宴以重起居,專精神以廣聖嗣,節賞賚以省浮費,卻珍玩以端好尚,親萬幾以明庶政,勤

---

[96] 同註八,卷 213〈張居正傳〉,頁 9。
[97] 同註三十五,卷 71,頁 4350。
[98] 同註三十五,卷 71,頁 4393。

講學以資治理。帝邁於太后，不得已，皆報可，
而心頗嘯保、居正矣。[99]

這恰是上面這一心理的寫照。甚至有明末的史家表示，神宗皇帝對張居正表面孝敬有加，心裏卻是「積忿許久」。[100]

據朱東潤在《張居正大傳》分析，張居正當國的時候，明神宗年齡雖小，已經開始認識政治。他知道他是主人，然而他也知道在他沒有支配實際政治的時候，他還得受人支配，甚至對於他的支配者，還得博取應有的好感。從神宗即位（1573 年）到萬曆十年（1582），張居正是首輔，是獨裁者，是皇帝的師傅，實際上他是神宗的支配者，神宗當然時時感到博取張居正好感的必要，但是同時他也知道他是張居正的主人。神宗對於自己的地位，正感到一種不平，他甚至希圖報復，所以他對張居正的好感，因為自卑心理的缺陷，日後突變為對於張居正的惡感。[101]

從另一角度看，萬曆皇帝荒墮劣質的原形畢露，與教育改革運動的戛然停頓，是相伴而生的。甚至可以說，神宗在摧毀改革事件上扮演著「主導角色」。張居正死後，神宗即「留意聲色游宴」。[102]因為從那時起，已經沒有「嚴師」在旁，行為可以不再有所顧忌了；「萬曆在貪奢淫逸的追求表現更熾烈」，「採取的形式手段也多種多樣，無奇不有」[103]。如萬曆十一年（1583）二月，下諭「採民女三百人，年十五下者」[104]。最受臣民非議的，是神宗長期不視朝、不理政、不補官；大體上從萬曆十四年（1586）、

---

[99] 同註八，卷 213〈張居正傳〉，頁 11-12。
[100] 同註三十一，卷 9〈江陵震主〉，頁 228。
[101] 同註八十三，頁 165。
[102] 同註七，卷 68〈神宗萬曆十一年〉，頁 2651，
[103] 同註一，頁 859-860。
[104] 同註三十五，卷 72〈神宗萬曆十一年〉，頁 4434。

十五年（1587）以後，他實際上是以「懶皇帝」的形象出現的。作為國家首腦而長期不理朝政，必然使「政務陷於停罷」。[105]

在「朕即王朝」的君權時代，張居正的教育改革未能得到神宗皇帝的全力肯定和支持，終致失敗。

五、昧於修身，授人把柄

任何時代，一旦貪污有據，經人指摘，往往不但成為終身的玷辱，而且會引起政權的動搖。張居正一向潔身自好，當國以後，曾說：「僕自當事以來，閉門卻掃，士大夫公言之外，不交一談。」[106]又說：

> 僕近來用人處事，一秉公心，謬持愚見，旁人無所關其說。士大夫公見之外，不延一客，公談之外，不交一語。即有一二親故，間一過從，不過相與道舊故、遣客懷而已，無一語及於時政。[107]

在操守方面，張居正似乎很有自信。

但是，權力使人腐蝕，地位使人蔽塞。張居正末節驕奢縱恣，自毀形象，給反對者以攻擊的缺口。沈德符說他「性喜華楚，衣必鮮美耀目，膏澤脂香，早暮遞進，雖李固、何宴，無以過之。」[108]據朱國禎（？-1632）[109]言，「聞

---

[105] 同註一，頁 863。

[106] 同註三十八，書牘 5〈答司馬王繼津〉，頁 304。

[107] 同註三十八，書牘 5〈答工部郎中劉公伯變言用人毀譽〉，頁 305-306。

[108] 同註三十一，卷 12〈士大夫華整〉，頁 316。

[109] 朱國禎，湖州烏程（今浙江湖州）人，字文寧，號平涵。萬曆十七年（1589）進士，歷官翰林院編修、國子監祭酒等，後謝病歸。曾上書浙江巡撫、巡按，請行均田，計畝定役，遂招禍，致居室被焚。天啟二年（1623），拜禮部尚書兼文淵閣大學士，

江陵（張居正）盛時，饋者用織綿，以大紅毅為地，青毅為字，而綉金上下格為蟠龍蟠曲之狀。江陵見之嘻笑，不為非也。」[110]他回鄉治父喪時，「自京師除道達其室，四千餘里，填塹刊木，廣狹如一，所至廚傳列灶千計，外藩大吏，望塵迎拜，相屬於道。」[111]謝肇淛說他：主持國事「生殺予奪，惟意所向。……逮夫末年，固位挾勢，……而人心始大失所望者。」[112]這些說明了張居正性奢而易昧，器小而易盈之病。

尤為明顯的是，張居正家人的憑勢橫肆。北京只是張居正的寓所，他的家在荆州江陵，那裏有他的父母、弟弟、兒子、族親及僕役等，此處是腐化的勢力的主要窗口。隆慶六年（1572），張居正雖然不是「穿窬之徒」，婉辭了荆州道府要為他「建坊」的計畫，但他還是接受了這些來自「民膏」的「坊價」[113]，作為修建自家宅第的經費。張居正在〈與楚中撫台辭建第助工〉中所云：「新構蝸居，三院會計」，都是荆州道府諸公之「厚意」[114]，指的就是這件事。

不僅營造私第的經費全來自賄款，建築工程也由錦衣

入參機務。魏忠賢竊國柄，國禎佐葉向高多所調護。及向高、韓爌相繼罷去，國禎為首輔，累加太子太保，為逆黨李蕃所劾，遂引疾去。著有《湧幢小品》、《大政記》。其生平可參見：《明史》卷 240〈朱國禎傳〉及《明人傳記資料索引》頁 138〈朱國禎〉。

[110] 朱國禎，《湧幢小品》（台北：新興書局，民國 62 年），卷 15〈織錦劄〉，頁 45-47。

[111] 謝肇淛，《五雜組》（瀋陽：遼寧教育出版社，2001 年），卷 15〈事部三〉，頁 311。

[112] 同上註，頁 310。

[113] 同註三十八，奏疏 4〈答荆州道府辭兩院建坊〉，頁 268。

[114] 同註三十八，書牘 5〈與楚中撫台辭建第助工〉，頁 291。

衛軍士包辦。張居正雖然當心此例一開,「則官於楚（荊州）者,必慕為之,是僕營私第以開賄門,其罪愈重。」感到將「累於清議」,「百朋不為重,廣夏不為安」。[115]心理焦慮不是沒有,但畢竟新居佳構還是如期落成了。

萬曆六年（1578）,劉小魯提議替張家在玉泉買田「創山勝」,「據其圖樣,結構不小,費當不下千金。」[116]當張居正知道此事時,該工程已開工。萬曆八年（1580）,湖廣巡按朱謹吾替張居正建「三詔亭」,「工作已興」,張居正才去信辭謝。[117]除了具體龐大建築物的饋贈外,賄款更是不停送至張家。

萬曆七年（1579）,張居正曾說:「自不穀待罪政府以至於今,所卻兩廣諸公之饋,寧止萬金,若只照常領納,亦可做富家翁矣。」[118]張居正自己承認,「受事以來,四方餽贈,……間有量受者。」[119]

張居正的父親及其家人僕輩在江陵的所作所為,負面的評價較多。張居正說過:「老父高年,素懷坦率,家人僕輩,頗聞有憑勢凌爍鄉里,澗擾有司者,皆不能制。」[120]張父與家僕的放恣,到了無法控制的局面。萬曆二年（1574）,張居正說過:「敝族家人,雖頗知奉法,然小小擾澗,未必盡無,銜勒鈐制,不敢一日釋也。」[121]在「子為父隱」的社會中,張居正只能這樣說,但是家人的橫肆情態已經顯然。

---

[115] 同上註。

[116] 同註三十八,書牘 10〈答棘卿劉小魯言止創山勝事〉,頁 400。

[117] 同註三十八,書牘 12〈答湖廣巡按朱謹吾辭建亭〉,頁 446。

[118] 同註三十八,書牘 11〈答兩廣劉凝齋論嚴取與〉,頁 427。

[119] 同註三十八,書牘 10〈答凌洋山辭饋助〉,頁 392。

[120] 同註三十八,書牘 5〈與楚撫趙汝眾言嚴家範禁請託〉,頁 308。

[121] 同註三十八,書牘 6〈答總憲廖春泉〉,頁 314。

《明史》載,「居正自奪情後,益偏恣。其所黜陟,多由愛憎。左右用事之人多通賄賂。……世以此益惡之。」[122] 應是信而有徵的。張居正死後第二年,神宗帝命司禮張誠及侍郎丘橓偕錦衣指揮、給事中籍張家,搜得所藏黃金萬兩、白金十餘萬兩。[123] 正是證物之一。

上面種種,都是張居正受賄貪污的事實;這些都授人以攻擊的把柄。早在萬曆四年(1576),御史劉臺就上疏彈劾張居正貪污,「威福」自己。劉臺抗論張居正之章摘述如下:

> (張)居正儼然以相自處,自高拱被逐,擅威福者三、四年矣。……成國公朱希忠,生非有奇功也,居正違祖訓,贈以王爵;給事中陳吾德一言,而外遷郎中;陳有年一爭而斥去。臣恐公侯之家,布賄厚施,緣例陳乞,將無底極。[124]

這些應不是沒有根據的誣蔑。

趙翼在《二十二史劄記》專門列了一條:「明官俸最薄」。[125]《明史》也說:「自古官俸之薄,未有若此者。」[126] 根據謝蓬勃的研究,萬曆時,以少師兼太子太師的內閣首輔,每月俸祿經折算為米一石(約可供三口之家一月食用),銀十五兩三錢二分,另有市價甚低的鈔五〇〇貫(約為一緡錢)。[127] 據此,張居正的薪俸支出一般的生活費之

---

[122] 同註八,卷 213〈張居正傳〉,頁 12。

[123] 同上註,頁 13。

[124] 陳鶴,《明紀》(台北:世界書局,民國 73 年),卷 39〈神宗紀一〉,頁 400-401。

[125] 趙翼,《廿二史劄記》(台北:仁愛書局,民國 73 年),卷 32,頁 750。

[126] 同註八,卷 82〈食貨六〉,頁 9。

[127] 謝蓬勃,〈「明官俸最薄」芻議〉,載《江西師範大學學報》(哲

後，應所剩不多。而歷年皇帝的賞賜也屈指可算。因此，張居正家裏能有那麼多蓄藏，服舍能那麼講究華整，其來路不言自明。

此外，張居正抗拒不了功名的誘惑，在科場上作弊，也引來非議。張居正當國十年之中，諸子在科舉路中春風得意。萬曆五年（1577），次子張嗣修考中會試第二名；萬曆八年（1580），參子張懋修高中會試狀元，長子張敬修也同榜進士及第。兄弟三人，先後登科，引起不少的質疑和責難。一時，「外議藉藉」。[128]以前者為例，據當時的雜史載，萬曆五年(1577)，由神宗出面，在廷試中用了調包之計，把原定為狀元的宋希堯，降為二甲第一名，把張居正之子張嗣修，從二甲第二名拔為一甲第二名。事後，神宗對張居正說：「朕無以報先生功，當看（照顧）先生子孫」。[129]張居正也就欣然接受。於是諸大臣子弟紛紛效尤，競相獵取功名，以致連真正憑才學考取的大臣子弟亦「無有見信於天下者」。[130]王世貞說當時張居正因「壞科場」而被人「唾罵不已」。[131]

六、人存政舉，人亡政息

明代厲行中央集權統治，使得「人治」因素更加突出，一切「制度」、「法令」、「規章」是否實行，往往因主其事者而改異。高度中央集權制度是有利於國家的大一統的，但對整個社會、政治、經濟、文化的發展卻不一定有利。因其「人治」色彩濃厚，故不免產生「人亡政息」的弊病，

社版）1996 年 8 月，頁 76-77。

[128] 王世貞，《弇山堂別集》（台北：商務印書館，四庫全書本，民國 72 年），卷 83〈科場考試三〉，頁 270。

[129] 同上註，頁 267。

[130] 同註一二八，卷 84〈科場考試〉，頁 288。

[131] 同上註，頁 285。

政策往往隨著主導者的去世或離職而廢止下來，無法透過文官體制而繼續推動。換言之，在「人存政舉，人亡政息」的時代，改革者可利用手中可支配的政治權力和資源，進行改造變革的措施，可是一朝病故或失勢，改點的一切往往死灰復燃。

這種改革方法的缺陷，相當於黃仁宇所指的：張居正改革失敗的「最大弱點，在於他沒有能力擺脫王朝統治方式的模式」，亦即「他改革帝國官僚政治的努力不可能系統化」。黃氏分析道，張居正把政府的各個部門置於他個人的控制之下；可是他的權力仍然依靠個人的政治關係。同時，他擴大內閣對於吏部的影響（如考成法、考核提學官與教官等措施），並沒有得到他的同僚們（如張四維、申時行等）的同意。所以，當張居正一旦去世，他的改革事業也就不存在了。[132]這也就是說，張居正施政純粹憑靠個人的權力控制和政治關係，而非透過整個政府體系從結構上、制度上系統化實施。

吳智和在《明代的儒學教官》書中指出，在中國帝制時代，聖王政治文化之教育傳統中，政治與教育在原則上從來就不是相互獨立的，而是一體化的型態。特別是有明一代，教育泛政治化的色彩，至為鮮明。教育與政治一體化的結果，必然會走上政治過度干預教育的現象。[133]張居正執政時，施行他的教育政策；而他死後，過去「曲事居正」，以致「積不能堪」的張四維當國約一年，「蕩滌」張

---

[132] 黃仁宇，〈張居正的 10 年：耀眼的暮光〉，載牟復禮主編：《劍橋中國明代史》（北京：中國社會科學出版社，1992 年），頁 570-571。

[133] 吳智和，《明代的儒學教官》（台北：學生書局，民國 80 年），頁 7。

居正所施諸政。[134]不久，申時行繼柄政，務為寬大，罷張
居正所行包括考成法在內諸法。[135]張居正所改的一切，幾
乎回復如初。

另從張居正任首輔的職權來源分析，尤明顯可知明代
內閣制度，充滿了「人治」色彩。林麗月研究指出，萬曆
初年，張居正以帝師為內閣首輔，神宗及其母慈聖太后全
心倚任。張居正因此得以大權在握，以其過人的幹濟與權
謀，施展抱負，起衰振隳。但當張居正死後，一旦為政敵
所傾，生前榮寵削除一空，其辛苦經營的成果，即隨他而
去，所謂「人存政舉，人亡政息」，這個傳統中國政治文
化的特色，在內閣制度的作用上也顯露無遺。[136]

由上可知，張居正的教育改革在整頓教育行政秩序、
提高教育行政效率、改善教育人員素質、調整科舉與歲貢
制度、取締書院與社會講學，以及提倡經世致用學風諸方
面，都獲得有目共睹的成就。不過，由於(一)措施與手段
不盡合理，(二)教育沈痾積重難治，(三)反對聲浪大，難以
堅持，(四)未得到皇帝的絕對支持，(五)昧於修身，授人把
柄，(六)人存政舉，人亡政息等多重因素的交互作用，教
育改革隨著張居正「身後一敗塗地」，不能穩固下來。誠
如談遷（1594-1657）[137]所謂：「嫌惡日積，乘隙而潰」，教
育改革「遂莫可救矣」。[138]

---

[134] 同註八，卷 219〈張四維傳〉，頁 10-11。

[135] 同註八，卷 218〈申時行傳〉，頁 11。

[136] 林麗月，〈晚明「崇奢」思想隅論〉，載《國立台灣師範大學歷
史學報》第 19 期（民國 71 年），頁 124-125。

[137] 談遷，字孺木，海寧人。明末諸生，國變後，隱居不出。好審
古今治亂，尤熟於歷代典故。著有《國榷》、《北遊錄》、《棗林
雜組》等。其生平可參見《明人傳記資料索引》頁 794〈談遷〉。

[138] 同註三十五，卷 72〈神宗萬曆 12 年〉，頁 4485。

第七章　結論

　　綜觀上面各章的分析，張居正成長、從政的明代中後期，是個轉折的時代，隨著政治、社會各方面的逐漸衰敗，教育弊病、危機，日益擴大。包括提學官與教官不稱職，學校積弛與生員浮濫，士風寖頹與八股積弊，種種教育問題紛至沓來。不但官學教育制度與秩序失之維繫，而且國家培養人才的教育目標也難以實現。

　　面對這種不利的教育情境，身為內閣首輔、富於教育經驗、「勇於任事」的張居正，一心一意要力挽狂瀾。他當過神宗皇帝長期的老師，做過四載的國子監司業，栽培、提拔了許多優秀人才。他提倡實學主義的教育論與為學觀，主張教育應使學生「通古今，習政事」，以為國家社會之用。注重課程規劃與教材編選，是張居正教學思想中突出的特點，他為神宗皇帝設計了一套完整的日講課程計畫，並細心研擬經筵的教育內容與實施順序，充分體現了我國古代聖君教育崇儒術、重史鑑、尚文雅的教育特徵。而張居正所主導、編訂的課程與教材，不但數量龐大，而且品質優良，其中有很多作品，迄今還是有名的歷史讀本，而一再被後人付梓、刊行。

　　在教學原則與方法上，張居正不僅提倡早期教育，而且能夠根據兒童學習心理，採用直觀教學，增進學習動機，提高教學效果。此外，他注重從嚴啟發，強調學習者主動性、積極性和意志力的重要。而他也重視隨器善誘的教學原理，不拘程限，從容引導，比起空洞的說教更易收效。再者，張居正關切環境習移，同時留意學校設施與教育經費。這些教學理念，均富參考價值。

　　令人遺憾的是，張居正對於明神宗朱翊鈞的皇帝教育初期是成功的，但後來應該說是失敗的。當明神宗幼小而張居正還在時，他學得不錯，成績可嘉，但長大成人後，卻是一個貪財尚奢，「好貨成癖」的帝王。[1]張居正死去後，明神宗就迫不及待地去揮霍民脂民膏，安排自己後事，大興土木興建自己未來的陵寢，僅此一項就耗資數百萬。其後，明神宗長期怠政，深居後宮，不理政事，政治統御幾近癱瘓。更派遣礦監稅使四出搜刮，致使民情沸騰、怨聲載道。顯然，張居正長期用心教導明神宗，希望他學為聖君的帝王教育目標，並未實現。

　　張居正的教育改革工作，基本上是值得肯定的。他所謂「無畏於浮言」[2]，「得失毀譽關頭若打不破，天下事無一可為者。」[3]抱定「人言不足恤」，「苟利社稷，死生以之」的氣魄，正是後世有志的改革者的楷模。

　　在改革工作上，張居正可說是「儒皮法骨」──表面是儒家，骨子裡是法家。就因為有張居正的務實理治，我們才能見到萬曆初政之治。史家一致認為，張居正在朝期間（萬曆元年至十年），是明代的「中興」時節。他主持的改革，在明史上留下了閃爍的光輝；唯其失敗作結的因緣線索，則深值反顧覃思，並引為歷史殷鑑。

　　張居正卒後，亂機始播。黃仁宇將「明亡之始」定在「萬曆十五年」（1587），指出該年大明帝國已經走到了它發展的盡頭，他說：

---

[1] 張廷玉，《明史》（台北：中華書局，民國 60 年），卷 234〈馬經綸傳〉，頁 8。

[2] 張居正，《張文忠公全集》（台北：商務印書館，民國 57 年），書牘 11〈答福建巡撫耿楚侗談王霸之辯〉，頁 418。

[3] 同上註，書牘 12〈答南學院李公言得失毀譽〉，頁 451。

當年（萬曆十五年），在我國的朝廷上發生了若
干爲歷史學家所易於忽視的事件。這些事件，表
面看來雖似末端小節，但實質上卻是以前發生大
事的藏結，也是將在以後掀起波瀾的機緣。其間
關係因果，恰爲歷史的重點。[4]

另有學者認爲，自萬曆十一年（1583）起，即張居正
死後第一年，明朝即陷入危機，其後數十年舉措失當而成
潰爛之勢。[5]論者指出，「萬曆初，有張居正勵行改革，把
明朝推上復興的道路，如果繼續發展下去，全國的形勢會
更好，就不會有明亡始於神宗之說。」[6]隨著張居正的去世，
改革措施戛然廢止，前朝弊端復發，政局急轉直下。

見證當時歷史轉折的呂坤，在〈天下安危疏〉中痛陳：

今（萬曆二十五年）天下之勢，亂象已形而亂勢
未動。天下之人，亂心已萌而亂人未倡。……自
萬曆十年以來，無歲不災，催科如故，臣久爲外
吏，見陛下赤子凍骨無兼衣，飢腸不再食，垣舍
弗蔽，苫蒿未完，流移日眾，棄地猥多，留者輸
去者之糧，生者承死者之役，君門萬里，孰能仰
訴。[7]

在呂坤看來，萬曆十年（1582）起，是亂機之肇端，恰是
張居正謝世、改革被廢止之時。

學界有關明亡原因的探討，已有可觀的成果。張廷玉
在《明史》勾勒明亡的歷史演變，指出「明自世宗而後，

---

[4] 黃仁宇，《萬曆十五年》（台北：食貨出版社，民國77年），頁1。
[5] 李治亭，〈明亡於神宗辨〉，載《史學集刊》，1998年第2期，頁
　　26-31。
[6] 同上註，頁26。
[7] 同註一，卷226〈呂坤傳〉，頁6-7。

綱紀日以陵夷」[8]；經穆宗「柄臣相軋，門戶漸開，而帝未能振肅乾綱，矯除積習。」[9]至張居正秉政，「綜核名實，國勢幾於富強」，惟張死後，神宗親政，繼乃因循牽制，晏處深宮，綱紀廢弛，君臣否隔，於是「小人好權趨利者，馳騖追逐，與名節之士為仇讎，門戶紛然角立，馴至怨恚邪黨滋蔓，……以致人主蓄疑，賢姦雜用，潰敗決裂，不可振救。」[10]而任督淤塞、苟延殘喘；熹宗朝，「以帝以庸懦，婦寺竊柄，濫賞淫刑，忠良慘禍，億兆離心，雖欲不亡何可得哉？！」[11]最後到了崇禎，「大勢已傾，積習難挽；在廷則門戶糾紛，疆場則將驕卒惰，兵荒四告，流寇蔓延，遂至潰爛而莫可救。」[12]

此外，趙翼在《二十二史劄記》也從多方面論證了明亡之必然，其中犖犖大者有：其一，明中葉以來，官方隳裂，吏治窳敝，「舉劾惟賄是視，而人皆貪墨以奉上司，於是吏治日媮，民生日蹙，而國亦遂以亡矣。」[13]其二，萬曆中廣徵礦稅，諸稅監「所至肆虐，民不聊生，隨地激變。」[14]其三，明末書生誤國。以科舉得仕的文臣，「不度時勢，徒逞臆見，誤人家國而不顧也。」[15]其四，宦官之禍。劉瑾、魏忠賢等人，「戕賊善類，徵責賄賂，流毒幾

[8] 同註一，卷22〈熹宗紀〉，頁6。
[9] 同註一，卷19〈穆宗紀〉，頁3。
[10] 同註一，卷21〈神宗紀二〉，頁8。
[11] 同註一，卷22〈熹宗紀〉，頁6。
[12] 同註一，卷24〈莊烈帝紀二〉，頁6-7。
[13] 趙翼《二十二史劄記》（台北：仁愛書局，1984年），卷33，頁760。
[14] 同上註，卷35，頁796-797。
[15] 同註十三，卷35，頁806-807。

遍天下」，其禍「不減東漢末造矣」。[16]

除張廷玉與趙翼所提諸種造成明亡的「顯性因素」之外，黃仁宇在《中國大歷史》中對明代的殞落，另提出「隱性因素」的觀點，他說：

> 萬曆時代還發生一些事沒有被人察覺。白銀由海外流入，使東南受益未及於西北，西北諸省倚靠中央政府向邊防軍的津貼，才能維持平衡，而且流通於全國的銀兩總數也有限。……當時帝國用兵於東北，與滿洲人作戰時，朝代的資源重新安排，實陷西北區域於不利。我們不能忽視此中關係和以後流寇橫行於西北的影響，他們終使朝代傾覆。還有一點則是北京政府處在各種爭論而且僵化之際，全國各處地方政府之行政效率也都有衰退的情勢。……而最值得注意的：此時缺乏任何值得振奮的因素。張居正身後被讁，等於昭告中外明朝已無從改革。[17]

依黃氏看法，明代萬曆以來，「南北財政失衡」，「行政效率低落」，特別是改革領袖張居正卒後被籍而形成的「振奮因素幻滅」等「隱性因素」，必須與明朝覆亡的顯著因素相提並論。

由上述可知，神宗在萬曆十年（1582）以後將明朝推向衰亡之路，在這之前的十年，由張居正當國，是有明一代的「中興氣象」。綜觀這十年，張居正一改過去鬆怠廢弛，「國勢幾於富強」。惟隨著他的死去，新法廢止，舊政復活，不出幾年，國勢急速沉淪。這就襯托出張居正的改

---

[16] 同註十三，卷35，頁807-810。

[17] 黃仁宇，《中國大歷史》（台北：聯經出版社，民國82年），頁249-250。

革之可貴及其失敗之可惜。

　　《四庫全書提要》云:「神宗初年,居正獨持國柄,後毀譽不一,迄無定評,要其振作有為之功,與威福自擅之罪,俱不能相掩。」[18]張居正實施考成法,厲行「申飭學政疏」中諸多重大教育改革政策。他的教育改革工作,在(一)振紀綱、重詔令,(二)覈名實、課吏治,及(三)禁講學、抑議論等三大理念指導下,實施了四大措施。一為考核各級學校政事,包括改選提學官、慎選各地儒學教官;二為整頓學校教育,包括裁減生員名額、申明學校禁例;三為調整科舉與歲貢制度,對於鄉試名額、歲貢以及補貢做了明確規定;四為查禁書院與社會講學。這些教育改革措施,確實取得一些具體的實效,惟他操切之病與矯枉之過,也帶來若干負面的影響作用。

　　明中後期的教育文化領域,以陽明學派為主流的書院講學運動和社會游講活動,深入民間,將學術下放,傳播至市井小民身上,與先秦諸子及宋理學家前後輝映,蔚為中國教育史三次自由講學風潮。張居正當政,以書院及社會講學與其教育宗旨不同,採取嚴厲的禁革動作,造成朝廷政策與社會脈動扞格不入,衝突結果是兩敗俱傷,這是那個時代的損失。

　　歷史是發展的:社會思潮的車輪不斷地前進,各個時期都有其不同的規模、特點與經驗教訓,不可能陳陳相因,垂直承襲。張居正主張「遵守成憲」,極力恢復明初建立的制度,走向了專制獨裁的老路,與明中後期的社會脈動相左。其改革措施與手段不盡合理,而當時教育沉疴偏又積重難治;同時由於他昧於修身,授人以攻擊的把柄,致其教育改革進程中,人情洶洶,物議紛紛,反對聲

---

[18] 同註一,卷首,頁1。

浪排山倒海而來。加以得不到皇帝的絕對支持，在人存政舉、人亡政息的時代裡，終使整個改革工作以失敗收場。

　　平心而論，張居正將紀綱置於教育、學術之上，加以「操切」毀書院、禁講學之舉，固然收到整飭吏治、端肅學風的效果，但卻也走向了文化專制主義道路，打擊了學術文化的自由、多元的發展，不能不說是一大缺憾。

　　我們認為，教育改革不但要「合法合理合情」，兼顧「公平」與「正義」，以可行、漸進的方式實施，同時應是一種「全民運動」，它既需要前瞻、長遠的規劃，更需要植基於廣大的社會基礎之上。當教育改革成為一種永續的工作時，它才可能成功。而教育與文化，理論取向與實用取向應是並行不悖，相輔相成的。張居正為挽救明中後期的教育弊病，做出改革努力，但其貢獻沒有預期的多，是可惜的事；而他禁講學、毀書院確為矯枉過正。另其在實學主義教學思想的主張與鋪陳上，重視政治、歷史經驗知識的傳承，對明代教育思想的發展是有其價值的；惟侷限於狹隘觀點，他忽略治理方法，輕視多元價值，明顯有所欠缺。基本上，學術、教育與文化的發展，多元化、兼容並包、自由發展、良性激揚，方為正途。

　　總之，以史為鑒，可以明得失、知成敗。張居正是明朝中後期一位富實學思想、敢負責任和有政治魄力的教育家兼改革家。他不計個人的榮辱死生，雄心勃勃，企圖挽救教育的危機，這種使命感，是令人敬佩的。但他不具備崇高的道德聲望，教育改革體系亦未臻完善，而種種客觀條件又相當不利，且沒有在朝野之間找到共識，終致慘敗，宜引以為鑑。

◎參考資料（分「歷史文獻部分」與「當代論著部分」，各部分依作者姓名筆畫由少至多順序排列，出版年依各書版權頁所註民國年或西元年為準）

一、歷史文獻部分：

王士性（明）：《廣志繹》。北京：中華書局，1981 年。

王世貞（明）：《弇山堂別集》。台北：商務印書館，四庫全書本，民國 72 年。

王世貞（明）：《弇州史料前集》。台南：莊嚴文化事業公司，四庫全書存目叢書，民國 86 年。

王世貞（明）：《弇州史料後集》。台北：文海出版社，民國 59 年。

王宗沐（明）：《敬所王先生文集》。台南：莊嚴文化事業公司，四庫全書存目叢書，民國 86 年。

王守仁（明）：《王陽明全集》。上海：古籍出版社，1992 年。

王時槐（明）：《吉安府志》。北京：中國書店，稀見中國地方志匯刊，1992 年。

王　襞（明）：《王東崖先生遺集》。新竹：國立清華大學人文圖書館館藏微捲。

王　畿（明）：《王龍溪全集》。台北：華文書局，民國 59 年。

王　鏊（明）：《姑蘇志》。台北：商務印書館，四庫全書本，民國 72 年。

文徵明（明）：《文徵明集》。上海：古籍出版社，1987 年。

朱元璋（明）：《明朝開國文獻》。台北：學生書局，民國 55 年。

朱國禎（明）：《湧幢小品》。台北：新興書局，民國 62 年。

朱　熹（宋）：《四書章句集注》。北京：中華書局，1983

年。

朱　熹（宋）撰，清聖祖批：《御批資治通鑒綱目》。台北：
　　商務印書館，四庫全書本，民國 72 年。

余繼登（明）：《典故紀聞》。北京：中華書局，1981 年。

何心隱（明）：《何心隱集》。北京：中華書局，1959 年。

何良俊（明）：《四友齋叢說》。北京：中華書局，1981 年。

何喬遠（明）：《名山藏》。台北：明文書局，民國 81 年。

谷應泰（清）：《明史紀事本末》。台北：商務印書館，四
　　庫全書本，民國 72 年。

宋儀望（明）：《華陽館文集》。台南：莊嚴文化事業公司，
　　四庫全書存目叢書，民國 86 年。

呂　坤（明）：《呂公實政錄》。台北：文史哲出版社，民
　　國 60 年。

呂　坤（明）：《去偽齋文集》。台南：莊嚴文化事業公司，
　　四庫全書存目叢書，民國 86 年。

沈德符（明）：《萬曆野獲編》。北京：中華書局，1959 年。

李東陽（明）：《大明會典》。台北：新文豐出版社，民國
　　65 年。

李　贄（明）：《焚書》。台北：漢京文化公司，民國 73 年。

李　贄（明）：《續焚書》。台北：漢京文化公司，民國 73
　　年。

紀　昀（清）：《四庫全書提要》。台北：藝文印書館，民
　　國 68 年。

胡　廣（明）：《性理大全》。台北：商務印書館，四庫全
　　書本，民國 72 年。

徐　階（明）：《世經堂集》。台南：莊嚴文化事業公司，
　　四庫全書存目叢書，民國 86 年。

高廷珍（清）：《東林書院志》。台北：廣文書局，民國 57
　　年。

郭春震（明）：《（嘉靖）潮州府志》。北京：中國書店，稀

見中國地方志匯刊，1992 年。

耿定向（明）：《耿天臺先生文集》。台北：文海出版社，民國 59 年。

倪文蔚（清）：《荊州府志》。台北：成文出版社，中國方志叢書，第 118 號，民國 59 年。

唐順之（明）：《唐荊川先生集》。台北：藝文印書館，出版年不詳。原刻景印叢集成三編。

陶　成（清）：《江西通志》。台北：商務印書館，四庫全書本，民國 72 年。

陶望齡（明）：《歇庵集》。台北：偉文圖書公司，民國 65 年。

孫應鰲（明）：《孫應鰲文集》。貴州：黔東南州志辦公室，1990 年。

真德秀（宋）：《大學衍義》。台北：商務印書館，四庫全書本，民國 72 年。

真德秀（宋）：《文章正宗》。台北：商務印書館，四庫全書本，民國 72 年。

許一德（明）：《（萬曆）貴州通志》。北京：書目文獻出版社，日本藏中國罕見地方志叢刊，1991 年。

許　慎（漢）著，段玉裁（清）注：《說文解字注》。台北：黎明文化公司，民國 67 年。

陸　容（明）：《菽園雜記》。北京：中華書局，1985 年。

陸樹聲（明）：《清暑筆談》。台北：新文豐出版社，叢書集成新編第 88 冊，民國 60 年。

陸樹聲（明）：《耄餘雜識》。台北：新文豐出版社，叢書集成新編第 88 冊，民國 60 年。

夏　燮（清）：《明通鑑》。台北：世界書局，民國 67 年。

嵇　璜（清）：《欽定續文獻通考》。台北：商務印書館，四庫全書本，民國 72 年。

張元汴（明）：《張陽和先生不二齋文選》。台南：莊嚴文

化事業公司，四庫全書存目叢書，民國 86 年。

張廷玉（清）：《明史》。台北：中華書局，民國 60 年。

張居正（明）：《張文忠公全集》。台北：商務印書館，民國 57 年。

張居正（明）直解，陳生璽譯解：《資治通鑒》。上海：古籍出版社，1998 年。

張居正（明）：《歷代帝鑑圖說》。台南：莊嚴文化事業公司，四庫全書存目叢書，民國 86 年。

張居正（明）：《書經直解》。台南：莊嚴文化事業公司，四庫全書存目叢書，民國 86 年。

張仲炘（清）：《湖北通志》。台北：華文書局，民國 57 年。

陳　威（明）：《（正德）松江府志》。台南：莊嚴文化事業公司，四庫全書存目叢書，民國 86 年。

陳　鶴（清）：《明紀》。台北：世界書局，民國 73 年。

馮夢龍（明）：《醒世恒言》。台北：建宏出版社，民國 84 年。

焦　竑（明）：《焦氏筆乘》（正續集）。台北：廣文書局，民國 57 年。

焦　竑（明）：《澹園集》。台北：偉文圖書公司，民國 66 年。

焦　竑（明）：《國朝獻徵錄》。台北：學生書局，民國 54 年。

焦　竑（明）：《玉堂叢語》。北京：中華書局，1982 年。

黃　佐（明）：《南雍志》。台南：莊嚴文化事業公司，四庫全書存目叢書，民國 86 年。

黃宗羲（清）：《明儒學案》。台北：河洛圖書公司，民國 63 年。

黃宗羲（清）：《黃宗羲全集》。台北：里仁書局，民國 76 年。

黃宗羲（清）：《南雷文定》。台北：世界書局，民國 53 年。

黃　　綰（明）:《明道編》。北京:中華書局,1959 年。

費　　宏（明）:《太保費文憲公摘稿》。台北:文海出版社,民國 59 年。

傅維鱗（清）:《明書》。台北:華正書局,民國 63 年。

湯顯祖（明）:《玉茗堂全集》。台北:廣文書局,民國 78 年。

楊士奇（明）:《歷代名臣奏議》。台北:商務印書館,四庫全書本,民國 72 年。

乾隆帝（清）:《御選明臣奏議》。台北:商務印書館,四庫全書本,民國 72 年。

鄒元標（明）:《願學集》。台北:商務印書館,四庫全書本,民國 72 年。

鄒守益（明）:《東廓鄒先生文集》。台南:莊嚴文化事業公司,四庫全書存目叢書,民國 86 年。

鄒德涵（明）:《鄒聚所先生文集》。台南:莊嚴文化事業公司,四庫全書存目叢書,民國 86 年。

歐陽德（明）:《歐陽南野先生文集》。台南:莊嚴文化事業公司,四庫全書存目叢書,民國 86 年。

鄧元錫（明）:《皇明書》。台南:莊嚴文化事業公司,四庫全書存目叢書,民國 86 年。

鄧以讚（明）:《鄧定宇先生文集》。台南:莊嚴文化事業公司,四庫全書存目叢書,民國 86 年。

聶　豹（明）:《雙江聶先生文集》。台南:莊嚴文化事業公司,四庫全書存目叢書,民國 86 年。

談起行（清）:《上海縣志》。北京:中國書店,稀見中國地方志匯刊,1992 年。

談　遷（明）:《國榷》。北京:中華書局,1988 年。

趙之謙（清）:《(光緒)江西通志》。台北:華文書局,民國 57 年。

趙　翼（清）:《二十二史劄記》。台北:仁愛書局,民國

73 年。

龍文彬（清）:《明會要》。台北：世界書局，民國 61 年。

蔡　清（明）:《虛齋蔡先生文集》。台北：文海出版社，
　　　　民國 59 年。

蕭　彦（明）:《掖垣人鑑》。台北：文海出版社，民國 59
　　　　年。

謝肇淛（明）:《五雜組》。瀋陽：遼寧教育出版社，2001
　　　　年。

顏　鈞（明）:《顏鈞集》。黃宣民點校，北京：中國社會
　　　　科學出版社，1996 年。

蘇楫汝（清）:《(康熙) 新會縣志》。北京：中國書店，稀
　　　　見中國地方志匯刊，1992 年。

歸有光（明）:《震川文集》。台北：中華書局，民國 70 年。

譚希思（明）:《明大政纂要》。台南：莊嚴文化事業公司，
　　　　四庫全書存目叢書，民國 86 年。

羅洪先（明）:《念菴文集》。台北：商務印書館，四庫全
　　　　書本，民國 72 年。

顧炎武（清）:《顧亭林遺書彙輯》(六)。台北：中華文獻
　　　　出版社，民國 58 年。

顧炎武（清）:《日知錄》。周蘇平點注，蘭州：甘肅民族
　　　　出版社，1997 年。

顧炎武（清）:《天下郡國利病書》。台南：莊嚴文化事業
　　　　公司，四庫全書存目叢書，民國 86 年。

顧鼎臣（明）:《明狀元圖考》。北京：中國書店，1999 年。

二、當代論著部分

王路平（1996）:〈論貴州陽明心學文化旅遊圈的開發建
　　　　設〉。載《貴州社會科學》1996 年第 3 期，頁 52-57。

王育濟（1993）:《理學、實學、樸學》。濟南：山東友誼

出版社。

王鳳喈（民 81）：《中國教育史》。台北：正中書局。

尹選波(1994)：《中國明代教育史》。北京：人民出版社。

毛禮銳(1995)：《中國教育通史》。濟南：山東教育出版社。

五十嵐正一(1979)：《中國近世教育史の研究》。東京：圖
　　書刊行會。

中央圖書館（民 67）：《明人傳記資料索引》。台北：國立
　　中央圖書館。

中研院史語所校（民 57）：《明神宗實錄》。台北：中研院
　　史語所。

中研院史語所校（民 57）：《明世宗實錄》。台北：中研院
　　史語所。

中研院史語所校（民 57）：《明英宗實錄》。台北：中研院
　　史語所。

中研院史語所校（民 57）：《明太祖實錄》。台北：中研院
　　史語所。

白新良(1995)：《中國古代書院發展史》。天津：天津大學
　　出版社。

池小芳（民 82）：〈明代社學興衰原因初探〉。載《中國文
　　化研究所學報》第 2 期，頁 19-28。

朱東潤(2000)：《張居正大傳》。天津：百花文藝出版社。

余英時（民 86）：《中國知識階層史論》。台北：聯經出版
　　社。

余英時（民 81）：《文化評論與中國情懷》。台北：允晨文
　　化出版社。

李治亭（1998）：〈明亡於神宗辨〉。載《史學集刊》1998
　　年第 2 期，頁 26-31。

岩井茂樹（1995）：〈張居正的財政課題與方法〉。載劉俊
　　文主編《日本中青年學者論中國史》（上海：古籍
　　出版社），頁 369-411。

季嘯風（1996）：《中國書院辭典》。杭州，浙江教育出版社。

林麗月（民71）：〈王者佐、社稷器——宰相制度〉。載鄭欽仁主編《立國的宏規》（台北：聯經出版社），頁89-138。

林麗月（民85）：〈晚明「崇奢」思想隅論〉。載《國立台灣師範大學歷史學報》第19期，頁215-234。

林寶山（民72）：《心理學名人傳》。台北：心理出版社。

岡田武彥（1986）：〈明末儒學的發展〉。載《中國哲學史月刊》1986年第6期，頁80-84。

吳雁南（1994）：《心學與中國社會》。北京：中央民族學院出版社。

吳智和（民74）：《明史研究論叢》第二輯。台北：大立出版社。

吳智和（民80）：《明代的儒學教官》。台北：學生書局。

胡　適(1988)：《胡適演講集》（三）。台北：遠流出版社。

郭紀青(1996)：〈張居正及其對明代教育的改革〉。載《社會科教育研究》第1期，頁25-52。

郭齊家(民79)：《中國教育思想史》。台北：五南圖書公司。

侯外廬(1984)：《宋明理學史》。北京：人民出版社。

袁穗仁(1994)：〈論張居正改革的歷史借鑒〉。載《中國史研究》1994年2月，頁27-78。

韋慶遠(1997)：〈張居正與《歷代帝鑑圖說》〉。載《歷史月刊》1997年8月號，頁24-29。

韋慶遠(1999)：《張居正與明代中後期政局》。廣州：廣東高等教育出版社。

容肇祖（民82）：《中國歷代思想史》（明代卷）。台北：文津出版社。

孫希旦（民73）：《禮記集解》。台北：文史哲出版社。

島田虔次(1970)：《中國近代思維的挫折》。東京：築摩書

房。

嵇文甫（民 33）：《晚明思想史論》。重慶：商務印書館。

嵇文甫（民 79）：《左派王學》。台北：國文天地出版社。

張正藩（民 70）：《中國書院制度考略》。台北：中華書局。

張　坦（1996）：〈黔中王門──一個被忽略的地域學派〉。
　　　載《貴州文史叢刊》1996 年第 4 期，頁 16-21。

張建仁（民 82）：《明代教育管理制度研究》。台北：文津
　　　出版社。

張曼濤（民 67）：《華嚴典籍研究》。台北：大乘文化出版
　　　社。

畢誠、程方平(1996)：《中國教育史》。台北：文津出版社。

麥仲貴（民 66）：《明清儒學家著述生平年表》。台北：學
　　　生書局。

陳生璽（1998）譯解：《資治通鑒》。上海：古籍出版社。

陳谷嘉(1998)：《中國書院史資料》。杭州：浙江教育出版
　　　社。

陳翊林（民 45）：《張居正評傳》。台北：中華書局。

梁啟超（民 52）：《中國六大政治家》。台北：正中書局。

梁啟超（民 63）：《中國近三百年學術史》。台北：華正書
　　　局。

梁啟超（民 74）：《中國歷史研究法補編》。台北：中華書
　　　局。

黃文樹（民 89）：〈陽明後學的成員分析〉。載《中央研究
　　　院中國文哲研究集刊》第 17 期，頁 371-388。

黃文樹（民 86）：《泰州學派教育思想之研究》，高雄：國
　　　立高雄師範大學教育系博士學位論文。

黃文樹（民 86）：《李贄的教育思想》。高雄：復文圖書出
　　　版社。

黃文樹（民 88）：《陽明後學與明末教育之研究》，行政院
　　　國科會專題研究成果報告。

225

黃仁宇（民 90）：《十六世紀明代中國財政與稅收》。台北：
　　聯經出版社。

黃仁宇（民 82）：《中國大歷史》。台北：聯經出版社。

黃仁宇（民 77）：《萬曆十五年》。台北：食貨出版社。

黃仁宇（1992）：〈張居正的 10 年：耀眼的暮光〉。載牟復
　　禮主編：《劍橋中國明代史》（北京：中國社會科學
　　出版社），頁 561-572。

黃全信（1998）：《明朝皇帝墨寶》。北京：中央民族大學
　　出版社。

黃崇岳（1997）：《中國歷朝行政管理》。北京：中國人民
　　大學出版社。

傅偉勳（民 79）：《從創造的詮釋學到大乘佛學》。台北：
　　東大圖書公司。

華世出版社（民 85）：《中國歷史大事年表》。台北：華世
　　出版社。

溝口雄三著，林右崇譯（民 83）：《中國近代思想的演變》。
　　台北：國立編譯館。

劉澤華(1992)：《中國古代政治思想史》。天津：南開大學
　　出版社。

熊十力（民 77）：《論張江陵》。台北：明文書局。

熊明安(1989)：《中國教學思想史》。重慶：西南師範大學
　　出版社。

熊賢君(1994)：《雕龍刻鳳盼成器——皇子教育》。武昌：
　　華中理工大學出版社。

錢　杭（1996）：《十七世紀江南社會生活》。杭州：浙江
　　人民出版社。

錢　穆（民 84）：《國史大綱》。台北：商務印書館。

錢　穆（民 75）：《中國學術思想論叢》(七)。台北：東大
　　圖書公司。

錢　穆（民 81）：《秦漢史》。台北：東大圖書公司。

錢　穆（民 76）:《中國近三百年學術史》。台北：商務印
　　書館。

錢　穆（民 73）:《中國歷代政治得失》。台北：東大圖書
　　公司。

趙子富(1995):《明代學校與科舉制度研究》。北京：燕山
　　出版社。

劉海峰(1995):《科舉考試的教育視角》。武漢：湖北教育
　　出版社。

謝蓬勃(1996):〈「明官俸最薄」芻議〉。載《江西師範大學
　　學報》（哲社版）1996 年 8 月，頁 73-78。

蘇州大學圖書館(1989):《中國歷代名人圖鑑》。上海：書
　　畫出版社。

蘇錦玉（民 85）:《徐階的政術與學術》。新竹：清華大學
　　歷史研究所碩士論文。

譚其驤（民 80）:《中國歷史地圖集（明代)》。台北：曉園
　　出版社。

附錄一：張居正年譜

中國年	西元年	年齡	事蹟	重要相關時事
嘉靖4年	1525	1歲	五月三日生於湖廣荊州府江陵縣。	1.費宏任首輔。 2.廣西田州土官岑猛兵變。 3.土魯番復擾肅州。
嘉靖5年	1526	2歲	能言。	1.定有司久任法。 2.京師及保定等府大饑，死者眾，遣官賑之。 3.龍虎山道士邵元節被封為真人，入朝直顯靈宮。
嘉靖6年	1527	3歲	能識字，號為神童。	1.張聰入閣用事。 2.王守仁（陽明）為兵部尚書，撫降田州蠻。 3.王守仁與門人論四句教。
嘉靖7年	1528	4歲		1.王守仁平斷藤峽傜。 2.王守仁卒，年57。 3.敕定議禮諸臣罪狀，楊廷和削籍。
嘉靖8年	1529	5歲	入學授句讀，能記誦。	1.韃靼犯寧夏。 2.桂萼入閣。
嘉靖9年	1530	6歲		1.尊孔子為「至聖先師」。

				2.賑山西、京師、延綏等地饑。
嘉靖10年	1531	7歲		1.韃靼犯甘肅、大同。 2.揚州旱蝗,陝西西安各府大旱,賑之。 3.朝臣競上青詞。
嘉靖11年	1532	8歲		多處因災免稅糧。
嘉靖12年	1533	9歲		1.大同兵亂。 2.濟農屢犯延綏、宣府、寧夏等地。
嘉靖13年	1534	10歲	通六經大義,能屬書摛詞。	1.嘉靖皇帝久不視朝,宣稱「靜攝」。 2.小王子犯大同,叛軍應之。
嘉靖14年	1535	11歲		1.費宏復入閣,不久卒。 2.申時行生。 3.廣西土官起事。
嘉靖15年	1536	12歲	補博士弟子,郡守、學政俱激賞之。	1.以道士邵元節為禮部尚書,原封真人。 2.拆宮中元時所建佛殿,焚佛牙、佛骨,毀金銀佛像 169 座、函物凡萬三千餘具。

				3.夏言入閣。
嘉靖 16 年	1537	13歲	鄉試，顧璘欲老其才，故使不第。	1.皇子朱載垕出生（即後來之明穆宗隆慶皇帝） 2.韃靼、濟農犯北疆數處。
嘉靖 17 年	1538	14歲		朵顏、韃靼、濟農犯北疆數地。
嘉靖 18 年	1539	15歲		1.夏言任首輔。 2.韃靼犯遼東、宣府。 3.賑河南饑。
嘉靖 19 年	1540	16歲	成舉人，顧璘贈以文及帶，並勸其歸學。	1.濟農犯大同、延綏。 2.泰州王門王艮卒，年58。
嘉靖 20 年	1541	17歲		1.世宗經年不視朝，日事齋醮；楊爵諫，下獄杖死。 2.朝廷工程繁興，相繼建元極寶殿、大享殿、大高元殿。
嘉靖 21 年	1542	18歲		1.嚴嵩初入內閣，參預機務。 2.俺答寇山西，張世忠戰死。

				3.思恩九姓土民起事已三年。
嘉靖22年	1543	19歲		1.朵顏入寇。 2.貴州土酋起事。
嘉靖23年	1544	20歲	會試，不第。	1.加方士陶仲文少師。 2.日本來貢，以無表文，卻之；其人利互市，留海濱不去與奸民結，於是漸有倭患。
嘉靖24年	1545	21歲		1.順天、保定等府饑，賑之。 2.建州女真犯遼東。 3.河決入鳳陽。
嘉靖25年	1546	22歲		1.四川百草番起事。 2.俺答犯宣府。
嘉靖26年	1547	23歲	成進士，選為庶吉士；讀中祕書，潛求國家典故與政務之要切者。	1.沿海倭寇漸熾，以浙江巡撫兼巡福建。 2.倭寇犯寧波、台州，大肆殺掠。
嘉靖27年	1548	24歲		1.嚴嵩為首輔，殺三邊總督曾銑，下前大學士夏言於獄，再殺之。 2.徐階擢為禮部尚書。
嘉靖	1549	25歲	授翰林院編	1.俺答入寇大

28 年			修，上〈論時政疏〉，不報。	同、宣府等地。 2.倭犯浙東。
嘉靖29 年	1550	26 歲		俺答掠通州，犯京師，京師戒嚴，檄諸鎮兵入援，此即「庚戌之變」，軍不敢戰。
嘉靖30 年	1551	27 歲		1.大同、宣府開馬市。 2.以京師及邊防共費 590 萬，因議於南京、浙江增賦 120 萬。
嘉靖31 年	1552	28 歲		1.徐階初入內閣，兼禮部尚書。 2.倭犯江浙，大掠舟山、象山，流劫溫、台、寧、紹間。
嘉靖32 年	1553	29 歲		1.俺答、小王子大舉入寇邊地。 2.雲南元江土酋那鑑自殺，其眾降。 3.北京流行講學之風，尤以陽明學派之講會最盛。 4.財政危機嚴

				重，歲入不能充歲出之半。
嘉靖33年	1554	30歲	告假歸鄉養病，讀書，學農。	1.倭犯江浙，命張經統兵討之。 2.南京也出現講學活動。
嘉靖34年	1555	31歲		1.冤殺作戰有功的總督張經。 2.倭寇猖獗，俞大猷出擊，倭略嚐敗績。
嘉靖35年	1556	32歲		1.倭寇南京。 2.命胡宗憲總督南直隸、浙、閩軍務，責以剿倭。
嘉靖36年	1557	33歲	回京復職。	1.倭犯如皋，攻通州，轉掠揚、徐，北入山東。 2.葡萄牙竊據澳門。
嘉靖37年	1558	34歲		1.倭犯臺州、溫州，掠福州、興化、泉州，攻惠安。 2.濟農犯永昌、涼州。
嘉靖38年	1559	35歲		1.辛愛寇灤河，逮薊遼總督王論死。 2.倭擾同安，攻福寧，掠平陽。

嘉靖 39 年	1560	36歲	以右春坊右中允管國子監司業。	江南沿海所募禦倭民兵或無所歸，或犒賞薄，譁變，相聚攻掠，劫官庫。
嘉靖 40 年	1561	37歲		1. 世宗迷信道教，遍求方士，時宰多承意以青詞進，號青詞宰相。 2. 戚繼光打擊浙江倭寇，軍威稍振。 3. 海瑞在淳安推行丈田，為均平賦役之初步。
嘉靖 41 年	1562	38歲	敕重校《永樂大典》，為分校官。	1. 嚴嵩罷，徐階為首輔。 2. 倭勢猖獗，福建遭蹂躪幾遍；乃命俞大猷、戚繼光為正副總兵以剿辦之。
嘉靖 42 年	1563	39歲	1. 以右春坊右諭德兼太子穆宗講讀。 2. 任《承天大志》修撰。	1. 戚繼光擊退平海倭寇。 2. 順義、三河告警。
嘉靖 43 年	1564	40歲		1. 廣東倭為俞大猷所破。 2. 逮捕嚴世蕃，揭

				查其諸不法罪。
嘉靖 44 年	1565	41歲		1. 李春芳初入內閣。 2. 抄沒嚴嵩家產，得黃金三萬多兩。
嘉靖 45 年	1566	42歲	任翰林院學士，掌院事。	1. 高拱初入內閣，兼禮部尚書。 2.俺答寇大同。 3.世宗服方士丹藥致死。 4.穆宗立。
隆慶 元年	1567	43歲	迭升任禮部右侍郎、吏部右侍郎，兼東閣大學士，禮部尚書兼武英殿大學士，參贊機務。	1.高拱罷。 2.俺答寇山西。 3.王崇古總制三邊。
隆慶 2 年	1568	44歲	八月進〈陳六事疏〉，即省議論、振紀綱、重詔令、核名實、固邦本、飭武備，為後來柄政之綱領。	1.穆宗怠懶、貪逸、好色之本質漸為暴露。 2.徐階罷，李春芳為首輔。 3.戚繼光都督薊門。

隆慶 3 年	1569	45歲	致函薊遼總督譚綸，具體指揮抗虜軍事。	1. 趙貞吉初入內閣。 2. 高拱復入內閣，兼吏部尚書。 3. 海瑞以右僉都御史巡撫應天十府。
隆慶 4 年	1570	46歲	1. 任吏部尚書。 2. 以考績優秀，加太子太傅，又加少傅。	應天巡撫海瑞疏吳松江，開茆河五千餘丈。瑞為政以摧豪強、抑兼併為主，農民嘉之而為勢家所惡，未能久於其位。
隆慶 5 年	1571	47歲	1. 典試。 2. 力主納那吉，封俺答，安定西陲。	1. 李春芳罷，高拱任首輔。 2. 李成梁總兵遼東。 3. 封俺答為順義王。
隆慶 6 年	1572	48歲	1. 與高拱、高儀同受遺輔政，既而高拱去位，高儀隨卒，張居正乃獨相。 2. 請開經筵、日講，並進《歷代帝鑑	1. 穆宗崩。 2. 神宗立，時年十歲。

			圖說》，加強對幼小皇帝的培育教育。	
萬曆元年	1573	49歲	1. 制定考成法，奏主綜核名實，命諸司立程限文簿，以防稽緩。 2. 進建極殿大學士、中極殿大學士，支正一品俸。	1. 立章奏考成法。 2. 呂調陽初入內閣兼禮部尚書。 3. 方逢時總督宣大軍務。
萬曆2年	1574	50歲	1. 進天下疆域群臣御屏。 2. 疏請恢復每歲決囚的制度。	1. 用曾省吾、劉顯平西南夷都蠻。 2. 詔內外官行久任法。 3. 浙中王門錢德洪卒。
萬曆3年	1575	51歲	1. 請飭學政，整頓學風，申嚴貢士之法。 2. 日講官記注起居。	1. 張四維初入內閣，詔罷貪酷老病之有司，召見廉能官。 2. 浙江杭州等四府因海潮溢，淹沒人畜，毀損戰船無數；蘇州等府亦大水。
萬曆4年	1576	52歲	九年考滿，進左柱國、太	1. 重修《大明會典》。

			傅。	2.遣官修江浙水利。 3.泰州王門趙貞吉卒。 4.劉臺上章劾張居正專擅威福。
萬曆 5 年	1577	53歲	1.丁父憂，乞守制不允，因引起物議，糾劾之者多杖貶。 2.次子張嗣修高中進士一甲第二名（榜眼）。	1.用凌雲翼平嶺西羅旁。 2.參察百官。 3.人情洶洶，指目張居正。
萬曆 6 年	1578	54歲	回籍歸葬，復還朝。	1.神宗完婚。 2.馬自強、申時行初入內閣。 3.高拱卒。 4.劉戢山生。
萬曆 7 年	1579	55歲	1.勸節宮中賞賚、羅織造。 2.禁、毀書院為公廨，凡六十四處。	1.用潘季馴成河工。 2.納活沸堅錯貢品。 3.泰州王門何心隱因講學被杖死。
萬曆 8 年	1580	56歲	1.服除，乞歸政，不允。 2.清丈田畝7013976頃。 3.懲處神宗身旁品性不良	1.李成梁敗東夷。 2.神宗為近侍孫海、客用所惑，夜間游宴，傷聖德。

			之近侍。 4.進《謨訓類編》。 5.長子張敬修、三子張懋修俱中進士；萬曆帝拔後者為一甲第一名（狀元）。	
萬曆 9年	1581	57歲	1.病，乞歸政，不允。 2.請盡蠲天下徭賦及諸司冒濫冗費，豪猾以是怨之。	1.京師大旱，南畿饑。 2.方逢時罷。 3.嚴查溢額、脫漏、詭寄諸弊。
萬曆 10年	1582	58歲	1.病情轉重，三乞歸政，不允，賜太師。 2.6月20日卒於官，贈上柱國，諡文忠，歸葬江陵，備極哀榮。	1.國富足，免逋賦。 2.12月譖太監馮保，籍沒金銀百餘萬兩。馮保與張居正相結，至是追劾張居正者遂起。
萬曆 11年	1583	死後 1年	1.3月追奪官階。 2.言官攻擊不已。	1.戚繼光被劾，改鎮廣東。 2.張四維丁憂去位。 3.申時行繼任為首輔。 4.浙中王門王畿

				卒，年 86。 5.清太祖努爾哈赤弄於塞外。
萬曆 12 年	1584	死後 2 年	4 月誣罪，籍家，張敬修殉難，餘被遣戍狼藉。	1.申時行務寬緩，召還張居正時所斥退者，法紀漸變。 2.王守仁從祀孔廟。
萬曆 40 年	1612	死後 30 年	子張嗣修編次《張太岳文集》刊行，沈鯉、呂坤為之序。	神宗久不聽朝，荒於酒色，致諸務廢墮，礦使四出。
萬曆 47 年	1619	死後 37 年		1.清太祖掠取瀋陽，改名奉天。 2.王夫之生。
萬曆 48 年	1620	死後 38 年	臺諫連章訟冤，言有十大功，神宗不聽。	神宗崩，光宗立，旋病，服紅丸藥，死。於是廷臣大譁，是為「紅丸案」。
天啟 2 年	1622	死後 40 年	追述其功，復原官，予祭葬。	
崇禎 3 年	1630	死後 48 年	羅喻又訟冤，後蔭及誥命。	
崇禎 13 年	1640	死後 58 年	尚書李日宣請追述功勳，復張敬修官；官曾孫張同敞為	

			中書舍人。	
崇禎 16 年	1643	死後 61 年		李自成陷北京， 思宗自縊。
崇禎 17 年	1644	死後 62 年	子張允修，以張 獻忠亂，死於長 湖，諡忠烈。	清兵入京，明 亡。
清順治 7 年	1650	死後 68 年	曾孫張同敞官 兵部侍郎，敗 走桂林，與瞿 式耜同殉難。	

（本年譜參考陳翊林著《張居正評傳》12-17 頁資料、華
世出版社編《中國歷史大事年表》380-410 頁資料整理、
編製而成。）

附錄二：張居正研究文獻目錄

　　張居正是明中後期最重要的政治家、教育家兼改革家。故從清代以降，廣為史家、學者所注意，關於他的論述很多。此處將三百五十年來張居正的研究文獻，按年代順序加以整理、編製，提供研究者翻檢、查詢。本表內容，首先列論著名稱，專書按學界通例用《　》號，期刊論文與專書中之篇章用〈　〉號表示；其次，列作者姓名；再次，詳列出版資料，包括出版社、章節次、期刊名稱、卷期數及頁碼；最後，依出版品的版權頁資料列上出版時間（西元年或民國年概依版權頁所註）。本表資料，乃筆者目前現有之文獻，遺漏者一定不少，特別是外文資料尤缺，容後填補。

論著名稱	作者	出　版　資　料	出版時間
〈張公居正傳〉	王世貞	收入於焦竑編著《國朝獻徵錄》卷17，642-666頁。（台北：學生書局，民國54年）	（明末）
〈張居正傳〉	張廷玉	收入於氏著《明史》卷218，8-14頁。（台北：中華書局，民國60年）	（清初）
〈江陵柄政〉	谷應泰	收入於氏著《明史紀事本末》卷61，743-761頁。（台北：商務印書館，四庫全書本，民國72年）	（清初）
〈張江陵論〉	林　潞	載《（康熙）荊州府志》卷79。	（清）
《張居正年譜》	滕　山	台北：青年書店。	民國29年
〈張江陵年譜〉	楊　鐸	載《華北編譯館館刊》，1942年第1期。	1942年

〈異軍特起的張居正〉	嵇文甫	收入於氏著《晚明思想史論》第 4 章，48-57 頁。（重慶：商務印書館）	民國 33 年
〈我為什麼寫《張居正大傳》〉	朱東潤	載《文化先鋒》第 24 期。	1947 年
〈張居正的用人方法〉	成惕軒	載《人事行政》第 1 期，108-119 頁。	民國 40 年
〈明代大政治家張居正〉	林治平	載《暢流》第 7 卷第 4 期，5-7 頁。	民國 42 年
〈張居正的將將方法〉	刁抱石	載《中央日報》，民國 42 年 4 月 5 日，第 6 頁。	民國 42 年
《張居正評傳》	陳翊林	台北：中華書局	民國 45 年
〈張居正抄家的原因〉	張哲	載《民主憲政》第 12 卷第 5、6 期，第 25 頁。	民國 46 年
〈讀明史論張居正〉	祝秀俠	載《史筆》第 1 卷第 1 期，第 6 頁。	民國 47 年
〈張居正之救弊〉	陳壽恒	載《中央日報》民國 48 年 3 月 15 日，第 7 頁。	民國 48 年
〈張江陵〉	佘守德	收入於梁啟超主編《中國六大政治家》第六編，1-144 頁。（台北：正中書局）	民國 52 年
〈張居正評傳〉	陳則東	載《人生》第 29 卷第 4 期，16-19 頁。	民國 54 年
〈崇法務實的張居正〉	朱如松	載《古今談》第 10 期，12-14 頁。	民國 54 年
〈明代內閣制度與張江陵的權奸問題〉	徐復觀	載《民主評論》第 17 卷第 8 期。	民國 55 年
〈張居正死後之黨爭〉	韓道誠	載《反攻》第 292 期，21-24 頁。	民國 55 年
〈明張居正綜覈名實的輝煌成就〉	魯文	載《圖書月刊》第 1 卷第 1 期，6-10 頁。	民國 55 年
〈近代中國大政治家張居正〉	陳啟天	載《湖北文獻》第 1 期，38-39 頁。	民國 55 年

〈張居正的吏治與法治〉	梁一毅	載《自立晚報》，民國 55 年 12 月 16 日，第 4 頁。	民國 55 年
《張江陵新傳》	唐 新	台北：中華書局。	民國 57 年
〈明朝中興宰相張居正〉	李聲庭	載《民主潮》第 19 卷第 10 期，5-8 頁。	民國 58 年
〈張居正的志業〉	林 灝	載《財政經濟月刊》第 19 卷第 11 期，24-25 頁。	民國 58 年
〈張居正是權相不是奸臣〉	杜松柏	載《藝文誌》第 45 期，5-8 頁。	民國 58 年
〈對「海公大紅袍」的抗議——為歷史和張居正辯誣〉	劉道平	載《藝文誌》第 42 期，54-56 頁。	民國 58 年
〈為張居正辯誣——由一本「海公大紅袍」兒童讀物說起〉	劉道平	載《湖北文獻》第 14 期，43-45 頁。	民國 59 年
〈張居正の土地丈量〉	(日本) 西村元照	載《東洋史研究》。	1970 年
〈張居正丈量策の展開〉	(日本) 川勝守	載《史學雜誌》第 80 卷第 3、4 期。	1971 年
〈張居正的政治思想與策略研究〉	唐秀美	載《台灣大學政治研究所集刊》民國 60 年號。	民國 60 年
《張居正的政治思想與策略研究》	唐秀美	國立台灣大學政治學研究所碩士論文。	民國 60 年
〈張居正的是非與恩怨〉	莊 練	載《大華晚報》，民國 60 年 10 月 3 日，第 9 頁。	民國 60 年
〈張居正評傳〉	陳則東	載《建設》第 21 卷第 6 期，33-35 頁。	民國 61 年
〈張居正評傳〉	陳則東	載《湖北文獻》第 27 期，24-28 頁。	民國 62 年
〈張居正的經濟思想〉	吳演南	載《復興崗學報》第 11 期，291-314 頁。	民國 62 年

〈張居正用人行政述要〉	王秉鈞	載《新出路》第9卷第2期，第24頁。	民國62年
〈張居正的是非與恩怨〉	蘇同炳	載《人物叢刊》民國63年9月號，95-155頁。	民國63年
〈張居正後人軼事三則〉	羅森林	載《湖北文獻》第35期，44-46頁。	民國64年
〈張居正(江陵)傳略〉	錢江潮	載《湖北文獻》第35期，30-43頁。	民國64年
〈論張居正之治績〉	王止峻	載《醒獅》第14卷第4期，17-18頁。	民國65年
《明神宗之施政及其影響》	馬楚堅	香港珠海學院歷史研究所碩士論文。	1978年
〈張居正の教育政策〉	(日本)五十嵐正一	收入於氏著《中國近世教育史の研究》第四章，153-180頁。（東京，圖書刊行會）	昭和54年(1979年)
〈張江陵〉	趙英敏	載《古今談》第169期，38-42頁。	民國68年
〈張居正〉	趙英敏	載《湖北文獻》第53期，17-24頁。	民國68年
〈張居正綜核名實的思想和他的方法〉	茅海建宋堅之	載《中國古代史論叢》1981年第1期。	1981年
〈我怎樣寫《張居正大傳》〉	朱東潤	載《社會科學戰線》1983年第3期。	1983年
〈東林黨と張居正〉	(日本)小野和子	載《明清時代の政治と社會》。	1983年
〈明代的改革家張居正〉	吳量愷	載《華中師院學報》1985年第1期。	1985年
《張居正傳》	戚宜君	台北省訓團。	民國75年
《張居正改革》	蕭少秋	台北：求實出版社。	民國76年
〈論熊十力論張江陵〉	龔鵬程	收入於淡江大學中文系主編《晚明思潮與社會變動》，257-296頁。	民國76年

〈論張居正的考成法〉	張海瀛	載《晉陽學刊》1987 年第 5 期。	1987 年
《論張江陵》	熊十力	台北：明文書局。	民國 77 年
〈世間已無張居正〉	黃仁宇	收入於氏著《萬曆十五年》第三章，82-115 頁。(台北：食貨出版社)	民國 77 年
〈張居正的丈田運動〉	唐文基	載《福建師大學報》1988 年第 4 期。	1988 年
〈張居正的教學思想〉	熊明安	收入於氏著《中國教學思想史》第七章第六節，312-316 頁。(重慶：西南師範大學出版社)	1989 年
〈張居正の研究——人物と思想〉	(日本)鈴木正(鄭永昌譯為中文)	載《台灣師大史學會刊》第 33 期。	1989 年
〈對張居正權力之剖析〉	郭厚安田澍	載《中國社會科學》1989 年第 2 期。	1989 年
〈傑出賢相王者師——張居正〉	畢　誠	收入於何茲全編《中國歷代名師》，317-326 頁。(河南：人民出版社)	1989 年
〈張居正的教育思想〉	郭齊家	收入於氏著《中國教育思想史》第三章第七節，331-348 頁。(台北五南圖書公司)	民國 79 年
〈張居正與馮保〉	李紹強	載《文史哲》1990 年第 4 期。	1990 年
〈明代改革家張居正的意志、性格與思維方式〉	吳量愷	載《華中師大學報》1991 年第 4 期。	1991 年
〈張居正「尊主庇民」政治思想〉	劉澤華	收入於氏編《中國古代政治思想史》第二十一章第二節，633-644 頁。(天津：南開大學出版社)	1992 年

〈張居正的 10 年：耀眼的暮光〉	黃仁宇	收入於牟復禮編《劍橋中國明代史》第九章，561-575 頁。（北京：中國社會科學出版社）	民國81 年
〈張居正的奇才奇遇與奇蹟〉	劉博智	載《湖北文獻》104 期，25-28 頁。	民國81 年
《張居正》	許　輝	天津：新蕾出版社	1993 年
《宦海孤舟：張居正》	劉之昆	台北：漢欣文化公司。	民國82 年
《大政治家張居正》	咸宜君	台北稻田出版社。	民國82 年
〈明代張居正改革的理論構想〉	吳量愷	載《廣東社會科學》1993 年第 1 期。	1993 年
《張居正改革與山西萬曆清丈研究》	張海瀛	太原：山西人民出版社。	1993 年
〈論張居正改革的歷史借鑒〉	袁穗仁	載《中國史研究》1994 年 2 月號，27-78 頁。	1994 年
〈張居正的教育改革〉	尹選波	收入於氏著《中國明代教育史》，185-211 頁。（北京：人民出版社）	1994 年
〈明末萬曆時張居正之土地丈量〉	(韓國)金鍾博	載《祥明女子大學論文集》第 17 期。	1994 年
〈張居正的政治思想〉	孫廣德	載《政治學報》第 23 期，1-80 頁。	民國83 年
〈張居正的財政課題與方法〉	(日本)岩井茂樹	收入於劉俊文主編《日本中青年學者論中國史》，369-411 頁。（上海：古籍出版社）	1995 年
〈張居正改革與一條鞭法〉	楊國禎	收入於氏著《明史新編》第六章第三節，258-276 頁。（台北：雲龍出版社）	民國84 年
〈論張居正毀書院〉	任冠文	載《晉陽學刊》1995 年第 5 期。	1995 年
《張居正評傳：起衰振隳的改革家》	隋淑芬	南寧：廣西教育出版社。	1995 年

〈張居正與「俺答封貢」〉	其其格	載《內蒙古師大學報》1996年第2期。	1996年
《獨裁良相：張居正》	邱仲麟	台北：萬象出版社。	民國85年
〈張居正的教育改革〉	畢誠 程方平	收入於氏著《中國教育史》第七章第三節，278-287頁。（台北：文津出版社）	民國85年
〈張居正論教育行政〉	熊賢君	收入於氏著《中國教育行政史》第八章，268-272頁。（武昌：華中理工大學出版社）	1996年
〈淺談張居正及其對明代教育的改革〉	郭紀青	載《社會科教育研究》第1期，25-51頁。	民國85年
〈讀《明史紀事本末·江陵柄政》——兼論明末清初幾種張居正傳中的史論〉	林麗月	載《國立台灣師範大學歷史學報》第24期，41-76頁。	民國85年
〈張居正與《歷代帝鑑圖說》〉	韋慶遠	載《歷史月刊》1997年8月號，24-29頁。	民國86年
〈張居正的懲貪思想及其實踐〉	程志強	載《安徽師大學報》（哲社版）1998年第3期，375-379頁。	1998年
〈有關張居正研究的若干問題〉	韋慶遠	載《史學集刊》1998年第3期，15-25頁。	1998年
〈張居正的法治思想〉	仲崇親	載《國立體育學院論叢》第8卷第2期，55-66頁。	民國87年
《張居正和明代中後期政局》	韋慶遠	廣州：廣東高等教育出版社。	1999年
〈張居正效法明世宗新探〉	田澍	載《求是學刊》1999年第3期，89-93頁。	1999年
〈讀《張居正和明代中後期政局》〉	孟昭信	載《史學集刊》第1999年第3期，77-79頁。	1999年
〈張居正與馮保〉	樊樹志	載《復旦學報》（社科版）1999年第1期，80-87頁。	1999年
〈論張居正改革的成敗〉	劉志琴	載《明史研究論叢》第三輯。	1999年

〈張居正的政治思想〉	孫廣德	收入於氏著《明清政治思想論集》第五章，261-328 頁。（台北：桂冠圖書公司）	民國88 年
《惶惶治國夢：張居正傳》	馮藝遠 戴潔茹	天津：百花文藝出版社。	1999 年
〈「嘉萬三傑」（張居正、王世貞、李卓吾）與陽明心學〉	段啟明	載《首都師範大學學報》2000 年第4 期，30-34 頁。	2000 年
〈讀韋慶遠《張居正和明代中後期政局》〉	吳量愷	載《中國史研究》2000 年第1 期，170-176 頁。	2000 年
《張居正大傳》	朱東潤	天津：百花文藝出版社。（民國34 年，開明書店首版）	2000 年

附錄三：陽明後學身分統計一覽表

項目 王門類別	總人數	官 姓名	人數	%	吏布衣 姓名	人數	%	身分待考者 姓名	人數	%
浙中	31	錢德洪、王畿、管州、夏淳、黃嘉愛、徐愛、蔡宗兗、朱節、季本、黃綰、董穀、陸澄、顧應祥、黃宗明、萬表、張元沖、程文德、徐用檢、王宗沐、張元忭、孫應奎、黃文煥、胡瀚、閭人銓、黃驥	25	81%	董澐范瓘	2	6%	柴鳳黃元釜范引年黃燮	4	13%
江右	33	鄒守益、鄒善、鄒德涵、鄒德溥、鄒德泳、歐陽德、聶豹、羅洪先、劉邦采、劉陽、劉秉鑑、劉曉、劉魁、黃宏綱、何廷仁、陳九川、魏良弼、王時槐、鄒以讚、陳嘉謨、劉元卿、萬廷言、胡直、鄒元標、羅大紘、宋儀望、鄒元錫、章潢、馮應京	29	88%	劉文敏王劍魏良器魏良政	4	12%	無	0	0%
南中	27	戚賢、馮恩、貢安國、查鐸、沈寵、梅守德、蕭彥、戚袞、章時鸞、程大賓、程默、鄭嶂、姚汝循、殷邁、姜寶、周衝、朱得之、周怡、薛應旂、薛甲、唐順之、唐豫孫、蕭良幹	25	93%	黃省曾張榮	2	7%	無	0	0%
楚中	2	蔣信、冀元亨	2	100%	無	0	0%	無	0	0%
北方	7	穆孔暉、張後覺、孟秋、尤時熙、孟化鯉、楊東明、南大吉	7	100%	無	0	0%	無	0	0%
粵閩	9	方獻夫、薛俊、梁焯、鄭一初、馬明衡、薛侃、周坦	7	78%	無	0	0%	楊驤楊鸞	2	22%

止　修	1	李　材	1	100%	無	0	0%	無	0	0%
黔　中	5	孫應鰲、席　書、王　杏、李　渭、陳尚象	5	100%	無	0	0%	無	0	0%
泰　州	30	徐　樾、羅汝芳、程學顏、錢同文、管志道、王　棟、林　春、趙貞吉、楊起元、耿定向、焦　竑、潘士藻、方學漸、何　祥、祝世祿、周汝登、陶望齡、程學博、李　贄	19	63%	王　艮、王　襞、顏　鈞、何心隱、鄧豁渠、方與時、朱　恕、韓　貞、夏廷美、耿定理、劉　塙	11	37%	無	0	0%
總　計	145		120	83%		19	13%		6	4%

說明：

1. 以上人數根據《明儒學案》卷十一至卷三十六所載予以統計，包括：(一)有傳有作品摘錄者；(二)有傳無作品摘錄者；(三)附傳者及(四)各派卷首序言論及者。

2. 泰州王門中加入李贄一人，因他受業於王襞、羅汝芳。

3. 增入黔中王門（參見本書第三章註十九）。

4. 身分資料參考《明人傳記資料索引》（臺北：國立中央圖書館，1978 年）而得。

5. 百分比係求到小數第一位，經四捨五入，計到個位為準。

附錄四：陽明後學科舉功名一覽表

項目 / 王門類別	總人數	進士			舉人			無			科名待考者		
		姓名	人數	%	姓名	人數	%	姓名	人數	%	姓名	人數	%
浙中	31	徐愛、蔡宗兗、朱節、錢德洪、王畿、李本、陸澄、顧應祥、黃宗明、張元沖、程文德、徐用檢、萬表、王宗沐、張元忭、孫應奎、閭人銓、黃文煥	18	58%	夏醇、黃驥、董	3	10%	黃綰、董澐、胡瀚、范瓘	4	13%	管州、范引年、柴鳳、黃嘉愛、黃元釜、黃懊	6	19%
江右	33	鄒守益、鄒善、鄒德涵、鄒德溥、鄒德泳、歐陽德、聶豹、羅洪先、劉秉鑑、何廷仁、陳九川、魏良弼、王時槐、鄧以讚、陳嘉謨、萬廷言、胡直、鄒元標、羅大紘、宋儀望、馮應京	21	64%	劉邦采、劉陽、劉曉、劉魁、黃宏綱、魏良政、劉元卿、鄒元錫	8	24%	劉文敏、王釗、魏良器、章潢	4	12%	無	0	0%
南中	27	戚賢、馮恩、查鐸、蕭彥、姚汝循、殷邁、周怡、梅守德、薛甲、薛應旂、唐鶴徵、唐順之、楊豫孫、徐階、蕭良幹	16	59%	沈寵、章時鸞、程默、黃省曾、周衝	5	19%	張榮、鄭燭、朱得之	3	11%	貢安國、程大賓、戚袞	3	11%
楚中	2	蔣信	1	50%	冀元亨	1	50%	無	0	0%	無	0	0%
北方	7	穆孔暉、孟秋、孟化鯉、楊東明、南大吉	5	72%	尤時熙	1	14%	無	0	0%	張後覺	1	14%

學案	人數												
粵閩	9	方獻夫、梁焯 鄭一初、馬明衡 薛　侃	5	56%	薛　俊	1	11%	無	0	0%	楊　驥 楊　鸞 周　坦	3	33%
止修	1	李　材	1	100%	無	0	0%	無	0	0%	無	0	0%
黔中	5	孫應鰲、陳尚象 席　書	3	60%	李　渭	1	20%	無	0	0%	王　杏	1	20%
泰州	30	徐　樾、羅汝芳 程學顏、管志道 林　春、楊起元 趙貞吉、耿定向 焦　竑、潘士藻 祝世祿、周汝登 陶望齡	13	43%	李　贄 何　祥	2	7%	顏　鈞 何心隱 鄧豁渠　梁 方與　時 王　艮 王　襞 朱　恕 韓　貞 夏廷美 王　棟 耿定理 方學漸 劉　塽	13	43%	程學博 錢同文	2	7%
總計	145		83	57%		22	15%		24	17%		16	11%

（本表根據《明儒學案》卷十一至三十六各學案人物小傳
資料、《明人傳記資料索引》編製而成）

國家圖書館出版品預行編目

張居正的教學思想與教育改革/黃文樹著.--一版,
　　臺北市:秀威資訊科技,2002[民 91]
　　　面 ； 　　公分.-- 參考書目：面
　　ISBN 978-957-30429-6-9(平裝)
　　1.(明)張居正-學術思想-教育

520.126　　　　　　　　　　　　91009034

 史地傳記類　AC0001

張居正的教學思想與教育改革

作　　者 / 黃文樹
發 行 人 / 宋政坤
執行編輯 / 林秉慧
圖文排版 / 張慧雯
封面設計 / 黃偉志
數位轉譯 / 徐真玉　沈裕閔
圖書銷售 / 林怡君
網路服務 / 徐國晉
出版印製 / 秀威資訊科技股份有限公司
　　　　　台北市內湖區瑞光路 583 巷 25 號 1 樓
　　　　　電話：02-2657-9211　　　傳真：02-2657-9106
　　　　　E-mail：service@showwe.com.tw
經 銷 商 / 紅螞蟻圖書有限公司
　　　　　台北市內湖區舊宗路二段 121 巷 28、32 號 4 樓
　　　　　電話：02-2795-3656　　　傳真：02-2795-4100
　　　　　http://www.e-redant.com

2006 年 7 月 BOD 再刷
定價：300 元

讀　者　回　函　卡

感謝您購買本書，為提升服務品質，煩請填寫以下問卷，收到您的寶貴意見後，我們會仔細收藏記錄並回贈紀念品，謝謝！

1.您購買的書名：＿＿＿＿＿＿＿＿＿＿＿＿＿＿＿＿

2.您從何得知本書的消息？

　　□網路書店　□部落格　□資料庫搜尋　□書訊　□電子報　□書店

　　□平面媒體　□ 朋友推薦　□網站推薦　□其他＿＿＿＿＿＿

3.您對本書的評價：(請填代號　1.非常滿意 2.滿意 3.尚可 4.再改進)

　　封面設計＿＿　　版面編排＿＿　　內容＿＿　　文/譯筆＿＿　　價格＿＿

4.讀完書後您覺得：

　　□很有收獲　□有收獲　□收獲不多　□沒收獲

5.您會推薦本書給朋友嗎？

　　□會　□不會，為什麼？＿＿＿＿＿＿＿＿＿＿＿＿＿＿＿＿

6.其他寶貴的意見：＿＿＿＿＿＿＿＿＿＿＿＿＿＿＿＿＿＿＿

　　＿＿＿＿＿＿＿＿＿＿＿＿＿＿＿＿＿＿＿＿＿＿＿＿＿＿＿

　　＿＿＿＿＿＿＿＿＿＿＿＿＿＿＿＿＿＿＿＿＿＿＿＿＿＿＿

　　＿＿＿＿＿＿＿＿＿＿＿＿＿＿＿＿＿＿＿＿＿＿＿＿＿＿＿

讀者基本資料

姓名：＿＿＿＿＿＿＿＿＿＿　　年齡：＿＿＿＿　　性別：□女 □男

聯絡電話：＿＿＿＿＿＿＿＿　E-mail：＿＿＿＿＿＿＿＿＿＿

地址：＿＿＿＿＿＿＿＿＿＿＿＿＿＿＿＿＿＿＿＿＿＿＿＿＿

學歷：□高中(含)以下　　□高中　　□專科學校　　□大學

　　　□研究所(含)以上 □其他＿＿＿＿＿＿＿＿

職業：□製造業 □金融業 □資訊業 □軍警 □傳播業 □自由業

　　　□服務業 □公務員 □教職　　□學生 □其他＿＿＿＿＿

(請沿線對摺寄回,謝謝!)

秀威與 BOD

BOD（Books On Demand）是數位出版的大趨勢，秀威資訊率先運用 POD 數位印刷設備來生產書籍，並提供作者全程數位出版服務，致使書籍產銷零庫存，知識傳承不絕版，目前已開闢以下書系：

一、BOD 學術著作—專業論述的閱讀延伸
二、BOD 個人著作—分享生命的心路歷程
三、BOD 旅遊著作—個人深度旅遊文學創作
四、BOD 大陸學者—大陸專業學者學術出版
五、POD 獨家經銷—數位產製的代發行書籍

BOD 秀威網路書店：www.showwe.com.tw
政府出版品網路書店：www.govbooks.com.tw

永不絕版的故事・自己寫・永不休止的音符・自己唱